Excel, Python, R 활용 비즈니스 데이터 분석

박철우

BUSINESS DATA ANALYSIS
WITH EXCEL, PYTHON, AND R

박영사

Excel, Python, R 활용 비즈니스 데이터 분석

Hands－On Business Data Analysis with Excel, Python, and R: Workbook for Students

기업이나 개인의 업무 영역에 컴퓨터로 상징되는 정보 기술과 정보 시스템이 접목되기 시작한 이래 그 사용 범위와 용도가 급진적으로 발전하고 있는 것은 주지의 사실이다. 또한, 일부 전문가의 영역에 있던 활용 능력이 사용자 친화적인 인터페이스나 보편적인 기능, 관련 하드웨어나 소프트웨어의 저변화로 일반인들에게도 요구되는 시점이 되었다.

특히, 경영 환경에서 IT 인력(IT People)과 현업 인력(Business People)의 명확한 구분이 있던 과거와 달리, 많은 업무에서 고유 영역의 구분이 애매모호해지고 있다. 이런 환경적 요인의 변화 속에서 정보 기술 활용 측면에서, '현업 인력'으로 구분되던 일반 사용자들의 역할이 이제는 거의 '개발자' 수준으로 요구되고 있기도 하다.

최종 사용자 컴퓨팅(EUC: End User Computing)이라는 말이 수십 년 전부터 있어 왔던 점을 생각하면 지금도 늦은 감이 없지 않으나, 데이터 마이닝, 빅 데이터, 인공 지능과 같은 고도의 전문 영역이 데스크톱 생산성 도구의 활용 수준으로 보편화하고 있어, 굳이 IT 인력이 아니더라도 일정 수준 관련 지식과 자질을 갖출 필요가 있다.

이런 맥락에서, 본서에서는 데이터 분석과 관련한 다양한 소프트웨어와 도구를 연습할 수 있도록, 특히, 학생들이 교실에서 쉽게 접근하여 기본 개념부터 응용 방법을 공부할 수 있는 Excel과 같은 기본 소프트웨어에 더하여 오픈 소스 소프트웨

어를 중심으로 현시점 가장 주목을 받고 있고, 대중적으로 사용하고 있는 두 개의 프로그래밍 언어인 파이썬(Python)과 R까지 다루게 된다. 중복되는 기능과 용도도 있지만, 현업에서 이 두 언어가 동시에 또는 선별적으로 사용되고 있는 점을 감안하여 기초적인 수준에서 익힐 수 있도록 구성된다. 또한, 추가적인 학습과 경험을 위해 오픈 소스 분석 도구인 jamovi, Orange, PSPP를 부록으로 다룬다.

무엇보다 경영 환경에서 데이터를 다루고, 정리하고, 분석하여, 의사 결정에 활용할 수 있도록 변환하고 준비하는 작업이 주가 되는 만큼, 이러한 일을 해내는 것을 목표로 이에 필요한 기능들을 공부할 수 있도록 한다.

혼자 공부하거나, 학교 등에서 교재로 활용할 때, 학습의 방향을 설정해 단계적으로 공부해 나가고, 필요한 용도 등을 확인해 나가는 형식이므로 세세하고 자질구레한 설명은 될 수 있는 대로 생략하고, 단기간에 핵심적인 내용을 파악할 수 있도록 하였다.

Software

- Microsoft Excel: Microsoft 스프레드시트 프로그램으로, 데이터 조직, 분석, 시각화 등을 수행한다. https://www.microsoft.com/ko−kr/microsoft−365/excel
  - Real Statistics Using Excel: Excel에서 통계 분석을 돕는 무료 추가 도구 (add−in 또는 add−on)이다. Windows와 macOS 지원. https://real−statistics.com/
- Python: 범용 프로그래밍 언어로 데이터 과학, 웹 개발 등에 사용되는 오픈 소스이며 무료로 사용할 수 있다. https://www.python.org/
- R: 통계 계산과 그래픽 작성을 위한 오픈 소스이며 무료 프로그래밍 언어와 환경이다. https://www.r−project.org/

- RStudio: R을 위한 통합 개발 환경(IDE: Integrated Development Environment)으로, 개인 개발자나 학계에서 무료로 사용할 수 있는 RStudio Desktop 버전이 있다. https://posit.co/products/open-source/rstudio

- Visual Studio Code: Microsoft에서 개발하고 배포하는 것으로 다양한 프로그래밍 언어를 지원하는 오픈 소스이며 무료 코드 에디터이다. Windows와 macOS 지원. https://code.visualstudio.com/

- JupyterLab: Jupyter 노트북을 위한 오픈 소스이며 무료 웹 기반 인터페이스로, 데이터 과학 및 연구 작업에 유용하다. https://jupyter.org/

- jamovi: R 언어를 기반으로 하는 사용하기 쉬운 통계 패키지로, 통계 모델링을 위한 다양한 방법을 제공한다. 오픈 소스이며 무료 통계 패키지이다. Windows와 macOS 지원. https://www.jamovi.org/

- Orange: 데이터 마이닝 및 시각화를 위한 오픈 소스 도구로, 데이터 분석을 직관적으로 수행할 수 있다. Windows와 macOS 지원. https://orangedatamining.com/

- PSPP: 유명 통계 패키지인 SPSS와 유사한 인터페이스를 제공하는 오픈 소스 프로그램으로, 통계 분석을 위해 사용된다. Windows와 macOS 지원. https://www.gnu.org/software/pspp/

본서에서 실습에 사용하는 각종 샘플 파일은 다음 경로에서 내려받을 수 있다.

https://p.cantips.com/dasamples (비밀번호: cantips)

박철우, 2024

차 례

PART 1   EXCEL: 데이터 분석

Mission 1   Excel 사용을 위한 준비   Excel ·················· 3

Mission 2   Excel 기초와 활용   Excel ·················· 8

Mission 3   우리나라 지도 블록 맵 작성   Excel ·················· 60

Mission 4   통계 분석 도구의 이해   Excel ·················· 121

Mission 5   기술 통계법   Excel ·················· 126

Mission 6   히스토그램   Excel ·················· 130

Mission 7   순위와 백분율 분석   Excel ·················· 136

Mission 8   이동 평균법 및 예측 워크시트   Excel ·················· 142

Mission 9   회귀 분석   Excel ·················· 176

Mission 10   분산 분석: 일원 배치법   Excel ·················· 190

Mission 11   분산 분석: 반복 없는 이원 배치법   Excel ·················· 193

Mission 12   분산 분석: 반복 있는 이원 배치법   Excel ·················· 195

Mission 13   공분산 분석   Excel ·················· 198

Mission 14   상관 분석   Excel ·················· 200

Mission 15   카이 제곱 검정   Excel ·················· 202

Mission 16 로지스틱 회귀 분석   Excel ················· 204

Mission 17 컨조인트 분석   Excel ················· 208

Mission 18 클러스터 분석   Excel ················· 209

Mission 19 감성 분석   Excel ················· 212

PART 2	Python·R

Mission 20 Python 및 R 개발 환경 구축   Python&R ············· 217

Mission 21 연산과 변수   Python&R ············· 219

Mission 22 데이터 유형   Python&R ············· 229

Mission 23 패키지   Python&R ············· 236

Mission 24 예약어   Python&R ············· 239

Mission 25 반복문   Python&R ············· 240

Mission 26 반복문   R ····················· 246

Mission 27 기술 통계   Python ················ 252

Mission 28 기술 통계   R ····················· 257

Mission 29 회귀 분석   Python ················ 260

Mission 30 회귀 분석   R ····················· 262

Mission 31 로지스틱 회귀 분석   Python ················ 264

Mission 32 로지스틱 회귀 분석   R ····················· 268

Mission 33 의사 결정 나무 분석   Python ················ 271

Mission 34 의사 결정 나무 분석   R ····················· 274

Mission 35 클러스터 분석   Python ·············· 276

Mission 36 클러스터 분석   R ······················ 281

Mission 37 워드 클라우드   Python ·············· 287

Mission 38 워드 클라우드   R ······················ 290

PART 3   Python in Excel

Mission 39 기본 설정   Excel ·················· 297

Mission 40 기술 통계   Excel ·················· 302

Mission 41 회귀 분석   Excel ·················· 302

PART 4   Excel: 의사 결정 문제

Mission 42 선형 계획 모형: 제품 생산량 결정   Excel ·················· 305

Mission 43 시나리오를 이용한 가상 분석   Excel ·················· 312

Mission 44 수송 계획 문제   Excel ·················· 318

PART 5   생성형 인공 지능 서비스   331

PART 6 | jamovi·Orange·PSPP

Mission 45 기술 통계법   jamovi ················ 339

Mission 46 회귀 분석   jamovi ················ 344

Mission 47 로지스틱 회귀 분석   jamovi ················ 348

Mission 48 클러스터 분석   jamovi ················ 350

Mission 49 연관 관계 분석: 장바구니 분석   Orange ··············· 357

Mission 50 클러스터 분석   Orange ··············· 358

Mission 51 클러스터 분석: 이미지 분류   Orange ··············· 358

Mission 52 감성 분석   Orange ··············· 359

Mission 53 기술 통계법   PSPP ················· 359

Mission 54 회귀 분석   PSPP ················· 367

Mission 55 로지스틱 회귀 분석   PSPP ················· 370

Mission 56 클러스터 분석   PSPP ················· 372

국문색인 ·· 373

영문색인 ·· 376

PART 1

EXCEL: 데이터 분석

Mission 1 Excel 사용을 위한 준비 Excel

Mission 2 Excel 기초와 활용 Excel

Mission 3 우리나라 지도 블록 맵 작성 Excel

Mission 4 통계 분석 도구의 이해 Excel

Mission 5 기술 통계법 Excel

Mission 6 히스토그램 Excel

Mission 7 순위와 백분율 분석 Excel

Mission 8 이동 평균법 및 예측 워크시트 Excel

Mission 9 회귀 분석 Excel

Mission 10 분산 분석: 일원 배치법 Excel

Mission 11 분산 분석: 반복 없는 이원 배치법 Excel

Mission 12 분산 분석: 반복 있는 이원 배치법 Excel

Mission 13 공분산 분석 Excel

Mission 14 상관분석 Excel

Mission 15 카이 제곱 검정 Excel

Mission 16 로지스틱 회귀 분석 Excel

Mission 17 컨조인트 분석 Excel

Mission 18 클러스터 분석 Excel

Mission 19 감성 분석 Excel

EXCEL: 데이터 분석

| Mission 1 | Excel 사용을 위한 준비 | Excel |

개인적으로 확보하거나, 학교1) 및 회사에서 제공받은 Microsoft 365 계정2)이 있다면, 이 계정으로 사용 중인 PC, 스마트폰, 태블릿 등에 프로그램을 설치한다. 장치가 달라도 같은 계정을 사용한다면, 작업 중인 파일을 동기화하는 등 부수적인 기능을 사용할 수 있어 편리하다. Excel뿐만 아니라, Word, PowerPoint 모두 설치하고, 추가로 OneDrive3)와 OneNote 설치도 권장한다. 계정을 이용하는 구독형이 아니라 설치형 Excel을 사용해도 상관은 없다. 단, 구독형인 경우는 웹 브라우저를

---

1) 거의 모든 대학에서는 재학생들에게 무료 계정을 제공하고 있다. 학교의 관련 부서나 학교 홈페이지의 안내 등을 참고하여, 계정을 확보하고 Office 프로그램을 쓸 수 있도록 한다.
2) 여러 계정으로 각 프로그램에 동시에 로그인할 수 있다.
3) Windows 10, 11에는 OneDrive(원드라이브)가 기본으로 설치되어 있다. 계정만 연동한다.

이용한 웹 애플리케이션 형태로도 사용할 수 있고, 구독 기간에는 최신 버전을 계속 사용할 수 있다. 설치형은 일정 기간 마이너 업데이트는 가능하지만, 새 버전이 나왔을 때는 추가로 구매해야 한다. 구독형과 설치형은 기능상 약간의 차이가 존재할 수도 있지만, 사용하는 데는 크게 문제가 없다. 구독형의 경우도 데스크톱 버전과 모바일 버전, 웹 버전의 기능이 서로 다르다. 데스크톱 버전에 있는 기능이 다른 버전에 없을 수도 있고, 반대로 웹 버전에는 있는데 다른 버전에는 없는 기능도 있다. 딱 어느 버전이 가장 포괄적이고 우수하다고 말할 수 없으므로, 용도나 필요성에 따라 골라서 사용할 필요가 있다.

본서에서는 주로 구독형 데스크톱 버전(Excel 365)을 중심으로 설명한다. 필요에 따라 다른 버전 설명도 추가하기로 한다. 구독형 버전은 수시로 업데이트되므로 화면 구성이나 기능의 유무, 사용 방법이 설명하는 시점과 사용하는 시점에 차이가 있을 수 있으므로 이런 점을 고려해서 살펴볼 필요가 있다. 따라서 여기에서는 될 수 있는 대로 변화에 크게 민감하지 않은 범용적인 기능과 용도를 중심으로 설명한다.

</> 화면 구성

Excel은 행과 열로 구성된 워크시트가 기존 작업 공간이 된다. 행과 열이 만나는 칸을 셀(cell)이라고 부르고, 하나의 워크시트에는 행(row)이 1,045,576(2^{20})개, 열(column)이 16,384(2^{14})개 있고, 워드 프로세서의 페이지, PowerPoint의 슬라이드에 해당한다. 줄여서 그냥 시트라고도 하는 워크시트(worksheet)는 회계 장부를 정리할 때 한 장 한 장 낱장의 전표를 의미한다고 보면 되고, 이 전표를 하나도 묶으면 그게 장부책이 되는데, 그래서 Excel 파일을 워크북(workbook)이라고 부르게 된다. 워크북 파일의 확장자는 XLSX가 된다. 예전에는 XLS가 일반적인 형식이었으나, 최근에는 XLSX를 쓴다. 참고로, MS Word의 확장자는 DOCX, PowerPoint는

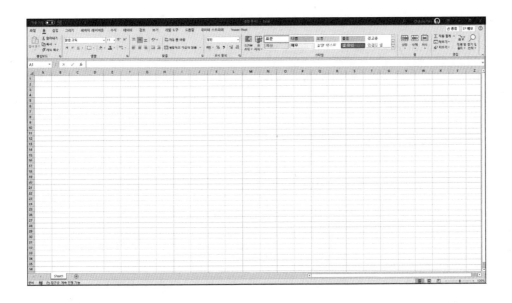

PPTX, 한/글(아래아한글)은 HWPX이고, 여기에서 X는 XML(Extensible Markup Language)을 의미한다. 파일 이름(예: C:\homework\math\FileName.xlsx)은 경로를 포함해서 281자까지 만들 수 있다.4)

워크시트는 필요에 따라 여러 장을 추가할 수 있다. 추가할 수 있는 워크시트의 개수는 시스템 메모리가 허용하는 한 제한이 없다. 한계에 도달하기 전에 적당한 수준에서 관리할 필요가 있다.

행은 위에서 아래 방향으로 1, 2, 3, … 번호가 매겨지고, 열은 왼쪽에서 오른쪽으로 A, B, C, … 알파벳이 순서대로 표기된다. 가장 마지막 열 번호는 XFD이다. 행과 열이 만나는 셀은 이 행 번호와 열 번호로 이름을 지정한다. 이를 셀 주소라고 하고, A1, F34, XFD5235 식으로 적는다. 한 워크시트에는 총 17,179,869,184개 (1,045,576 * 16,384)의 셀이 있다. 하나의 셀에서 열의 너비는 255자, 행의 높이는 309포인트까지 크기를 조정할 수 있고, 하나의 셀에는 최대 32,767자까지 입력할

---

4) 파일 이름은 너무 줄여서 약어나 암호처럼 쓰지 말고, 적당한 수준에서 이해하고 관리하기 쉽도록 충분히 길게 적는 것이 좋다. 또한, 자신만의 이름 생성 규칙을 정해서 일련의 파일들을 종합적으로 관리할 수 있도록 한다.

수 있다.

프로그램 화면 상단에는 기본 메뉴가 있는데 보통 리본 메뉴라고 한다. 이 리본 메뉴와 워크시트 사이에 **이름 상자**(name box)와 **수식 입력줄**(formula bar)이 있다.

이름 상자에는 현재 선택된 셀의 위치, 셀 주소를 나타내고, 범위의 이름을 지정하는 등의 용도로 사용한다. 오른쪽의 수식 입력줄은 지금 선택된 셀인 활성 셀 (active cell)에 들어갈 내용을 입력하거나, 이미 입력된 내용을 보는 용도로 사용한다. 여기에는 실제 입력된 내용이 표시되고, 해당 셀인 활성 셀에는 입력된 내용의 결괏값이 표시된다.

F1	▼	× ✓ fx	=D1+E1			
◢	A	B	C	D	E	F	G
1				2	3	5	
2							
3							
4							

뭔가 셀에 입력을 할 때는 해당 셀을 클릭하여 직접 입력하거나, 수식 입력줄에서 입력할 수 있다. 편한 방법을 사용한다. 기존에 입력된 내용을 수정할 때에도 마찬가지이다. 활성 셀의 내용을 수정할 때에는 셀을 마우스 왼쪽 버튼으로 더블 클릭하거나, 활성 셀에서 [F2] 키를 누른다.

</> 도움말

Excel은 프로그램 자체에 상당한 양의 도움말을 가지고 있어 작업자가 어떤 작업을 하는 도중에 [F1] 키를 누르면 그 작업에 맞는 도움을 얻을 수 있다. 상단 리본 메뉴에서 [도움말]을 선택할 수도 있다.

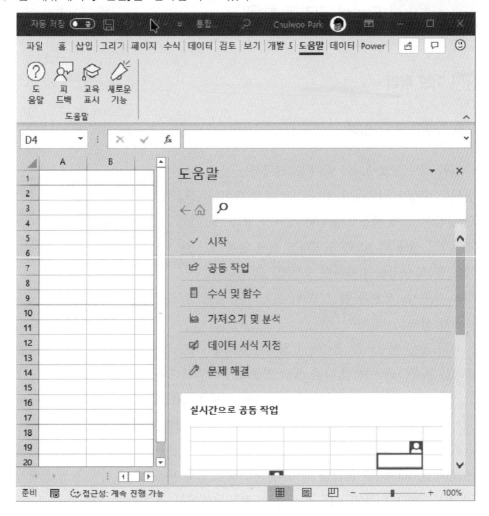

　특히, 수식을 입력할 때, 사용하는 방법을 수시로 확인할 때, 예제를 포함해 다양한 정보를 볼 수 있다. 어떤 작업을 하든지 간에 도움말을 볼 수 있다면 한 번 참고하는 것이 Excel 사용에 크게 도움이 된다.

</> 기본 작업

텍스트와 숫자 입력

일반 워드 프로세서와 달리 Excel에서는 셀을 단위로 내용을 입력하게 된다. 입력하는 데이터의 종류는 크게 텍스트(글자)와 숫자가 있다. 일반적으로 셀에 텍스트를 입력하면 셀의 왼쪽 경계로 붙고, 숫자를 입력하면 오른쪽으로 붙는다.

	A	B	C
1	가	100	
2	나	200	
3	다	300	
4			
5			

왼쪽, 가운데, 오른쪽 등 필요에 따라 다른 정렬 방식을 원한다면 일부러 지정해 주어야 한다.

특히 많은 데이터를 연속해서 입력하는 경우, 해당 셀에서 숫자를 입력하고 방향키나 마우스를 이용해 다음 셀로 이동하면서 입력해도 되지만,[5] 입력하고자 하는 범위를 블록으로 지정하고 하나를 입력한 후 [Enter]를 치면 아래 셀이 선택되고 제일 아래 셀이 입력되면 오른쪽 제일 위쪽 셀이 입력 상태가 된다.

기본적으로 한 셀에서 입력이 끝나고 [Enter]를 치면 바로 아래 셀이 활성 상태가 되지만, [Enter]를 눌렀을 때 아래, 위, 왼쪽, 오른쪽 중 어느 셀이 활성 상태가 될 지는 [파일] 〉 [옵션] 〉 [도구] 메뉴의 '편집 옵션'에서 조정할 수 있다.

---

5) 데이터 입력 후 [Enter]를 치면 바로 아래 셀이 선택되고, [Shift]+[Enter]를 치면 바로 위의 셀이 선택된다. 그리고 [Tab] 키를 치면 바로 오른쪽 셀이, [Shift]+[Tab]을 치면 바로 왼쪽 셀이 선택된다. 키보드의 키를 이용한 이동 방법 부분을 참고한다.

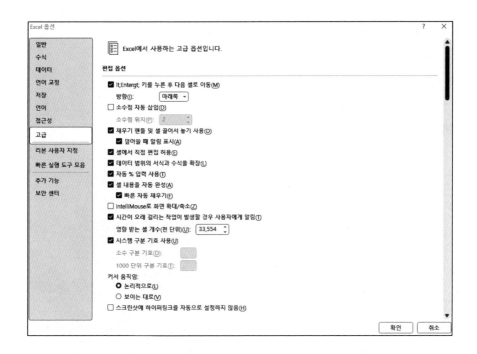

특히 〈Enter〉 키를 누른 후 다음 셀로 이동(M)'6) 옵션을 꺼 놓으면 셀에 데이터 입력
후 [Enter]를 눌러도 활성 셀이 이동하지 않는다.

기본 데이터 표 입력

여기서는 "서울시 행정 구역"이라는 작업 내용을 가지고 설명을 해 나가기로
한다.

기본 내용을 준비하기 위해서, 위키백과(ko.wikipedia.org)에서 '서울시' 항목을 찾
고, 설명 중에 '행정 구역' 부분에 있는 표를 이용하기로 한다.

---

6) 옵션 창의 항목 설명에 "lt;Entergt; 키를"과 같이 Enter 앞뒤로 이상한 코드가 나타난다. 이는 각각
'<'(less than)과 '>'(greater than) 기호를 표시하는 코드를 제대로 처리하지 않아 나타나는 일종의
오류이다. 상당히 오래된 문제지만, 마이크로소프트 제품에서 종종 목격된다.

자치구	세대	인구	면적
종로구	74,299	150,913	23.91
중구	63,091	126126	9.96
용산구	111,037	229369	21.87
성동구	135,563	298249	16.85
광진구	165,579	350016	17.06
동대문구	165,516	345793	14.2
중랑구	182,433	395072	18.5
성북구	194,095	442174	24.56
강북구	145,049	312691	23.61
도봉구	138,724	330707	20.7
노원구	217,302	530302	35.44
은평구	208,771	477973	29.69
서대문구	142,559	312809	17.6
마포구	176,385	374426	23.88
양천구	178,257	457132	17.4
강서구	264,111	588281	41.43
구로구	177,432	405271	20.12
금천구	111,787	232396	13
영등포구	178,323	372225	24.57
동작구	182,236	394988	16.35
관악구	271,313	498978	29.57
서초구	173,561	429729	47
강남구	233,363	543240	39.51
송파구	279,460	671862	33.88
강동구	191,399	455042	24.58
합계	4,361,645	9,726,787	605.25

실습 웹 페이지 데이터 표를 Word, 한/글(HWP), Excel로 복사하기

웹 페이지에서 데이터 표 선택 및 복사

복사를 하고자 하는 부분의 시작 지점에서 마우스 왼쪽 버튼을 누른 상태로, 끝나는 지점까지[7] 끌어 영역을 씌우고 바로 가기 메뉴에서 복사를 선택하거나, 단축키로 [Ctrl]+[C]를 누른다. 이런 방법이 가장 일반적이기는 하지만, 선택해야 하는 영역이 한 화면을 벗어날 정도로 넓은 경우에는 마우스로 선택 영역을 끄는 일이 조금 번거롭거나 어려울 수 있다. 이럴 때를 대비해서, 다른 방법을 사용하는 것도 좋다. 우선 시작 지점(첫 데이터값의 바로 왼쪽 부분)에서 마우스 왼쪽 버튼을 클릭한다. 누르고 있는 것이 아니라, 클릭하고 버튼을 놓는다. 그다음 마우스 휠 버튼이나 웹 브라우저의 세로 스크롤바를 이용해 복사하고자 하는 영역의 끝부분으로 이동한다. 데이터 표 마지막 부분(데이터값의 바로 오른쪽 부분)을 [Shift] 키를 누른 상태에서 마우스로 클릭한다. 이렇게 하면 마우스로 끌고 내려온 것처럼 시작 부분부터 끝부분까지 음영으로 선택된다. 이후 원하는 방법으로 선택 영역을 복사한다. 이 방법은 웹 브라우저뿐만 아니라 모든 애플리케이션에서 사용할 수 있다.

MS Word에 붙여넣기

해당 표를 Excel에서 활용하기 전에 참고로 MS Word나 한/글에 입력하는 방법을 알아본다.

MS Word의 필요한 위치에 위에서 복사한 내용을 붙여 넣는다.

---

7) 이 예제에서는 표의 마지막 행인 합계 부분은 선택 영역에서 제외한다. 이 부분은 따로 계산을 하면 되기도 하고, 위의 다른 행과 성격이 달라 데이터 표를 구성하는데 방해가 될 수 있다.

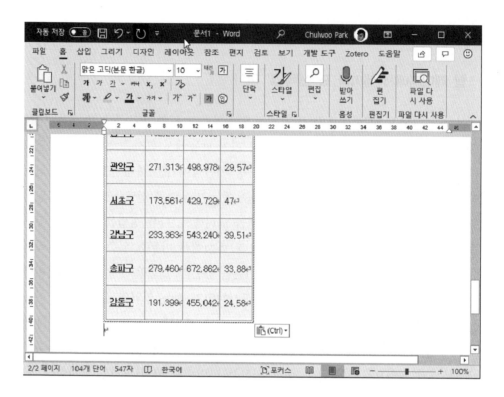

이렇게 붙여 넣으면 Word 입장에서는 웹 페이지에 있는 원본 데이터의 글꼴이나 링크 등 스타일을 그대로 보여주기 위해 노력한다. 그래서 입력된 내용이 Word에서 바로 작업한 느낌이 나지 않고, 다소 이질적으로 표현된다. 이런 문제로 복사해 붙여 넣고 바로 편집 등 작업을 하는 것보다는 이 상태에서 붙여 넣은 표 우측 하단에 있는 클립보드 아이콘의 선택 메뉴를 클릭하여, [텍스트만 유지] 단추를 선택한다. 이렇게 하면 원본 데이터 표가 처음부터 Word에서 타이핑을 한 것과 같은 스타일로 들어간다.

12

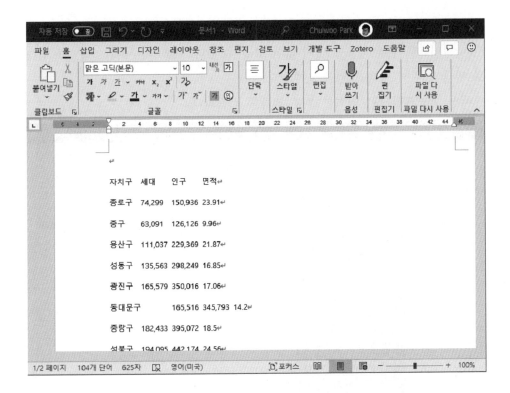

아니면 웹 페이지에서 복사해 바로 붙여 넣기 전에 상단 리본 메뉴의 [홈] 탭에서
붙여넣기 메뉴를 펼치고 여기에서 [텍스트만 유지]를 선택해도 된다.

어떤 방법도 괜찮다. 그렇지만 이후 나타나는 결과물은 테두리가 없이 데이터값
만 나열되므로 원래 의도에 맞지 않아 보일 수 있다. 이를 테두리가 있는 표 형태
로 만들기 위해 다음 작업을 진행한다.

우선 텍스트만으로 입력한 부분 전체를 선택한다.

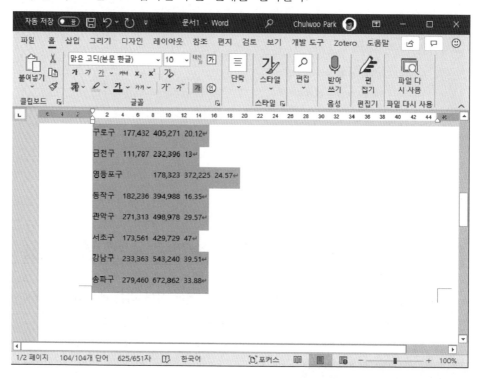

그다음 [삽입] 〉 [표] 〉 [텍스트를 표로 변환] 메뉴를 선택한다.

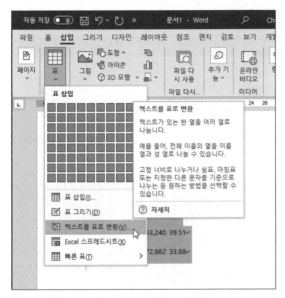

이후 나타나는 설정 창의 각 항목을 확인하고 [확인]을 선택한다. 각 항목의 세부
적인 사항은 별도로 확인하도록 하고, 여기에서는 다른 조정 작업은 필요하지 않다.

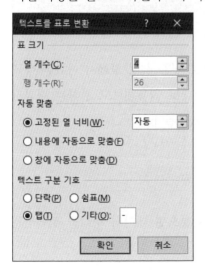

설정 창이 사라지면 텍스트만 있던 표가 테두리가 있는 표로 바뀐 것을 볼 수
있다.

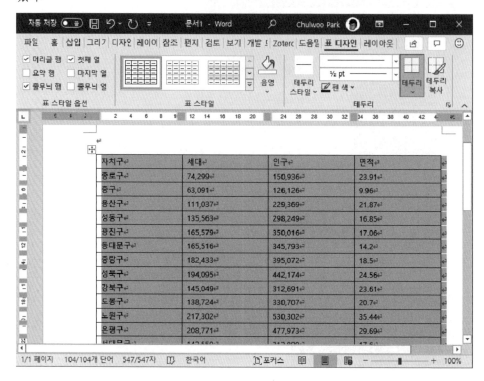

원본 표가 만들어진 규칙에 따라 텍스트를 표로 변환 설정 창에서 필요한 항목
을 조정하면 된다. 일반적으로 기본 설정값을 그대로 적용해보고 원하는 결과가
나오지 않을 때 나름대로 여러 설정값을 조정하면 된다.

한/글에 붙여넣기

한/글에서는 웹에서 복사한 자료를 바로 붙여 넣으면 데이터 형식을 선택하는
창이 나타난다.

여기에서 '텍스트 형식으로 붙이기'를 선택하면 MS Word의 [텍스트만 유지]와 같은 결과를 얻을 수 있다. '원본 형식 유지'는 Word에서 본 것과 같이 원본의 스타일을 유지하려고 노력은 해주지만 결과물이 깔끔하지 않을 수 있다.

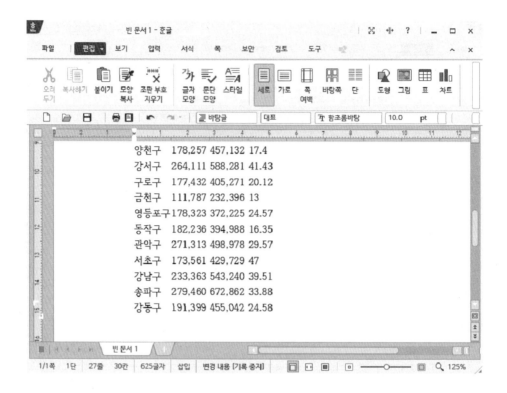

그다음 한/글에서도 Word와 같이 텍스트만 있는 표를 테두리가 있는 표가 변환하는 기능을 사용하면 된다. 전체 데이터 영역을 선택한 후, [입력] 〉 [표] 〉 [문자열을 표로] 메뉴를 선택한다.

18

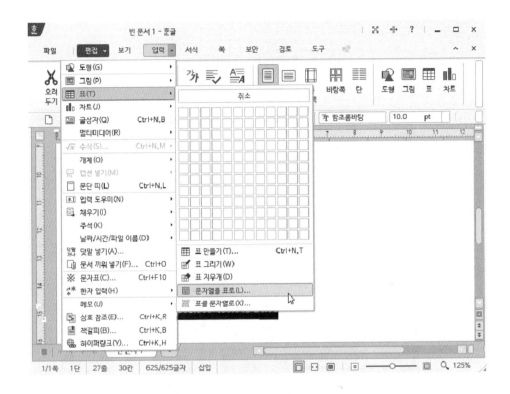

이후 나타나는 설정 창에서 각종 설정 항목을 확인하고 [설정(D)]을 선택한다. 여기에서는 미리 선택된 '자동으로 넣기'를 그대로 적용한다.

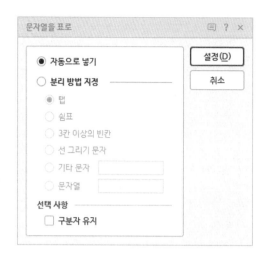

이렇게 하면 Word와 마찬가지로 테두리가 있는 표로 변환된 것을 볼 수 있다.

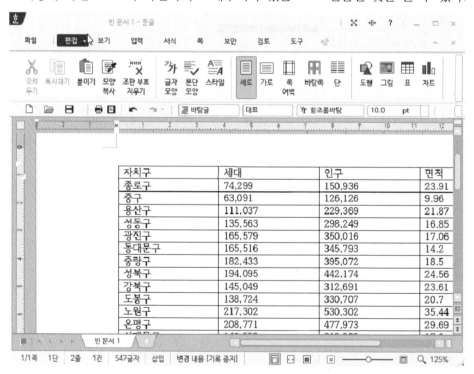

특히, 스타일이 다른 여러 웹 페이지에서 데이터를 수집하여 표로 정리할 때 유용하다.

Excel에 붙여넣기

이제 같은 데이터를 Excel에 입력한다. 웹 페이지 등 다른 곳에서 복사한 데이터를 Excel에 붙여 넣으면 마찬가지로 원본의 스타일을 유지하기 위해 노력은 해주지만 결과로 나온 모양이 만족스럽지 않거나, 다시 편집해서 사용하기 불편하게 되는 경우가 많다.

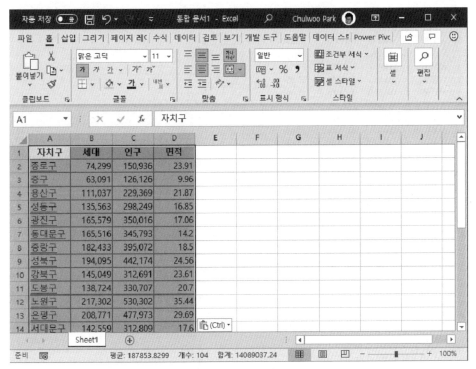

여기에서도 다른 서식이나 스타일은 다 없애고, 데이터값만 셀에 넣어주는 것이 핵심이다. 붙여 넣은 표 우측 하단의 클립보드 메뉴를 열어 [주변 서식에 맞추기] 버

튼을 클릭하거나, 처음부터 붙여 넣을 때, 상단 리본 메뉴에서 [홈] 〉 [붙여넣기] 〉
[주변 서식에 맞추기]를 선택한다. Word에서는 [텍스트만 유지]라고 하지만, 여기에서
는 [주변 서식에 맞추기]라고 한다. 참고로 PowerPoint에서는 Word와 같이 [텍스트만
유지]라고 한다.

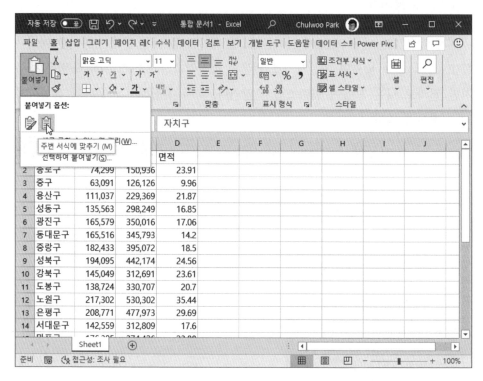

이렇게 입력한 후에 필요한 작업을 진행하면 된다.

참고로, Excel에서 작업한 데이터 표를 MS Word나 한/글 등으로 옮길 때, 표를
그대로 복사해서 붙여 넣는 방법을 많이 쓰게 되는데, 이 경우에도 고려해야 할
점이 있다.

아래 그림과 같이 어떤 작업을 마친 Excel 표가 있다고 한다.

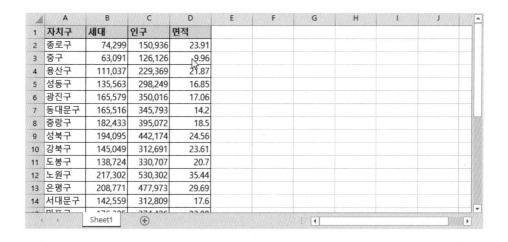

이를 그대로 MS Word나 한/글에 복사해 붙여 넣으면 아래와 같이 나타난다.

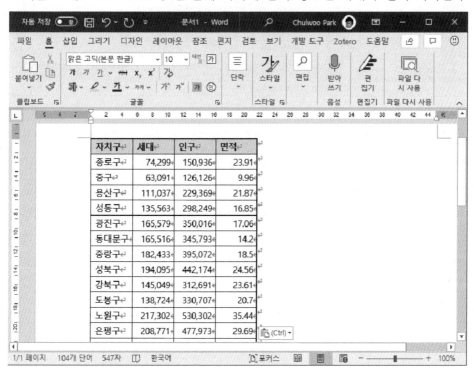

자치구	세대	인구	면적
종로구	74,299	150,936	23.91
중구	63,091	126,126	9.96
용산구	111,037	229,369	21.87
성동구	135,563	298,249	16.85
광진구	165,579	350,016	17.06
동대문구	165,516	345,793	14.2
중랑구	182,433	395,072	18.5
성북구	194,095	442,174	24.56
강북구	145,049	312,691	23.61
도봉구	128,724	330,707	20.7

웹 페이지에서 바로 복사해 붙여 넣은 표보다는 모양이 깔끔하지만, 각 애플리
케이션에서 추가 작업을 하기에는 조금 번거로울 수 있는 모양으로 입력이 된다.
이 경우에도 웹 페이지 자료를 갖고 올 때와 마찬가지로 텍스트 형태로 붙여 넣
고 이를 표로 변환하는 각각의 기능을 적용하면 된다. 참고로 MS Word의 경우는
다를 게 없지만, 한/글에서는 Excel에서 복사한 자료를 붙여 넣을 때, [편집] 〉 [붙이
기] 〉 [골라 붙이기]를 선택하도록 한다.

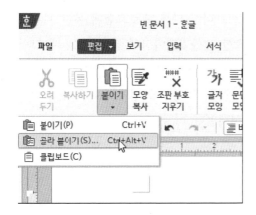

이후 나타나는 골라 붙이기 창의 "데이터 형식(A)"에서 '텍스트 문서'를 선택하고 [확인]을 누르면 된다.

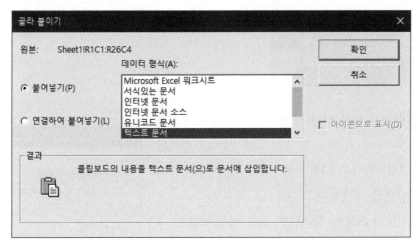

그다음 표로 변환하는 방법은 웹 페이지에서 가져온 데이터를 처리할 때와 같다.

한편, 이런 처리는 원본의 스타일을 무시하고, 해당 애플리케이션 고유의 형식으로 입력을 받을 때 필요한 것이고, Excel에서 작업한 모양 그대로, 색상이나 글꼴 등을 그대로 가져오기 위해서는 다른 방법을 적용한다.

이는 Excel에서 작업한 원본 표를 그림으로 떠서 다른 프로그램에 복사하는 방법이다. 일반적인 방법으로 복사한 후 필요한 애플리케이션에 붙여 넣을 때 그림 형식으로 붙여 넣는 옵션을 선택하는 것이 아니라, Excel에서는 복사할 때 그림 형식으로 복사하는 과정을 먼저 거쳐야 한다. 원본 표 영역을 선택한 다음, [홈] 탭의 [클립보드] 항목에서 [그림으로 복사(P)…]를 선택한다.

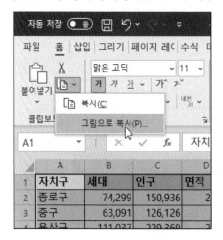

그러면 **그림 복사** 설정 창이 나타난다. 여기에서는 모양과 형식을 선택하게 되는데, 형식은 '그림' 이외에 선택할 일이 거의 없다. 형식은 '그림'으로 하고, 모양만 두 가지 옵션 중에 하나를 선택한다.

'화면에 표시된 대로(S)'는 워크시트 작업 창의 모습이 그대로 복사된다. 셀 구분선 등이 그대로 나타나지만, '미리 보기에 표시된 대로(P)'를 선택하면 인쇄했을 때 모양으로 복사된다. 즉, 셀 구분선 등이 나타나지 않는다. 용도에 따라 선택하면 된다. 여기에서는 데이터가 입력된 표 부분만을 선택해 입력하는 것이어서 어떤 걸 선택해도 같은 그림이 복사된다. 아래는 이렇게 복사한 표를 MS Word에 붙여 넣은 모습이다.

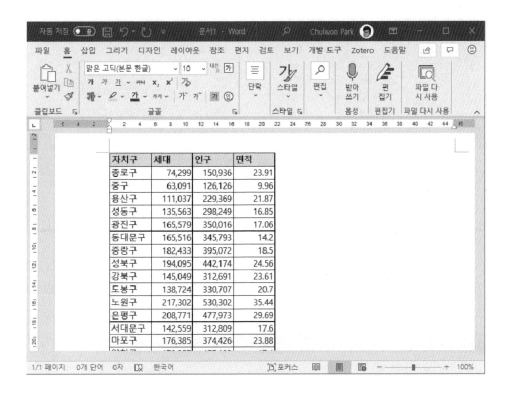

중간에 테두리 선의 굵기가 서로 달라 보이기는 하지만, 모니터에 따라 화면 확대 정도에 따라 표현되는 게 다른 것이고, 실제 인쇄를 하면 같은 굵기로 잘 표현된다. 한/글이나 PowerPoint에도 같은 식으로 적용된다.

이렇게 복사해 붙여 넣은 데이터 표는 원본 스타일은 그대로 유지하지만, 해당 애플리케이션에서 크기를 조정하는 것 말고, 내용을 수정하는 등 다른 작업은 전혀할 수 없는 단점이 있다. 모양이 중요한 경우에만 적합한 방법이라고 할 수 있다.

이와는 달리, Excel 원본의 모양도 유지하고, 내용도 편집할 수 있도록 복사해 붙여 넣으려면 또 다른 방법이 필요하다. 이때에는 OLE(Object Linking & Embedding)라고 하는 객체 삽입(객체 연결 및 삽입) 방법을 쓴다.

MS Word에서는 [삽입] 〉 [표]에 [Excel 스프레드시트]라는 Excel 전용 메뉴가 만들어져 있기도 하지만, 원래 [삽입] 탭의 [텍스트] 항목에 [개체] 메뉴를 이용할 수 있다.

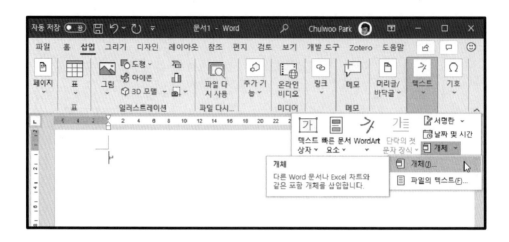

이 [개체] 메뉴를 선택하면, 해당 PC에서 사용할 수 있는 모든 객체를 확인할 수 있고, 여기에서는 Excel 워크시트 작업을 수행할 것이어서 'Microsoft Excel Worksheet'를 선택한다.

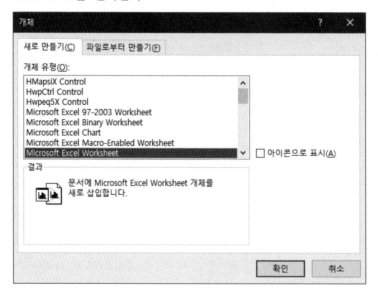

어떤 경로로 실행하든 상관은 없지만, Excel 표를 작업할 것이어서, [표] 〉 [Excel 스프레드시트]를 선택하는 것이 편리하기는 하다.

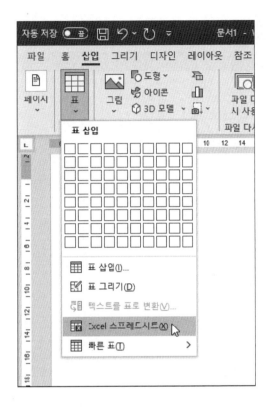

이 기능을 선택하면, 아래 그림처럼 Word 안에 Excel이 나타난다.

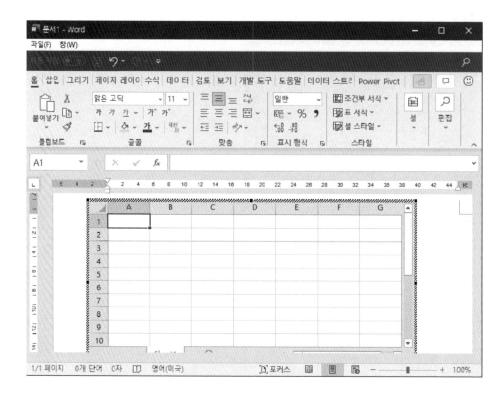

얼핏 보면 Excel처럼 보이지만, 큰 틀은 Word이고 그 안에 Excel이 포함된 모양이다. 모양은 조금 다르지만, macOS에서도 사용할 수 있다. Word 페이지의 특정 부분에 구멍을 내고 그곳을 Excel로 만들 것이라고 보면 된다. 이렇게 Word에서 Excel로 통하는 구멍을 내고 Excel처럼 작업한다. 여기에서는 이미 만들어 놓은 표를 복사해 붙여 넣는다.

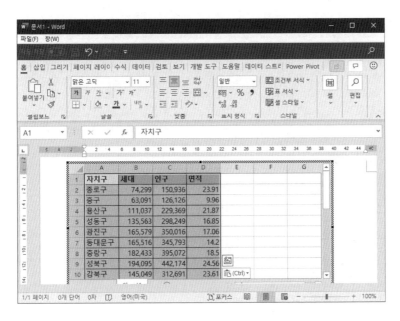

내용물의 크기에 맞게 구멍이 뚫린 Excel 테두리의 위치를 조정하고, 작업을 완료한다.

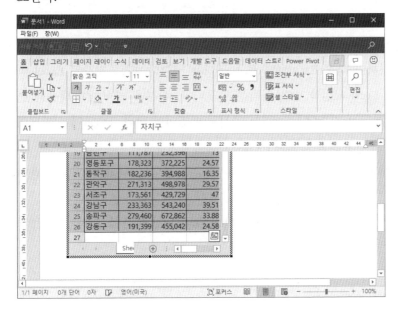

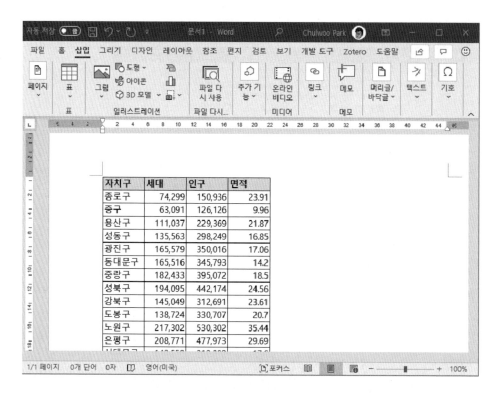

작업한 결과 모양은 그림으로 복사해 붙여 넣은 것과 다르지 않다. 차이점은 이 그림을 더블 클릭하면 다시 Excel 모드로 바뀐다는 것이다. 따로 저장된 Excel 파일이 없어도, 이 Word 파일을 받은 사람은 누구나 이 부분을 클릭하여 내용을 편집할 수 있다. 물론 사용자 PC에 Excel이 설치되어 있어야 한다. Excel이 설치되어 있지 않다면, 그냥 그림으로만 나타난다.

조금 복잡한 계산식이 들어간 Excel 자료와 보고서 형식의 Word 파일을 혼용해야 한다면 이런 방식을 권장한다.

한/글도 마찬가지이다. [편집] 〉 [개체] 〉 [OLE 개체(O)…] 메뉴를 사용하면 된다. 이후 사용 방법은 Word와 동일하다.

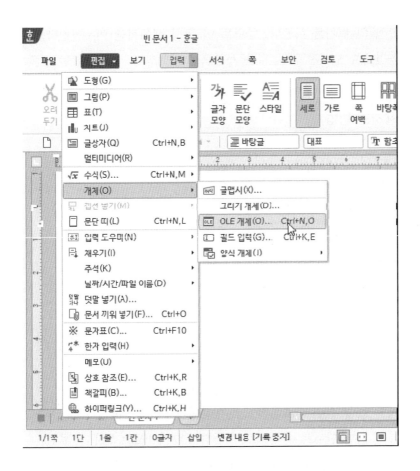

이런 방식으로 해당 애플리케이션에서 Excel를 연결해 새 시트를 만들 수도 있고, 이미 만들어진 파일 자체를 불러들여 삽입할 수도 있다.

워크시트상에서 이동

워크시트에 데이터를 입력하고 편집하기 위해서는 키보드와 마우스를 이용해서 활성 셀을 자유자재로 이동할 줄 알아야 한다. 워크시트에서 이동하는 방법으로는 이동(move)과 스크롤(scroll)이 있다.

① 이동: 활성 셀의 위치를 바꾼다. 입력은 이 활성 셀에서만 이루어진다.
② 스크롤: 화면에서 보이지 않는 다른 부분으로 이동한다.

키보드를 이용하는 방법

아래 셀로 이동하기 [Enter] 또는 [↓]

위쪽 셀로 이동하기 [Shift]+[Enter] 또는 [↑]

오른쪽 셀로 이동하기 [Tab] 또는 [→]

왼쪽 셀로 이동하기 [Shift]+[Tab] 또는 [←]

워크시트에서 해당 행의 A열로 이동하기 [Home]

현재 데이터 범위에서 가장자리로 이동하기 [Ctrl]+[방향키] 또는 [End], [방향키][8]

현재 데이터 범위에서 가장 끝 셀(가장 오른쪽 하단 셀)로 가기 [Ctrl]+[End]

현재 데이터 범위에서 가장 처음 셀(가장 왼쪽 상단 셀)로 가기 [Ctrl]+[Home]

워크시트에서 한 화면 단위로 내려가기 [Page Down]

워크시트에서 한 화면 단위로 올라가기 [Page Up]

워크시트에서 한 화면 단위로 오른쪽으로 이동하기 [Alt]+[Page Down]

워크시트에서 한 화면 단위로 왼쪽으로 이동하기 [Alt]+[Page Up]

다음 워크시트로 이동하기 [Ctrl]+[Page Down][9]

이전 워크시트로 이동하기 [Ctrl]+[Page Up]

워크시트 화면 확대하기(zoom in) [Ctrl]+[Alt]+[=]

워크시트 화면 확대하기(zoom out) [Ctrl]+[Alt]+[−]

---

8) [End] 키를 한 번 누르고 나서 이동을 원하는 방향의 방향키를 한 번 누른다. [End] 키를 누르면 Excel 하단의 상태 표시줄 앞쪽에 '끝 모드'라는 표시가 나타난다. 기능을 한 번 작동하면 끝 모드가 꺼진다. 매번 [End] 키를 눌러야 하는 번거로움이 있다.
9) 다른 워크시트가 선택된 다음 A1 셀이 선택된다.

활성 셀과 마우스를 이용하는 방법

활성 셀을 시작 지점으로 하고 수평이나 수직, 대각선 방향의 마지막 지점에 해당하는 셀을 [Shift] 키를 누른 채로 마우스 왼쪽 버튼을 클릭하면 그 사이에 있는 모든 셀이 영역으로 선택된다. 마우스로 선택 및 끌기를 이용하는 게 일반적이지만 마우스를 끌고 이동해야 하는 범위가 넓은 때에는 이렇게 [Shift] 키를 이용하는 것이 더 효율적이다.

또한, 데이터 범위가 있을 때, 그 안에 속하는 셀 하나가 활성 셀로 선택되어 있다면 해달 셀의 네 테두리를 이용하는 방법도 있다. 활성 셀의 각 방향 테두리를 마우스 왼쪽 버튼으로 더블 클릭하면 그쪽 방향으로 활성 셀이 이동한다. 왼쪽 경계선을 더블 클릭하면 데이터 범위의 가장 왼쪽 열로 이동하고, 아래 경계선을 더블 클릭하면 데이터 범위의 가장 아래 행으로 활성 셀이 이동하는 방식이다. 키보드를 이용한 [Ctrl]+[방향키]와 같은 기능이다.

영역 선택하기

일반적으로 키보드와 마우스 등을 이용한 이동 방법을 실행할 때, [Shift] 키를 같이 누르고 있으면 현재 셀부터 이동이 완료되는 셀까지 영역이 설정된다.

또한, 워크시트 내 모든 셀을 선택할 때는 1행 머리글의 윗부분, A열 머리글의 왼쪽 부분에 해당하는 단추를 클릭하면 된다.

흔히 사용하는 [Ctrl]+[A] 키는 데이터 범위만 선택하고, 워크시트 전체를 선택하지는 못한다. [Ctrl]+[A]는 [Ctrl]+[Shift]+[*][10] 키로 대체할 수 있다.

	A	B	C
10	강북구	145,049	312,6
11	ㅁ구	138,724	330,7
12	ㄴㅣ구	217,302	530,3
13	은평구	208,771	477,9
14	서대문구	142,559	312,8
15	마포구	176,385	374,4
16	양천구	178,257	457,

---

10) [*] 키는 [Shift]+[8] 키를 입력하는 것과 같다. 그래서 [Ctrl]+[*] 또는 [Ctrl]+[Shift]+[8]로 표현할 수도 있다.

이렇게 데이터 범위를 선택하는 바로 가기 키를 사용하기 위해서는 활성 셀이 데이터 범위 안에 있어야 한다.

한편, 워크시트를 여러 개 동시에 선택할 때에는 연속된 여러 개의 시트를 여러 개 선택하는 것이라면 처음 시트가 선택된 상태에서 마지막 시트를 [Shift]+[왼쪽 클릭]하고, 필요한 시트만 선택적으로 지정해야 한다면 [Ctrl] 키를 누른 상태에서 필요한 시트를 클릭해 나가면 된다. 같은 방식으로, 연속된 여러 셀들을 동시에 선택하는 것이 아니라 듬성듬성 떨어져 있는 셀들을 선택적으로 지정해야 한다면, 해당 셀들을 하나하나 선택할 때 [Ctrl] 키를 누르고 있으면 된다.

	A	B	C	D	E
10	강북구	145,049	312,691	23.61	
11	도봉구	138,724	330,707	20.7	
12	노원구	217,302	530,302	35.44	
13	은평구	208,771	477,973	29.69	
14	서대문구	142,559	312,809	17.6	
15	마포구	176,385	374,426	23.88	
16	양천구	178,257	457,132	17.4	
17	강서구	264,111	588,281	41.43	
18	구로구	177,432	405,271	20.12	
19	금천구	111,787	232,396	13	
20	영등포구	178,323	372,225	24.57	
21	동작구	182,236	394,988	16.35	
22	관악구	271,313	498,978	29.57	
23	서초구	173,561	429,729	47	

Sheet1 | Sheet3 | Sheet4 | Sheet5 | Sheet

채우기 핸들

활성 셀을 보면 왼쪽 그림과 같이 굵은 네모 테두리 오른쪽 아래에 채우기 핸들(Fill Handle)이라고 하는 네모난 작은 핸들이 있다. 이를 이용하여 셀 내용의 복사나 순차적인 값을 입력할 수 있다.

	A	B	C	D
10	강북구	145,049	312,691	23
11	도봉구	138,724	330,707	2
12	노원구	217,302	530,302	35
13	은평구	208,771	477,973	29
14	서대문구	142,559	312,809	1
15	마포구	176,385	374,426	23
16	양천구	178,257	457,132	

예를 들어, "1월", "2월", "3월" 같은 경우 하나씩 입력해 줄 필요 없이 "1월"만을 입력한 후 채우기 핸들을 오른쪽으로 끌면 그 만큼 "2월", "3월", "4월" 등 순차적인 내용이 입력된다.

순차적인 내용의 입력

자동으로 채울 수 있는 연속 데이터 종류

셀을 선택하고 채우기 핸들을 끌거나 [홈] 〉 [편집] 〉 [채우기] 〉 [계열(S)…]을 누른 다음 "연속 데이터" 명령으로 여러 종류의 연속 데이터를 자동으로 채울 수 있다. 바로 가기 메뉴에서 연속 데이터의 종류를 선택하려면 연속 데이터의 시작값을 선택하고 마우스 오른쪽 단추로 채우기 핸들을 끌면 된다.

시간 연속 데이터에는 지정한 날짜, 주, 월 등의 증갓값을 포함하거나 요일이나 월 이름, 분기 등과 같이 반복되는 개념을 포함할 수 있다. 예를 들어, 다음은 입력한 처음 값에 따른 연속 데이터의 결과를 나타낸다.

	A	B	C	D	E	F	G	H	I	J
1	처음 입력한 값	>	9:00	Mon	Monday	Apr	자	갑		
2	확장된 연속 데이터	>	10:00	Tue	Tuesday	May	축			
3			11:00	Wed	Wednesday	Jun	인			
4			12:00	Thu	Thursday	Jul	묘			
5			13:00	Fri	Friday	Aug	진			
6			14:00	Sat	Saturday	Sep	사			
7			15:00	Sun	Sunday	Oct	오			
8			16:00	Mon	Monday	Nov	미			
9								신		
10										
11										
12										

같은 내용의 반복

요일, 월, 갑을병정 같은 순차적인 내용이 아닌 경우에 채우기 핸들을 끌면 같은 내용이 연속적으로 입력(복사)된다.

일정 패턴의 반복

일정 패턴을 반복하는 내용을 입력할 때에는 반드시 일정 패턴을 지닌 두 개 이상의 셀을 영역으로 지정한 후에 채우기 핸들을 이용하여야 한다.

	A	B	C	D	E	F	G
1	처음 입력한 값	>	Jan	10:00	2		
2			Apr	10:30	4		
3	확장된 연속 데이터	>	Jul	11:00			
4			Oct	11:30			
5			Jan	12:00			
6			Apr	12:30			
7			Jul	13:00		14	
8							
9							
10							

사용자 정의 목록

채우기 핸들을 이용할 때 자동적으로 채워지는 목록은 일정 형식을 갖거나 Excel에 이미 입력된 데이터를 보여주는 것이다. 사용자가 임의의 목록을 만들어서 사용할 수도 있는데 이를 위해서는 [파일] 〉 [옵션] 〉 [고급] 〉 '일반' 메뉴의 [사용자 지정 목록 편집(O)…]을 이용하면 된다.

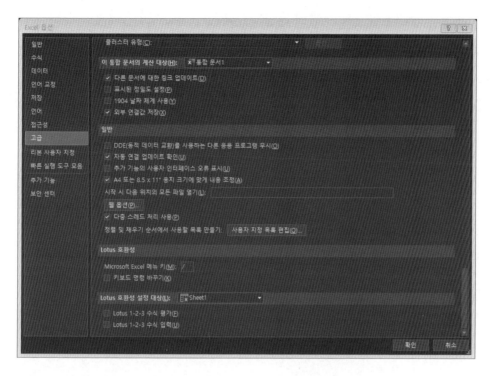

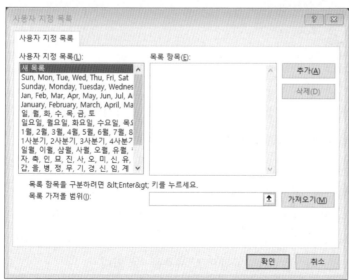

사용자 지정 목록 창의 오른쪽 "**목록 항목(E)**"에 자신의 목록을 차례로 적어 놓고 [**추가(A)**] 버튼을 클릭한다. Excel에 미리 입력된 목록은 삭제하거나 수정할 수 없고, 하단의 "**목록 가져올 범위**"를 이용하면 기존에 워크시트에 입력된 목록을 그대로 가져와 사용할 수도 있다.

메뉴를 이용한 채우기

메뉴를 이용하여 일정 패턴을 입력할 수도 있는데 메뉴에서 [홈] 〉 [편집] 〉 [채우기] 〉 [계열(S)…]을 선택한다. 그러면 나타나는 "**연속 데이터**" 대화 상자에서 원하는 유형이 나올 수 있도록 선택하면 된다.

채우기 핸들을 복사 용도로 끌어당기는데 원하지 않게 순차적인 입력이 이루어진다면 채우기 핸들을 끌어당기는 동안 [Ctrl] 키를 누르고 있으면 된다.

예를 들어 초깃값이 "1"인 경우 채우기 핸들을 사용하면 연속적으로 1이 채워진다. 그러나 [Ctrl] 키를 누른 상태에서 채우기 핸들을 끌면 1, 2, 3, 4, … 식으로 채워지게 된다. 반면 초깃값 "Mon"을 채우기 핸들로 끌면 Tue, Wed, Thu, … 식으로 채워지지만, 다시 [Ctrl] 키를 누른 상태로 끌면 계속 "Mon"만 채워지게 된다.

채우기 핸들은 상, 하, 좌, 우 모든 방향으로 사용할 수 있다.

수식 입력

수식은 제일 앞에 등호(=)를 입력하는데 이것은 등호 뒤의 내용이 숫자와 다른 셀에 대한 참조 변수, 그리고 +(플러스)나 −(마이너스)와 같은 산술 연산자[11]를 포함하는 수식이라는 것을 알려준다. 수식을 이용하면 참조되는 셀의 내용이 변할 때 자동으로 계산 결과도 바뀐다는 이점이 있다. 참고로, 등호로 시작하는 수식을 입력하기는 하지만, 계산이 되지 않게 하고, 입력하는 모양 그대로 나타나게 하려면 등호 앞에 작은따옴표(')를 추가한다. 이 기호는 셀 안의 데이터를 왼쪽 맞춤하는 용도로도 사용한다.

Excel 97 이후로 "수식 자동 수정(Formula AutoCorrect)" 기능이 추가되었다. 이는 시트에 수식을 입력할 때 사용자들이 주로 잘못 입력하는 경우가 많은 수식 중 몇 가지를 자동으로 수정해 주는 기능이다. 예를 들어 "==A1+A2+"를 입력 후 [Enter]를 치면 그림처럼 수식 정정 대화 상자가 나오고, [예(Y)]를 선택하면 자동으로 수식을 수정해서 셀에 입력한다.

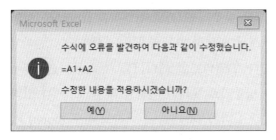

다음 예제로 수식을 연습하기로 한다.

---

11) 문자와 문자의 결합은 "+"가 아니라 "&"를 사용한다.

	A	B	C	D	E	F
1						
2						
3		1월	2월	3월	계	
4	수입					
5	매출	332000	325000	450000		
6	서비스	56000	48000	43000		
7	수입계					
8						
9	비용					
10	물품비	246000	223000	268000		
11	급료	15000	15000	15000		
12	임대료	1600	1600	1600		
13	비용계					
14						
15						

예제에서 수식을 입력하기 위해 B7을 활성 상태로 만들고 "=B5+B6"을 입력한 후 [Enter]를 친다. 계산된 결과가 B7에 나타난다. 마우스로 입력하는 방법도 있는데 우선 C7에서 "="를 입력한 후 마우스로 C5를 선택한다. 그러면 자동으로 "C5"가 C7에 입력된다. "+"를 입력하고 다시 마우스로 C6을 선택하고 [Enter]를 치면 계산 결과를 볼 수 있다. 셀 주소를 직접 입력하거나 마우스로 선택하는 방식이 아니라 방향키를 이용하는 방법도 있다. D열의 3월 데이터를 예로 든다면 D7에 우선 등호를 입력한 후 매출 셀(D5)을 방향키로 올라가 선택한 후 바로 "+"를 입력하고, 다시 방향키를 이용해 위로 한 칸 올라가 D6 셀을 선택하고 바로 [Enter] 키를 친다. 주의할 점은 어떤 셀로 이동해 선택한 다음, 연산자 등을 추가 입력하고 다음 셀로 이동할 때는 현재 수식을 입력하고 있는 셀을 기준으로 움직여야 한다는 것이다.

워크시트상에 나타나는 숫자는 직접 입력한 것이 아니라 입력한 수식의 결과를 보여주는 것으로 입력된 내용은 수식 입력줄에서 볼 수 있다. 여기에서 가운데에 있는 ":"(콜론) 기호는 구분 기호(separator)라고 한다.[12]

---

12) 직접 입력하는 경우 입력의 편의를 위해서 ":"을 입력하는 대신 "."(마침표)를 입력해도 자동으로 ":"

위와 같은 작업 방법은 상당한 인내와 시간을 필요로 한다. 그래서 Excel에서는 자동적으로 원하는 열이나 행의 내용을 합산해 주는 기능을 제공한다.

	A	B	C	D	E	F
1						
2						
3		1월	2월	3월	계	
4	수입					
5	매출	332000	325000	450000		
6	서비스	56000	48000	43000		
7	수입계					
8						
9	비용					
10	물품비	246000	223000	268000		
11	급료	15000	15000	15000		
12	임대료	1600	1600	1600		
13	비용계					
14						
15						

위 그림과 같이 원하는 부분을 블록으로 지정하고 [홈] 〉 [편집] 도구 모음에 있는 '자동 합계'(AutoSum) 단추를 누르면 계산된 결과가 나타난다. 이 단추로는 합계뿐만 아니라 평균, 숫자 개수, 최대값, 최소값[13] 등을 기본적으로 계산할 수 있고, 필요에 따라서 함수를 더 추가할 수도 있다.

으로 바뀌게 된다.

13) 최대값, 최소값은 최댓값, 최솟값이 맞는 표기지만, Excel에서는 이렇게 쓴다. 이렇게 사이시옷을 써야 맞는 표현이지만, 편의나 과거 관행으로 사이시옷을 쓰지 않는 용어들이 많다. 예: 실숫값, 경곗값(미분 방정식), 고윳값, 교찻값, 극댓값, 극솟값, 근삿값, 기댓값, 대푯값, 상대 유짓값(크로마토그래피), 숫값(수치), 유훗값, 절댓값, 편찻값, 초깃값, 최젓값, 최곳값, 특횟값(선형 공간), 함숫값. 수학, 과학 용어 말고 다른 곳에서도 이런 식으로 표기하는 말들이 많다. 중고등학교 교과서에서는 다 이런 식으로 쓰지만, 실제 쓰기에는 표기가 너무 번거로워 다듬을 필요가 있지 않을까 한다.

	A	B	C	D	E	F
1						
2						
3		1월	2월	3월	계	
4	수입					
5	매출	332000	325000	450000	1107000	
6	서비스	56000	48000	43000	147000	
7	수입계	388000	373000	493000	1254000	
8						
9	비용					
10	물품비	246000	223000	268000		
11	급료	15000	15000	15000		
12	임대료	1600	1600	1600		
13	비용계					
14						
15						

비용계와 각 항목의 계도 같은 방법으로 입력하고, 순이익 계산이 들어갈 셀을 만든다.

	A	B	C	D	E	F
1						
2						
3		1월	2월	3월	계	
4	수입					
5	매출	332000	325000	450000	1107000	
6	서비스	56000	48000	43000	147000	
7	수입계	388000	373000	493000	1254000	
8						
9	비용					
10	물품비	246000	223000	268000	737000	
11	급료	15000	15000	15000	45000	
12	임대료	1600	1600	1600	4800	
13	비용계	262600	239600	284600	786800	
14						
15	순이익/손실					
16						
17						

B15에서 E15에는 "수입계"에서 "비용계"를 뺀 값이 입력되어야 한다. 우선 B15에 "=B7-B13"을 입력한 후 [Enter]를 친다.

C15와 E15에도 같은 수식이 필요하므로 아래 그림과 같이 채우기 핸들을 이용하여 수식을 복사한다.

	A	B	C	D	E	F
1						
2						
3		1월	2월	3월	계	
4	수입					
5	매출	332000	325000	450000	1107000	
6	서비스	56000	48000	43000	147000	
7	수입계	388000	373000	493000	1254000	
8						
9	비용					
10	물품비	246000	223000	268000	737000	
11	급료	15000	15000	15000	45000	
12	임대료	1600	1600	1600	4800	
13	비용계	262600	239600	284600	786800	
14						
15	순이익/손	125400			+	
16						
17						

함수 마법사 사용하기

Excel에서는 여러 가지 함수가 제공된다. 이런 각각의 함수는 함수 이름 뒤에 있는 괄호 안에 하나 이상의 인수(argument)가 나타나고, 이 인수를 이용해 연산을 수행한다. 함수 마법사는 수식 입력줄에 선택한 함수를 삽입하거나, 또는 셀을 선택한 후 마법사를 실행시켜 원하는 함수를 선택하며 사용할 수 있다.

함수를 사용할 때 인수가 필요 없는 경우라도 반드시 (   )(괄호)는 표시해야 한다. 예를 들어 셀에 현재 날짜를 나타내기 위해서는 "=today()"라고 입력해야 하고, 여기에 현재 시간까지 추가로 나타나게 하려면 "=now()"를 입력해야 하는데, 여기에서 괄호 안에는 아무런 매개 변수도 들어가지 않지만 괄호를 생략할 수는 없다.

예제에서는 초제마 기업이 28,500원을 대부 받아 앞으로 5년간 갚아 나가기로 했다면 한 달에 얼마씩 갚아 나가야 하는가를 함수 마법사를 이용하여 계산해 보기로 한다.

워크시트에 오른쪽 그림과 같이 입력을 하고 B22를 활성 상태로 만들고 상단 [수식] 메뉴에서 함수 삽입 아이콘(f_x)을 누른다. 단축키 [Shift]+[F3]를 사용할 수도 있다. 그러면 아래 그림과 같은 "**함수 마법사**" 대화 상자가 나타난다.

17		
18		
19	이자율	10%
20	기간(연)	5
21	차입금	28500
22	월상환액	
23		
24		

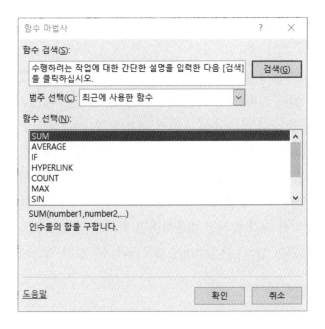

우선 "범주 선택(C):"의 '모두'에서 "함수 선택(N):" > 'PMT'를 선택하고, [확인]을 누른다. 그러면 각 인수를 입력할 수 있는 대화 상자가 나타난다.

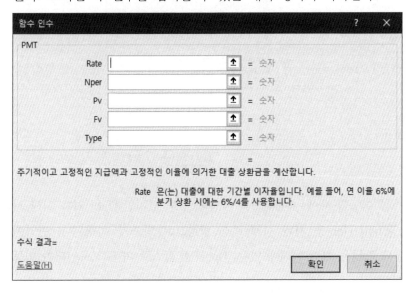

"Rate" 박스에서 마우스를 한 번 클릭해 아이빔(I 모양의 마우스 포인터)이 나타나게 한다.

여기에 이자율이 입력된 셀 주소를 직접 입력하거나 마우스로 해당 셀을 선택할 수 있다. 마우스로 입력하려면 일단 입력 박스 오른쪽에 있는 ⬆ 단추를 누른다. 선택하려는 범위가 비교적 작다면 굳이 이 단추를 사용할 필요가 없다. 범위를 선택할 때 함수 인수 창이 거추장스러우면 이 단추를 사용한다. 다른 창을 사용할 때도 마찬가지이다. 이 단추를 누르면 대화 상자가 축소되면서 시트가 보이게 된다. 이때 B19 셀을 클릭하면 입력 박스에 B19가 입력된다.

다시 다른 값들을 입력하기 위해 대화 상자를 호출하려면 축소된 입력 박스의 오른쪽 끝에 있는 ⬆ 단추를 누르면 된다. 같은 방법으로 그림과 같이 각 박스에 입력을 마친다.

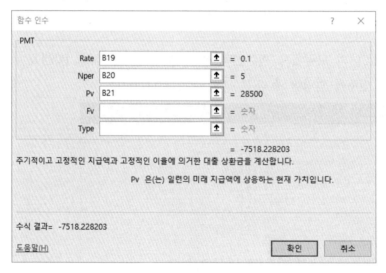

박스와 박스를 이동할 때에는 마우스를 사용할 수도 있지만 [Tab] 키를 치면 시계 방향으로, [Shift]+[Tab]을 치면 시계 반대 방향으로 박스가 선택된다. 만약에 "Rate" 박스에서 [Tab]을 치면 아래에 있는 "Nper"[14] 박스로 마우스 포인터가 이동

---

14) number of payment periods(지급 기간).

하지만 [Enter]를 치면 [확인] 단추가 선택되는 효과를 내게 된다.

예제에서 입력할 때 주의할 점은 이자율(Rate)은 12로 나누어 주어야 하고 기간(Nper)에는 12를 곱해 주어야 한다는 것이다. 원래 입력값은 1년을 단위로 생각했지만 원하는 결과는 매월 지불액이기 때문이다. 입력 사항에서 Rate, Nper, Pv는 필수 입력 사항이지만 아래의 Fv와 Type는 선택 사항으로 Fv는 미래 가치, Type는 지불 시점이 기초인지 기말인지를 말한다. Type에서 기초이면 0, 기말이면 1을 입력하면 되고, 예제에서는 입력하지 않는다.

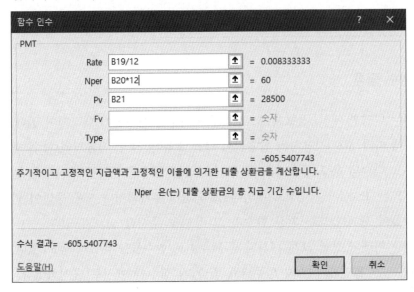

입력이 다 되었으면 [Enter]를 치거나 마우스로 [확인]을 선택한다.

17				
18				
19	이자율	10%		
20	기간(연)	5		
21	차입금	28500		
22	월상환액	-₩606		
23				

결과를 보여주는 값의 형식이 그림과 다르게 나올 수 있는데 이는 셀 서식이 각 Excel에서 서로 다르게 정의되어 있기 때문이다. 만약에 셀 B22에 "########" 표시가 나타나면 내용보다 셀 너비가 좁아서 나타나는 현상이므로 B열의 오른쪽 경계에서 마우스를 두 번 클릭하면 된다.

범주별 함수 종류

Excel에서는 다양한 계산, 정보 추출, 정리를 도와주는 함수들이 내장되어 있다. 업무나 용도에 따라 주로 사용하는 함수들이 다를 수는 있지만, 기본적인 함수 사용법이나 주요 함수의 용도 등을 확인해 두면 다양한 분야에서 업무 효율성을 높일 수 있다. 또한, Excel이 지속적으로 업데이트되면서 추가되거나 사용 중단이 권고되는 함수들이 생겨나므로, 최신 함수와 그 용법을 주시할 필요가 있다.

Excel에서는 아래와 같이 크게 14가지 범주(유형)로 함수들을 분류해 놓고 있다. 각 범주의 용도를 확인하기 위해 범주별로 몇 가지 함수를 예시로 제시하였다.

재무

ACCRINT: 정기적으로 이자를 지급하는 유가 증권의 경과 이자 계산

ACCRINTM: 만기에 이자를 지급하는 유가 증권의 경과 이자 계산

AMORDEGRC: 감가 상각 계수를 사용하여 매 회계 기간의 감가 상각액 계산

...

YIELDMAT: 만기 시 이자를 지급하는 유가 증권의 연 수익률 계산

논리

AND: 인수가 모두 TRUE이면 TRUE 반환

FALSE: 논리값 FALSE 반환

IF: 수행할 논리 검사 지정

…

XOR: 모든 인수의 논리 배타적 OR 반환

텍스트

ASC: 문자열에서 영문 전자(더블바이트)나 가타가나 전자를 반자(싱글바이트)로 변환

ARRAYTOTEXT: 지정된 범위에서 텍스트 값의 배열 반환

BAHTTEXT: ß(바트) 통화 형식을 사용하여 숫자를 텍스트로 변환

…

VALUETOTEXT: 지정된 값의 텍스트 반환

날짜/시간

DATE: 특정 날짜의 일련 번호 반환

DATEDIF: 두 날짜 사이의 일, 월 또는 연도 수 계산

DATEVALUE: 텍스트 형태의 날짜를 일련 번호로 변환

…

YEARFRAC: start_date와 end_date 사이의 날짜 수가 일 년 중 차지하는 비율 계산

찾기/참조 영역

ADDRESS: 참조를 워크시트의 한 셀에 대한 텍스트로 반환

AREAS: 참조 영역 내의 영역 수 반환

CHOOSE: 값 목록에서 값 선택

…

XMATCH: 배열이나 셀 범위에서 항목의 상대적 위치 반환

데이터베이스

DAVERAGE: 선택한 데이터베이스 항목의 평균 계산

DCOUNT: 데이터베이스에서 숫자가 있는 셀의 개수 계산

DCOUNTA: 데이터베이스에서 데이터가 들어 있는 셀의 개수 계산

…

DVARP: 데이터베이스 필드 값들로부터 모집단의 분산 계산

수학/삼각

ABS: 숫자의 절댓값 반환

ACOS: 숫자의 아크코사인 반환

ACOSH: 숫자의 역 하이퍼볼릭 코사인 반환

…

TRUNC: 수의 소수점 이하 절사(切捨)

통계

AVEDEV: 데이터 요소의 절대 편차의 평균 계산

AVERAGE: 인수의 평균 반환

AVERAGEA: 인수의 평균(숫자, 텍스트, 논리값 포함) 반환

…

Z.TEST: z－검정의 단측 검정 확률값 반환

공학

BESSELI: 수정된 Bessel 함수 In(x) 값 반환

BESSELJ: Bessel 함수 Jn(x) 값 반환

BESSELK: 수정된 Bessel 함수 Kn(x) 값 반환

…

OCT2HEX: 8진수를 16진수로 변환

큐브(정육면체)[15]

CUBEKPIMEMBER: KPI(핵심 성과 지표) 속성을 반환하고 셀에 KPI 이름 표시

CUBEMEMBER: 큐브에서 구성원이나 튜플 반환

CUBEMEMBERPROPERTY: 큐브에서 구성원 속성 값 반환

…

CUBEVALUE: 큐브에서 집계 값 반환

정보

CELL: 셀의 서식 지정이나 위치, 내용에 대한 정보 반환

ERROR.TYPE: 오류 유형에 해당하는 숫자 반환

INFO: 현재 운영 환경에 대한 정보 반환

…

TYPE: 값의 데이터 형식을 나타내는 숫자 반환

---

15) 큐브(cube)는 다차원 구조로 정리된 데이터 집합을 뜻하는 말이다. 일반적으로 데이터 큐브라고도 쓰지만, Excel에서는 큐브라고 쓰고, OLAP 큐브, 로컬 큐브 등의 용어에도 사용된다. 여기에 표현되어 있는 것처럼 Excel에서 정육면체라는 표현이 메뉴 등에 등장하지만, 이는 cube라는 원어를 기계 번역해서 생기는 일종의 버그로 보인다. 데이터베이스 분야에서 테이블, 필드, 레코드라는 외래어를 사용하지, 표, 항목, 기록 등으로 굳이 순 한글이나 한자어로 번역해 사용하지 않는 것처럼, 큐브도 그냥 외래어로 사용한다.

호환성

BETADIST: 누적 베타 분포 함수 반환

BETAINV: 지정된 베타 분포에 대한 역 누적 분포 함수 반환

BINOMDIST: 개별항 이항 분포 확률 반환

…

ZTEST: z-검정의 단측 검정 확률값 반환

웹

ENCODEURL: URL로 인코딩된 문자열 반환

FILTERXML: 지정된 XPath를 사용하여 XML 콘텐츠의 특정 데이터 반환

WEBSERVICE: 웹 서비스에서 데이터 반환

사용자 정의

CALL: DLL(동적 연결 라이브러리) 또는 코드 리소스의 프로시저 호출

EUROCONVERT: 숫자를 유로화로, 유로화에서 유로 회원국 통화로 또는 유로화를 매개 통화로 사용하여 숫자를 현재 유로 회원국 통화에서 다른 유로 회원국 통화로 변환(3각 변환)

REGISTER.ID: 지정한 DLL 또는 코드 리소스의 레지스터 ID 반환

함수가 범주로 나누어져 있기는 하지만, 이는 정리와 이해를 돕기 위한 것으로, 실제 사용은 상황과 용도에 맞추어 적절한 것을 선택해 사용하면 된다. 또한, 함수 안에 함수를 7개 수준까지 중첩해 사용할 수 있다. 예를 들어, 아래와 같은 IF 함수에서 IF 안에 인수 형태로 삽입된 AVERAGE와 SUM 함수는 모두 2수준 함수가 된다.

=IF(AVERAGE(A2:A100)>50, SUM(B2:B100),0)

만약, AVERAGE나 SUM 안에 다른 함수가 들어간다면 이때는 3수준 함수가 된다.

한편, Excel 함수는 버전마다 사용이 될 수 있는 게 있고, 없는 게 있으므로, 실제 내가 사용하는 함수가 이 파일을 받아볼 다른 PC에서 제대로 작동할지 살펴볼 필요가 있다. 여기에서 버전은 Microsoft 365용, Mac용, Windows용, 2007, 2010, 2013, 2016, 2019, 웹용, iPad용, iPhone용, Android 휴대폰용, Android 태블릿용 등으로 나눌 수 있다. 일반적으로 사용하거나 공부하기 위해서는 Microsoft 365용을 기준으로 할 것을 권장한다.

과제 **Excel 함수 중 LET 함수와 LAMBDA 함수 사용법을 Excel 도움말에서 찾아 워드 프로세서에 정리하시오.**

함수 및 수식 활용을 위한 예제(저자 블로그 게시물 목록)

- [분산 분석: 일원 배치법] 같은 항목에 속한 값들을 모아 목록으로 정리하기 (TEXTJOIN, TEXTSPLIT 함수 활용), 2024. 5. 17., https://cantips.com/3908
- 데이터 집합에서 빈 셀의 위치 특정하기, 2024. 3. 7., https://cantips.com/3892
- 이메일 주소를 골뱅이(@) 앞뒤로 분리하기, 2024. 1. 24., https://cantips.com/3880
- 주 단위 달력을 한 방에 만들기, 2023. 12. 6., https://cantips.com/3873
- Excel 새 함수 GROUPBY, PIVOTBY, PERCENTOF 사용법, 2023. 11. 16., https://cantips.com/3867
- 셀 안에 확인란(Checkbox) 삽입하기, 2023. 11. 2., https://cantips.com/3864
- 각 반 등수와 전체 등수 함께 표시하기, 2023. 5. 26., https://cantips.com/3840

- 워크시트 셀에 수식 표시하기, 2022. 7. 29., https://cantips.com/3701

- 연도별 2월의 마지막 일자와 요일 목록 만들기, 2022. 5. 3., https://cantips.com/3664

- 시간 데이터 처리 방식의 비밀: 시간 단위 변환 방법, 2022. 4. 29., https://cantips.com/3658

- 미제출자가 있는 조만 추려서 조원 명단 확인하기, 2022. 4. 11., https://cantips.com/3647

- 텍스트를 원하는 간격으로 끊어 열별 또는 행별로 재정리하는 수식, 2022. 4. 1., https://cantips.com/3642

- 날짜에서 요일을 뽑아내는 몇 가지 방법 v2, 2022. 3. 24., https://cantips.com/3638

- 한 열로 입력된 데이터를 여러 개의 열로 다시 정리하는 방법 두 가지, 2022. 3. 21., https://cantips.com/3637

- 셀에 입력된 문자열의 단어 순서를 거꾸로 배열하는 방법 네 가지, 2022. 3. 19., https://cantips.com/3635

- 새 함수 14개 사용법 알아보기, 2022. 3. 18., https://cantips.com/3634

- 목록에서 홀수 줄, 짝수 줄 등 특정 간격의 줄만 추출하기, 2022. 3. 17., https://cantips.com/3633

- 셀에 입력된 문자열의 단어 순서를 거꾸로 배열하는 방법 두 가지, 2022. 3. 15., https://cantips.com/3628

- 한 셀에 들어가 있는 데이터에서 스페이스를 제외한 글자 수 세기 v2, 2021. 12. 30., https://cantips.com/3602

- 시작 시각과 시간 간격 지정에 따라 시간표 시간 목록 자동으로 조정하기 v2, 2021. 12. 1., https://cantips.com/3581

- 점수 목록에서 기준표에 따라 해당 등급 부여하기, 2021. 11. 10., https://cantips.com/3566

- 행과 열을 동시에 만족하는 데이터 찾아오기 v3, 2021. 11. 10.,
  https://cantips.com/3565

- Lambda 함수를 활용하는 SCAN 함수 사용법 함수, 2021. 11. 8.,
  https://cantips.com/3557

- 데이터 목록에서 시작과 끝을 수시로 변경하면서 중간에 있는 값들로 각종 연
  산하기, 2021. 11. 6., https://cantips.com/3555

- 목록에서 빈 셀들을 없애고 새로 정렬하기, 2021. 9. 30.,
  https://cantips.com/3508

- 일련번호를 넣는 6가지 방법, 2021. 9. 27., https://cantips.com/3506

- 빈 셀을 포함하는 데이터 범위에서 마지막 행의 값이나 번호 구하기, 2021. 7.
  22., https://cantips.com/3454

- 셀에 입력된 데이터의 글자 순서를 거꾸로 배열하기, 2021. 7. 19.,
  https://cantips.com/3450

- 조건에 맞는 가장 마지막 행 찾기, 2021. 6. 25., http://cantips.com/3429

- 일련번호를 넣는 5가지 방법, 2021. 5. 25., http://cantips.com/3409

- 자연로그값을 구하는 세 가지 방법, 2021. 5. 21., http://cantips.com/3407

- 총 근무 시간 집계 후 임금 계산하기, 2021. 5. 6., http://cantips.com/3393

- 기술 통계법의 요약 통계량을 수식으로 구하기, 2021. 5. 3.,
  http://cantips.com/3392

- 여러 열의 데이터를 번갈아 한 열에 정리하기, 2021. 3. 23.,
  http://cantips.com/3373

- 근속 연수, 개월 수, 주말·공휴일 제외 근무 일수, 영업일 수 등 기간 계산하
  기, 2021. 3. 21., http://cantips.com/3372

- A열 각 셀에 있는 값을 B열에 일정 횟수 반복하여 입력하기 v2, 2021. 1. 15.,
  http://cantips.com/3336

- 중복 허용된 여러 열의 데이터를 수식 한 방으로 하나의 열로 정리하는 방법,

2020. 12. 21., http://cantips.com/3330

- 수식 한 방에 끝내는 방법을 포함해 열의 순서를 바꾸는 몇 가지 방법, 2020. 12. 11., http://cantips.com/3325
- 새로 추가된 사용자 정의용 함수 LAMBDA 사용법 하나, 2020. 12. 7., http://cantips.com/3324
- 데이터 연결을 유지하면서 행/열 바꾸기 v3, 2020. 11. 22., http://cantips.com/3312
- 하나의 열에 중복 입력된 값들을 모두 찾아보기, 2020. 9. 22., http://cantips.com/3290
- IF 함수의 조건식에서 와일드카드(*, ?)가 먹히지 않을 때, 2020. 8. 10., http://cantips.com/3265
- 시작 시각과 시간 간격 지정에 따라 시간표 시간 목록 자동으로 조정하기, 2020. 8. 6., http://cantips.com/3263
- 조건이 맞는 항목 중 최댓값 찾기, 2020. 3. 12., http://cantips.com/3217
- VLOOKUP, HLOOKUP을 대체하는 새 함수 XLOOKUP 추가, 2019. 9. 5., http://cantips.com/3156
- 셀에 입력한 그림 조회하기, 2019. 2. 28., http://cantips.com/3064
- 문자열과 구분 기호 연결 팁, 2019. 1. 9., http://cantips.com/3030
- 데이터 입력 일시 자동으로 기록하기, 2018. 12. 8., http://cantips.com/3022
- 데이터 연결을 유지하면서 행/열 바꾸기, 2018. 4. 15., http://cantips.com/2957
- 특정 폴더에 있는 파일 이름들만 추출하기, 2013. 8. 22., http://cantips.com/2448
- ⓐ, ⓑ, ⓒ, …, ①, ②, ③, … 등 특수 문자를 연속으로 쉽게 입력하기, 2013. 4. 14., http://cantips.com/2402
- 이름 목록에서 랜덤하게 이름 뽑아내기, 2013. 1. 6., http://cantips.com/2325

- 한 셀에 들어가 있는 데이터에서 스페이스를 제외한 글자 수 세기, 2012. 9. 28., http://cantips.com/2262
- 정렬된 자료를 역순으로 다시 정렬하는 세 가지 방법, 2012. 2. 9., http://cantips.com/2074
- 여러 열에 걸쳐 입력된 데이터를 한 열로 재정리하는 방법 하나, 2011. 12. 4., http://cantips.com/2024
- 다른 셀에 입력된 데이터를 한 셀에 여러 줄로 다시 입력하기, 2011. 7. 28., http://cantips.com/1936
- 한 열로 입력된 데이터를 여러 개의 열로 다시 정리하는 방법, 2011. 7. 27., http://cantips.com/1935
- 목록에서 특정 문구가 들어간 셀의 개수 구하기, 2011. 6. 27., http://cantips.com/1916
- A열 각 셀에 있는 값을 B열에 일정 횟수 반복하여 입력하기, 2011. 5. 26., http://cantips.com/1901
- 워크시트 이름을 포함하는 셀 참조를 만들 때 와일드카드 이용하기, 2011. 2. 28., http://cantips.com/1829
- 행과 열을 동시에 만족하는 데이터 찾아오기 2, 2011. 1. 6., http://cantips.com/1759
- 셀에서 함수 입력할 때 나오는 툴팁 활용하기, 2011. 1. 5., http://cantips.com/1758
- 셀에 입력하는 수식 자체에 주석 달기, 2010. 11. 24., http://cantips.com/1713
- 수식에서 셀 주소로 셀 범위 지정할 때 사용하는 기호 3가지, 2009. 1. 21., http://cantips.com/1019
- 셀 안에 특정 문자를 반복해서 가득 채워넣기, 2008. 11. 21., http://cantips.com/950

- 각 달의 마지막 날짜 구하기: 복잡한 방법과 간단한 방법, 2008. 4. 14., http://cantips.com/740
- 각 달의 마지막 날짜 구하기, 2007. 12. 22., http://cantips.com/635
- 한 셀에 두 줄 이상 입력하기와 한 줄로 다시 만들기, 2007. 8. 28., http://cantips.com/3132
- 날짜에서 요일 뽑아내는 몇 가지 방법, 2007. 7. 22., http://cantips.com/441
- 데이터 곳곳의 공란(space) 없애기, 2007. 7. 10., http://cantips.com/419
- 숫자를 한글, 한자로 바꾸기, 2007. 7. 3., http://cantips.com/404
- 이메일 주소를 골뱅이(@) 앞뒤로 분리하기, 2007. 7. 2., http://cantips.com/403
- 두 개의 주사위를 던진 무작위 결과 만들기, 2007. 7. 1., http://cantips.com/402

| Mission 3 | 우리나라 지도 블록 맵 작성 | Excel |

함수 사용을 비롯한 Excel의 기능을 종합적으로 연습해 보기 위해, 아래 그림과 같이 워크시트에 우리나라 군, 구 이상의 행정 구역을 셀 하나에 하나씩 블록으로 구성한 전국 지도 블록 맵(Block Map)을 만들고, 각 지역별도 마련된 별도의 데이터 값에 따라 해당 셀의 모양을 이용해 시각적인 효과를 주는 작업을 진행하기로 한다.

L	M	N	O	P	Q	R	S	T	U	V	W	X	Y	Z
						철원	화천	양구	고성(강원)					
					서울도봉	서울노원	연천	포천	속초					
				파주	고양	서울강북	서울성북	동두천	양주	인제	양양			
	인천강화	김포	광명	서울은평	서울서대문	서울종로	의정부	남양주	가평	춘천				
	인천서구	부천	안양	서울강서	서울마포	서울중구	서울동대문	서울중랑	구리	홍천	강릉			
	인천동구	인천계양	시흥	서울양천	서울동작	서울용산	서울성동	서울강동	하남	횡성	동해			
		인천부평	안산	서울영등포	서울관악	서울서초	서울광진	서울송파	양평	평창	정선		울릉	
	인천중구	인천남구	화성	서울구로	서울금천	서울강남	과천	광주	여주	원주	태백			
인천옹진	인천연수	인천남동	오산	안성	군포	의왕	성남	이천	문경	영월	삼척			
	태안	당진	아산	천안	평택	수원	용인	상주	예천	영주	봉화	울진		
	서산	홍성	예산	공주	음성	충주	단양	제천	구미	안동	영양	영덕		
		보령	청양	세종	진천	증평	괴산	김천	군위	의성	청송	포항		
		부여	논산	계룡	대전대덕	청주	보은	성주	칠곡	영천	경산	경주		
		서천	금산	대전유성	대전동구	옥천	고령	청도	대구북구	대구중구	대구동구	울산북구		
		군산	익산	대전서구	대전중구	영동	합천	대구서구	대구남구	대구수성	울산중구	울산동구		
		부안	김제	완주	무주	거창	창녕	대구달서	대구달성	부산금정	울산울주	울산남구		
		고창	정읍	전주	진안	장수	함양	의령	밀양	부산북구	부산부산진	부산동래	부산기장	
		영광	장성	순창	임실	남원	진주	함안	양산	부산사상	부산동구	부산연제	부산해운대	
		함평	담양	곡성	구례	산청	사천	창원	부산강서	부산서구	부산중구	부산수영		
	신안	무안	광주광산	광주북구	화순	하동	남해	고성(경남)	김해	부산사하	부산영도	부산남구		
	목포	나주	광주서구	광주동구	순천	광양			통영	거제				
	해남	영암	광주남구	보성	여수									
	진도	강진	장흥	고흥										
			완도											
				제주										
				서귀포										

각 행정 구역의 위치(좌표)는 대충 알아서 만들어도 되지만,16) 여기에서는 아래 링크를 통해 얻을 수 있는 CSV 파일을 이용했다.

---

16) 지금 연습하는 것과 같은 블록 맵을 실제 업무에서 사용하고자 한다면, 행정 구역 이름이나 기타 정보가 최신으로 업데이트되었는지 확인 후 진행할 필요가 있다.

GitHub-snscrawler/DataAnalysis: 각종 데이터 분석 및 시각화: https://github.com/snscrawler/DataAnalysis/

CSV(comma-separated values) 파일이란 여러 필드를 쉼표로 구분하여 데이터를 저장한 텍스트 파일을 말한다. 파일의 확장자는 CSV이지만, 일반 텍스트 파일이다. 예를 들어, 아래 표와 같은 데이터 집합이 있다고 한다.

번호	품명	수량	단가
P101	ABCD	3	23000
P102	TYUI	11	300

이런 모양을 데이터 테이블, 줄여서 그냥 **테이블**(table)이라고 한다. 표라고 번역해 사용할 수도 있지만, 데이터를 관리하는 분야에서는 외래어로 그냥 **테이블**이라고 부르는 것이 일종의 관행이다. 이 테이블 각 열의 제목인 번호, 품명 등은 **필드**(field)라고 하고, 행 방향으로 한 줄 한 줄 정리한 각 제품의 데이터 모음을 **레코드**(record)라고 하게 된다. 신입 사원의 이력서를 모아 놓은 파일철이 있다고 한다면, 이름, 전화번호와 같이 이력서 한 장에 적힌 항목 하나하나가 필드가 된다. 이력서 한 장은 레코드 하나가 된다, 이력서 20장을 모았다면 레코드는 20개이다. 이 이력서는 묶어 보관용으로 만든 파일철이 바로 테이블이다. 그래서 위 표는 네 개의 필드와 두 개의 레코드로 구성된 테이블이다. 이런 테이블은 가로선, 세로선이 있는 격자 모양의 틀이 있어야 하고, 이런 틀을 만드는 방법은 애플리케이션마다 다를 수 있다. 아래아한글(한/글)로 만든 문서 파일을 MS Word나 Excel에서 바로 불러와 사용할 수 없는 이유이다. 그런데 왠만한 프로그램들은 자체의 고유 형식 이외에 글자만 입력되어 있는 텍스트(보통 확장자는 TXT가 된다.) 파일은 문제없이 읽어들일 수 있다. 서식, 표, 글꼴 등 부수적인 스타일 없이 단순하게 내용만 들어있는 파일이라 그대로 열 수 있다. 그래서 아주 오래 전부터 사용하는 프로그램에 상관없이 데이터를 교환하고 공유하기 위한 방식으로 스타일이 없는 텍스트 형식의 파일로 데이터 테이블을 저장하는 방식이 제안되었는데 그게 CSV이다.

위 표는 텍스트를 입력할 수 있는 아무 프로그램에서나 아래와 같은 형태로 입력한다.

번호, 품명, 수량, 단가
P101, ABCD, 3, 23000
P102, TYUI, 11, 300

행을 구분하는 가로선은 줄을 바꾸면서 사용한 [Enter]로 대체하고, 필드를 구분하는 세로선은 쉼표(,)로 구분한다.17) 그래서 CSV의 C가 쉼표(comma)이다. 이런 약속을 통해 CSV를 이해하는 프로그램에서는 이 파일을 읽어 들여서 자신만의 표 작성 방식으로 재구성하게 된다. 현업에서도 데이터를 다른 사람이나 조직에 배포하고 공유할 때, Excel 파일 형식으로 하는 경우가 많지만, CSV로 만들어 제공하는 것이 올바른 방법이다. 그래서 데이터 집합을 제대로 배포하는 곳에서는 대부분이 CSV 형식을 사용하게 되고, 예제에서도 이 CSV를 참조한다.

위 링크로 연결된 웹 페이지에 방문하면 여러 파일이 보이는데, 그중 data_draw_korea.csv 파일을 찾아 클릭한다.

---

17) 쉼표가 연속 두 개, 세 개가 있다면, 쉼표 사이 필드에 해당하는 데이터 셀은 비어있다는 의미가 된다.

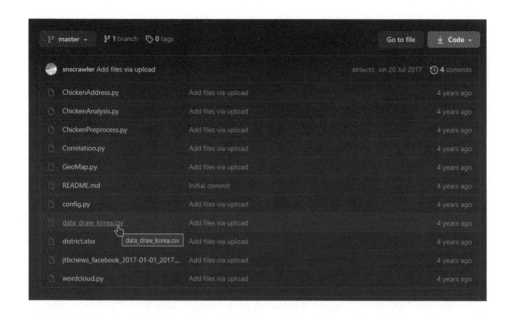

그다음 나타나는 페이지에서 데이터 테이블을 볼 수 있지만, 테이블 오른쪽 바로 윗부분에서 [Raw][18]라는 메뉴를 클릭한다.

이 [Raw] 메뉴를 마우스 오른쪽 버튼으로 클릭한 후 [다른 이름으로 저장]을 선택하면, 해당 파일을 'data_draw_korea.txt'라는 이름으로 내려받을 수 있다. 확장자가 CSV가 아니어도 형식이 CSV인 파일이다. 저장할 때 파일 이름에서 확장자 .txt를 .csv로 바꾼다면 이 파일을 더블 클릭하여 바로 Excel을 실행할 수 있다.

[Raw] 메뉴를 마우스 왼쪽 버튼으로 바로 클릭한다면, 파일이 웹 브라우저에서

---

18) 보통 가공하지 않은 원본 데이터, 원시 데이터를 Raw Data(로 데이터)라고 한다.

바로 열린다.

```
,인구수,shortName,x,y,면적,광역시도,행정구역
0,202520,강릉,11,4,1040.07,강원도,강릉시
1,25589,고성(강원),9,0,664.19,강원도,고성군
2,86747,동해,11,5,180.01,강원도,동해시
3,63986,삼척,11,8,1185.8,강원도,삼척시
4,76733,속초,9,1,105.25,강원도,속초시
5,20809,양구,8,0,700.8,강원도,양구군
6,24551,양양,10,2,628.68,강원도,양양군
7,34966,영월,10,8,1127.36,강원도,영월군
8,313851,원주,10,7,867.3,강원도,원주시
9,29260,인제,9,2,1646.08,강원도,인제군
10,34242,정선,11,6,1220.67,강원도,정선군
11,43189,철원,6,0,899.82,강원도,철원군
12,264144,춘천,10,3,1116.35,강원도,춘천시
13,44175,태백,11,7,303.57,강원도,태백시
14,38439,평창,10,6,1463.65,강원도,평창군
15,62957,홍천,10,4,1817.94,강원도,홍천군
16,23612,화천,7,0,909.45,강원도,화천군
17,39668,횡성,10,5,997.82,강원도,횡성군
18,53497,가평,9,3,843.04,경기도,가평군
19,955384,고양,4,2,267.33,경기도,고양시
20,63227,과천,7,7,35.813,경기도,과천시
21,327111,광명,3,3,38.5,경기도,광명시
22,290210,광주,8,7,431.84,경기도,광주시
23,175676,구리,9,4,33.3,경기도,구리시
24,273302,군포,5,8,36.35,경기도,군포시
```

CSV 형식을 알고 있다면, 이런 모양의 데이터 집합을 보고, Excel로 복사하는 단계를 시작하면 된다. 이 예제에서는 텍스트 파일을 내려 받아 Excel로 열면 문자 인코딩의 문제로 데이터가 깨져 보일 수도 있다. 그래서 웹 브라우저에 열려 있는 내용을 복사해서 Excel로 붙여 넣기로 한다.

작업할 Excel 파일을 새로 하나 열고 새 워크시트의 A1 셀을 기준으로, 웹 브라우저에 있는 원본 데이터를 복사해서 붙여 넣는다.

A1	▾	× ✓	fx	,인구수,shortName,x,y,면적,광역시도,행정구역				
	A	B	C	D	E	F	G	H	I
1	,인구수,shortName,x,y,면적,광역시도,행정구역							
2	0,202520,강릉,11,4,1040.07,강원도,강릉시							
3	1,25589,고성(강원),9,0,664.19,강원도,고성군							
4	2,86747,동해,11,5,180.01,강원도,동해시							
5	3,63986,삼척,11,8,1185.8,강원도,삼척시							
6	4,76733,속초,9,1,105.25,강원도,속초시							
7	5,20809,양구,8,0,700.8,강원도,양구군							

여기에서 주의할 점은 모든 레코드가 A열 하나에 들어간다는 점이다. 각 필드가 A열, B열, C열 등으로 흩어져 들어가야 하지만, 각 레코드는 한 덩어리로 한 셀에 들어간다. 이를 필드별로 나누는 작업이 필요하다.

로 데이터를 붙여 넣고 A열이 선택되어 있는 상태에서, [데이터] 〉 [텍스트 나누기]를 선택한다.

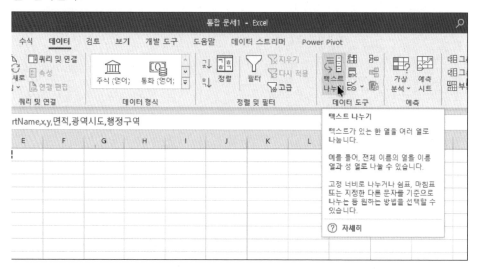

그러면 텍스트 마법사 창이 나타난다. 총 3단계로 진행이 되는데, 필요한 단계까지만 진행해도 된다.

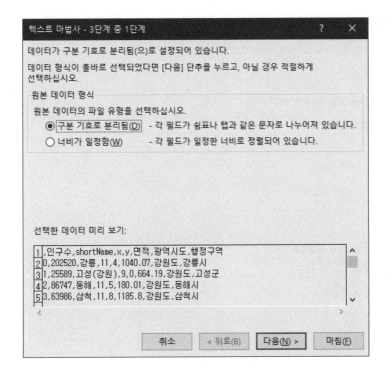

1단계에서는 원본 데이터 형식을 지정하는데, 여기에서 사용하는 데이터는 쉼표를 구분 기호로 사용하는 것이므로 '구분 기호로 분리됨'을 선택한다. 상황에 따라서 데이터가 일정한 너비로 정렬되어 있다면 '너비가 일정함'을 선택한다. 창 하단에 '선택한 데이터 미리 보기:' 부분으로 데이터의 형식과 현재 상태를 확인할 수 있다. 원본 데이터의 파일 유형을 정했다면 [다음(N))] 단추를 선택한다.

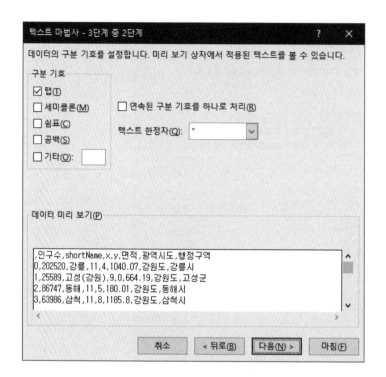

2단계에서는 구분 기호를 정한다. Excel에서는 다양한 구분 기호를 지원하는데, CSV의 기본 구분 기호는 쉼표이지만, 실무에서는 이 창에 나와있는 것처럼 탭(tab)도 많이 사용한다. 여기에서는 탭이 아니라 쉼표이므로, 해당 기호를 선택한다. 여러 구분 기호를 동시에 선택할 수도 있다.

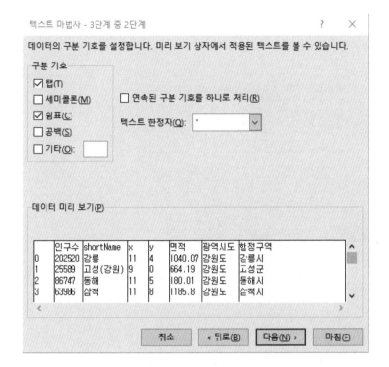

쉼표를 추가로 선택하면 창 아래 '데이터 미리 보기(P)' 부분에 필드가 제대로 구분된 것을 볼 수 있다. 이후 추가 작업은 필요하지 않아 바로 [마침(F)]을 눌러도 되고, 다음 단계를 점검하기 위해 [다음(N))]을 선택할 수도 있다.

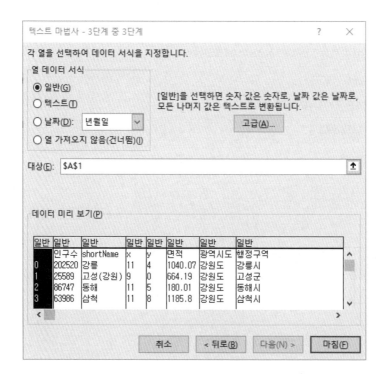

3단계에서는 열 데이터(필드) 서식을 정한다. 이 작업은 나중에 워크시트에서 하는 것이 더 편하고 안전할 수 있다. [마침(F)]을 눌러 텍스트 나누기 작업을 마무리한다.

▲	A	B	C	D	E	F	G	H	I
1		인구수	shortName	x	y	면적	광역시도	행정구역	
2	0	202520	강릉	11	4	1040.07	강원도	강릉시	
3	1	25589	고성(강원)	9	0	664.19	강원도	고성군	
4	2	86747	동해	11	5	180.01	강원도	동해시	
5	3	63986	삼척	11	8	1185.8	강원도	삼척시	
6	4	76733	속초	9	1	105.25	강원도	속초시	
7	5	20809	양구	8	0	700.8	강원도	양구군	
8	6	24551	양양	10	2	628.68	강원도	양양군	
9	7	34966	영월	10	8	1127.36	강원도	영월군	
10	8	313851	원주	10	7	867.3	강원도	원주시	
11	9	29260	인제	9	2	1646.08	강원도	인제군	
12	10	34242	정선	11	6	1220.67	강원도	정선군	

이제 이 데이터를 바탕으로 시각화 정보인 맵을 구성한다. 우선 블록 맵을 그리기 전에 일반적인 차트를 생성해 보기로 한다. 각 지역별로 인구수를 시각 정보로 표현한다.

보통 데이터를 정리할 때는 하나의 레코드에서 제목에 해당하는 필드가 왼편에 있고, 값에 해당하는 필드가 오른편에 위치하게 된다. 예제에서 지역별 인구수를 정리한다면, 지역 이름이 왼쪽, 해당 지역의 인구 데이터가 오른쪽에 있게 된다. 그렇지만 우리가 불러온 원본 데이터에는 인구수와 지역 필드가 반대로 정리되어 있어 서로 자리를 바꾸기로 한다.

이럴 때는 빈 열을 만들고 복사, 붙여넣기 과정을 거치기보다는 [Shift] 키를 이용한 자리바꿈 기능을 사용하는 것이 편리하다. 예를 들어, 인구수 열인 B열을 모두 선택한다.

▲	A	B	C	D	E	F	G	H
1		인구수	shortName	x	y	면적	광역시도	행정구역
2	0	202520	강릉	11	4	1040.07	강원도	강릉시
3	1	25589	고성(강원)	9	0	664.19	강원도	고성군
4	2	86747	동해	11	5	180.01	강원도	동해시
5	3	63986	삼척	11	8	1185.8	강원도	삼척시
6	4	76733	속초	9	1	105.25	강원도	속초시
7	5	20809	양구	8	0	700.8	강원도	양구군
8	6	24551	양양	10	2	628.68	강원도	양양군

그다음 선택된 영역의 왼쪽이나 오른쪽 테두리를 [Shift] 키를 누른 상태에서 마우스 왼쪽 버튼을 누른 채로 시트 오른쪽 방향으로 이동한다. 이때 열과 열 사이에 마우스를 위치시킬 때마다 열 경계 전체에 I자 모양의 긴 막대가 나타난다.

	A	B	C	D	E	F	G	H
1		인구수	shortName	x	y	면적	광역시도	행정구역
2	0	202520	강릉	11	4	1040.07	강원도	강릉시
3	1	25589	고성(강원)	9	0	664.19	강원도	고성군
4	2	86747	동해	11	5	180.01	강원도	동해시
5	3	63986	삼척	11	8	1185.8	강원도	삼척시
6	4	76733	속초	9	1	105.25	강원도	속초시
7	5	20809	양구	8	0	700.8	강원도	양구군
8	6	24551	양양	10	2	628.68	강원도	양양군

마우스를 왼쪽, 오른쪽으로 움직이면서 열과 열 사이에 위치시켜보면 이 경계 부분이 선택되는 것을 확인할 수 있다. 여기에서는 C열과 D열 사이가 선택되었을 때, 마우스 버튼을 놓는다. 그러면 선택되었던 인구수 필드가 shortName 다음 필드로 이동한 것을 확인할 수 있다.

	A	B	C	D	E	F	G	H
1		shortName	인구수	x	y	면적	광역시도	행정구역
2	0	강릉	202520	11	4	1040.07	강원도	강릉시
3	1	고성(강원)	25589	9	0	664.19	강원도	고성군
4	2	동해	86747	11	5	180.01	강원도	동해시
5	3	삼척	63986	11	8	1185.8	강원도	삼척시
6	4	속초	76733	9	1	105.25	강원도	속초시
7	5	양구	20809	8	0	700.8	강원도	양구군
8	6	양양	24551	10	2	628.68	강원도	양양군

이 방법은 행 방향으로도 동일하고, 여러 열이나 행을 동시에 선택해서 이동하는 것도 가능하다.

차트를 그릴 데이터가 정리되었으므로, 전체 shortName과 인구수 열을 선택한다. 필요한 영역을 선택하는 방법은 여러 가지가 있겠지만, 한 가지 방법으로 우선 B1과 C1 두 셀을 동시에 선택한 후, [Shift] 키를 누른 상태에서 선택 영역의 하단 경계선을 더블 클릭한다.

◢	A	B	C	D	E	F	G	H
1		shortName	인구수	x	y	면적	광역시도	행정구역
2	0	강릉	192520	11	4	1040.07	강원도	강릉시
3	1	고성(강원)	25589	9	0	664.19	강원도	고성군
4	2	동해	86747	11	5	180.01	강원도	동해시
5	3	삼척	63986	11	8	1185.8	강원도	삼척시
6	4	속초	76733	9	1	105.25	강원도	속초시
7	5	양구	20809	8	0	700.8	강원도	양구군
8	6	양양	24551	10	2	628.68	강원도	양양군

이렇게 하면 데이터가 입력된 가장 마지막 행까지 선택 영역으로 지정된다.

◢	A	B	C	D	E	F	G	H
214	212	아산	281938	3	9	542.2	충청남도	아산시
215	213	예산	76757	3	10	543.1	충청남도	예산군
216	214	천안	584912	4	9	636.5	충청남도	천안시
217	215	청양	29671	3	11	479.67	충청남도	청양군
218	216	태안	56489	1	9	504.82	충청남도	태안군
219	217	홍성	87904	2	10	443.9	충청남도	홍성군
220	218	괴산	33297	7	11	842	충청북도	괴산군
221	219	단양	27130	7	10	781.07	충청북도	단양군
222	220	보은	30685	7	12	584.45	충청북도	보은군
223	221	영동	46524	6	14	845.01	충청북도	영동군
224	222	옥천	47599	6	13	537.13	충청북도	옥천군
225	223	음성	86441	5	10	521.05	충청북도	음성군
226	224	제천	127462	8	10	882.47	충청북도	제천시
227	225	증평	34480	6	11	81.84	충청북도	증평군
228	226	진천	62809	5	11	406.08	충청북도	진천군
229	227	청주	790216	6	12	932.51	충청북도	청주시
230	228	충주	198077	6	10	983.7	충청북도	충주시
231								
232								
233								
234								

필요한 영역 선택이 끝나면, 이제 [삽입]에서 차트를 만든다. Excel에서 만들 수 있는 차트의 유형은 아래와 같다.

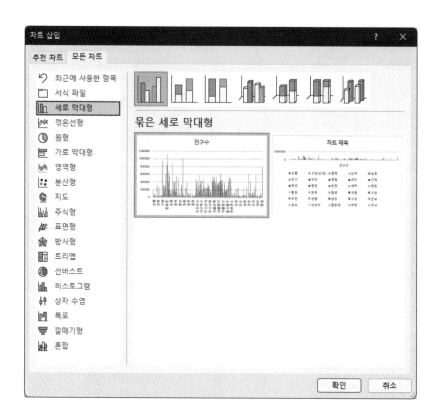

세로 막대형(Column chart)

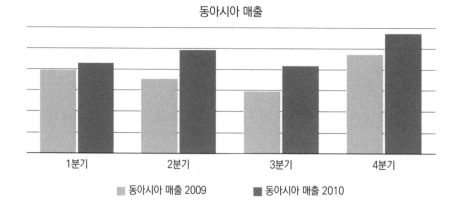

꺾은선형(Line chart)

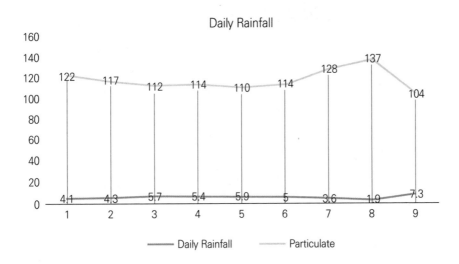

원형 및 도넛형(Pie and doughnut chart)

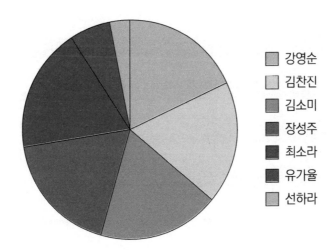

Sales Data

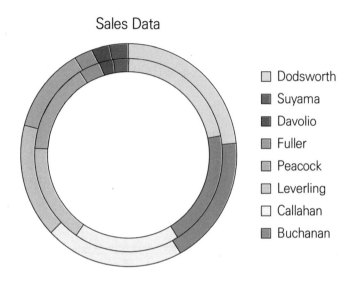

Dodsworth
Suyama
Davolio
Fuller
Peacock
Leverling
Callahan
Buchanan

가로 막대형(Bar chart)

Quarterly Sales

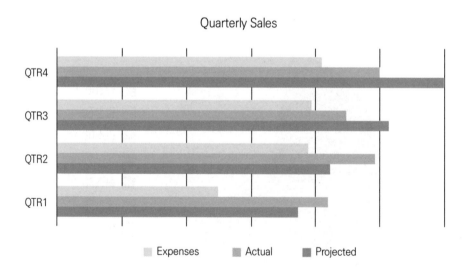

QTR4
QTR3
QTR2
QTR1

Expenses   Actual   Projected

영역형(Area chart)

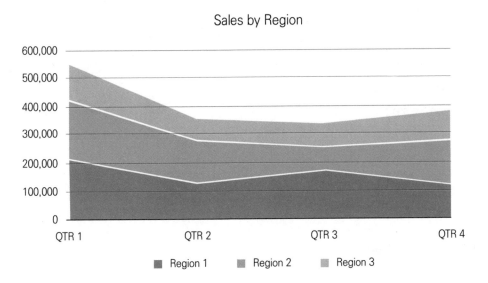

Sales by Region

분산형 및 거품형(XY (scatter) and bubble chart)

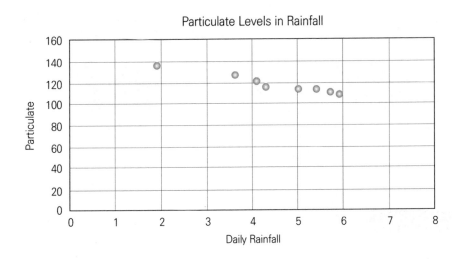

Particulate Levels in Rainfall

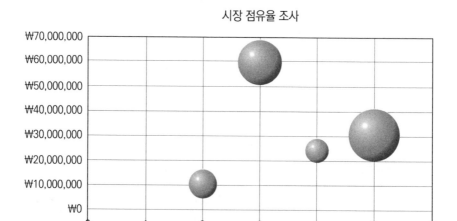

시장 점유율 조사

지도(Map chart)

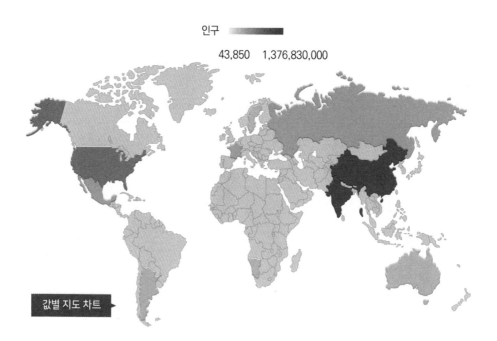

인구

43,850   1,376,830,000

값별 지도 차트 ▶

주식형(Stock chart)

표면형(Surface chart)

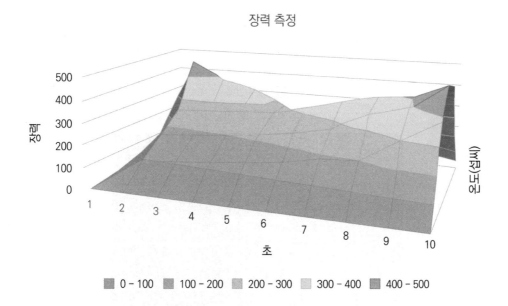

방사형(Radar chart)

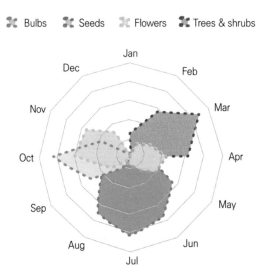

GARDEN CENTER SALES

Bulbs   Seeds   Flowers   Trees & shrubs

트리맵(Treemap chart)

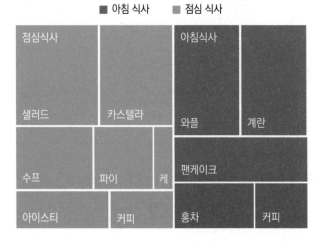

일간 음식 판매

■ 아침 식사   ■ 점심 식사

선버스트(Sunburst chart)

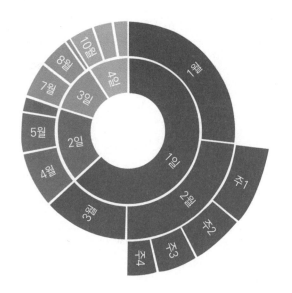

히스토그램(Histogram chart)

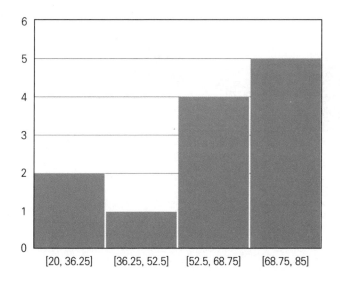

상자 수염(Box and Whisker chart)

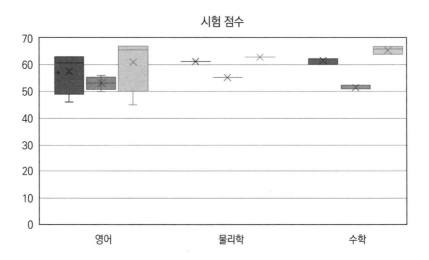

시험 점수

폭포(Waterfall chart)

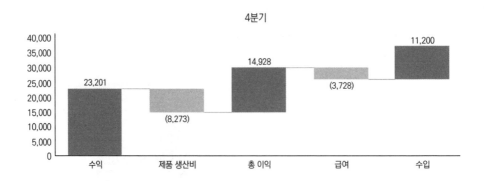

4분기

깔때기형(Funnel chart)

영업 파이프라인	
단계	금액
잠재 고객	500
자격 있는 잠재 고객	425
분석 필요	200
견적가	150
협상	100
종료된 영업	90

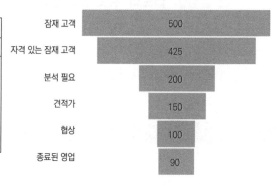

혼합(Combo chart)

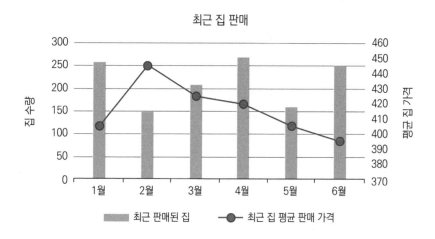

트리맵, 선버스트, 상자 수염, 폭포 차트를 제외하고 나머지 차트는 또 평면이나 입체, 누적 등 여러 하위 차트를 포함한다. 아무 차트나 모양이 괜찮은 것을 선택하는 것이 아니라, 다루는 데이터의 성격이나 표현하고자 하는 목적에 따라 적절한 차트를 선택하는 일이 중요하고, 세부적인 사용 방법이 차트마다 독특하게 다를 수 있어 별도의 학습 과정이 필요할 수 있다.

Excel 도움말에서 '사용 가능한 차트 종류' 페이지를 찾아 여기에 정리 된 설명을 별도의 워드 프로세서 파일에 정리한다.

여기에서는 지역별로 인구수를 표현하는 것이므로, 가장 기본적인 막대그래프를 작성하도록 한다. 데이터 영역을 선택한 후 차트 종류 중에 2차원 세로 막대형 차트를 선택한다.

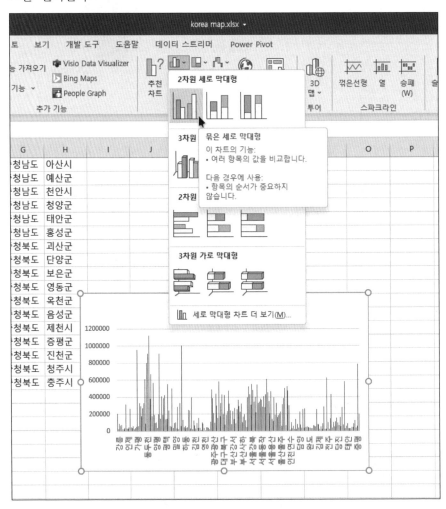

필요한 차트를 만든 다음, 적당한 크기와 색상 등을 부여하고 이를 별도의 그림 파일로 저장하거나, Word나 PowerPoint 등 다른 곳으로 복사해 옮겨 사용할 수도 있다. 특히, Excel 워크시트 내에 이런 차트를 그대로 삽입하여 보고서 등의 용도로 활용할 때는 될 수 있으면 워크시트의 셀 구분선에 상하좌우 차트 경계선이 정확하게 밀착해 겹치도록 그리는 것이 보기에도 좋다.

워크시트 위에 그려 넣은 각종 도형이나 다른 이미지들도 마찬가지지만, 차트의 경우에도 경계선을 끌어 크기를 조정하거나, 차트 전체를 마우스로 끌어 움직일 때, [Alt] 키를 누른 채로 진행한다.

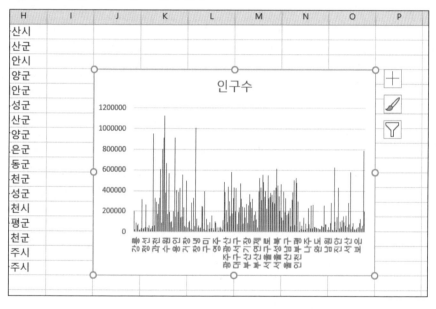

[Alt] 키를 누른 채로 경계선을 마우스로 움직이면 해당 경계선에 가까이 있는 셀 구분선에 자석처럼 달라붙는다. 이런 특성을 이용하면, 각 경계선을 주변 셀 구분선에 정확하게 일치시킬 수 있다. 여러 개의 차트나 도형의 크기와 위치를 일률적으로 정렬할 때 유용하다. 도형이나 차트의 위치를 바꿀 때에도 [Alt] 키를 누르고 있으면, 진행 방향에 가까운 셀 구분선에 정확하게 맞출 수 있다.

이렇게 작성한 그래프(차트)도 정보를 시각적으로 표현해 의사 결정자의 의사 결정 과정을 지원할 수 있지만, 조금 더 돋보이고 피보고자의 관심을 끌어내려는 목적으로 블록 맵처럼 색다른 접근법을 적용하는 것도 나쁘지 않다. 여기에서는 금방 작성한 막대형 차트는 삭제하고 새로운 시각 자료를 만들기로 한다.

일단 우리나라 지도 모양을 염두에 두고 데이터를 정리할 예정이므로, 지역의 위치를 표현하는 일종의 좌표가 필요하다. 원본 데이터에서 D열과 E열의 x, y 값이 바로 좌표를 표시한다.

		X			
		0	1	2	...
Y	0				
	1				
	2				
	...				

처음부터 이런 좌표를 구성할 것이라면 이런 원리를 응용하면 된다. 예제에서는 이미 만들어진 좌표를 활용할 것이므로, 일단은 X 값과 Y 값의 범위를 우선 확인할 필요가 있다. 각 값의 최댓값을 확인하기 위해 아래 그림과 같이 J열에 제목을 입력하고, K열에 MAX 함수를 이용한 수식을 입력한다.

C	D	E	F	G	H	I	J	K	L
구수	x	y	면적	광역시도	행정구역		x	=MAX(D2:D230)	
202520	11	4	1040.07	강원도	강릉시		y		
25589	9	0	664.19	강원도	고성군				
86747	11	5	180.01	강원도	동해시				
63986	11	8	1185.8	강원도	삼척시				
76733	9	1	105.25	강원도	속초시				
20809	8	0	700.8	강원도	양구군				
24551	10	2	628.68	강원도	양양군				
34966	10	8	1127.36	강원도	영월군				
313851	10	7	867.3	강원도	원주시				
29269	9	2	1646.09	강원도	인제군				

K1: =MAX(D2:D230)

K2: =MAX(E2:E230)

참고로 MAX 함수에 범위를 입력할 때, 해당 영역의 첫 번째 셀을 클릭한 후 [Ctrl] + [Shift] + [↓] 키를 누르면 해당 열 전체가 선택된다. 데이터 행 수가 전체 화면 크기를 벗어나는 경우 마우스를 누르고 끄는 것보다 이런 바로 가기 키를 쓰는 게 훨씬 편리하다.

MAX 수식으로 X는 0~13, Y는 0~25까지 분포되어 있음을 알았다. 이제 기준 축을 만든다. 0, 1, 2, 3 등의 값을 연속으로 채우는 방법은 여러 가지가 있으나, 여기에서는 연속 데이터 채우기 메뉴를 이용해 좌표 기준 축을 작성한다.

X 축이 시작하는 기준 셀은 L4로 하고, Y 축이 시작하는 셀은 K5로 하기로 한다. 일단 K4 셀에 시작 값인 0을 입력하고, [홈] 〉 [채우기] 〉 [계열]을 선택한다.

연속 데이터 창에서 단계 값을 1로, 종료 값을 X의 최댓값인 13으로 하고, [확인]을 누른다. 그전에 방향은 '행'이다. 좌에서 우, 행 방향으로 데이터를 채워야 하기 때문이다.

Y 좌푯값을 입력하기 위해 이번에는 K5 셀에 0을 입력하고 X 축과 같은 방법으로 연속 데이터 창을 부르고, 단계 값은 1, 종료 값은 25로 해서 모든 값을 채운다. 이 경우 방향은 '열'이어야 한다.

I	J	K	L	M	N	O
	x	13				
	y	25				
			X			
			0	1	2	3
	Y	0				
		1				
		2				
		3				
		4				
		5				
		6				
		7				
		8				
		9				
		10				

이제 X값과 Y값이 만나는 지점, 좌표의 값을 지정해야 하므로 X와 Y를 결합한 새로운 필드가 필요하다. 여기에서는 아래 그림과 같이 새 F열을 하나 추가하고 여기에 x-y라는 필드를 생성하기로 한다.

	A	B	C	D	E	F	G	H	I
1		shortName	인구수	x	y	x-y	면적	광역시도	행정구
2	0	강릉	202520	11	4		1040.07	강원도	강릉시
3	1	고성(강원)	25589	9	0		664.19	강원도	고성군
4	2	동해	86747	11	5		180.01	강원도	동해시
5	3	삼척	63986	11	8		1185.8	강원도	삼척시
6	4	속초	76733	9	1		105.25	강원도	속초시
7	5	양구	20809	8	0		700.8	강원도	양구군
8	6	양양	24551	10	2		628.68	강원도	양양군

D열과 E열의 값을 결합해 x-y 모양으로 만든다.

	A	B	C	D	E	F	G	H	I
1		shortNam(	인구수	x	y	x-y	면적	광역시도	행정구
2	0	강릉	202520	11	4	=D2&"-"&E2		강원도	강릉시
3	1	고성(강원)	25589	9	0		664.19	강원도	고성군
4	2	동해	86747	11	5		180.01	강원도	동해시
5	3	삼척	63986	11	8		1185.8	강원도	삼척시
6	4	속초	76733	9	1		105.25	강원도	속초시
7	5	양구	20809	8	0		700.8	강원도	양구군
8	6	양양	24551	10	2		628.68	강원도	양양군

F2: =D2&"-"&E2

& 기호와 따옴표의 활용에 주의하여 수식을 입력하고 완성된 결과를 확인한다. 수식이 완성되었으면, 다시 F2 셀을 선택한 후, 채우기 핸들을 더블 클릭한다.

	A	B	C	D	E	F	G	H
1		shortNam(	인구수	x	y	x-y	면적	광역시도
2	0	강릉	202520	11	4	11-4	1040.07	강원도
3	1	고성(강원)	25589	9	0	9-0	664.19	강원도
4	2	동해	86747	11	5	11-5	180.01	강원도
5	3	삼척	63986	11	8	11-8	1185.8	강원도
6	4	속초	76733	9	1	9-1	105.25	강원도
7	5	양구	20809	8	0	8-0	700.8	강원도
8	6	양양	24551	10	2	10-2	628.68	강원도

앞서 만들어 놓은 좌표 평면에 있는 각 셀의 위치를 위쪽 X값과 왼쪽 Y값의 결합으로 결정하고, 이 값을 F열의 x-y 값 목록에서 찾아 그 값에 해당하는 지역 이름(shortName)을 가져와 해당 위치에 입력해야 한다.

우선 위 X와 왼쪽 Y값이 만나는 셀의 좌표를 x-y 모양으로 만들어 본다. 기준 셀의 수식을 만들기 위해 M5에 좌표를 만드는 수식을 입력한다.

	K	L	M	N	O
x		13			
y		25			
			X		
			0	1	2
Y		0	=M4&"-"&L5		
			1		
			2		
			3		

M5: =M4&"-"&L5

	K	L	M	N	O
x		13			
y		25			
			X		
			0	1	2
Y		0	0-0		
			1		
			2		
			3		

최초 좌푯값이 0-0으로 나타난다. 이를 아래 방향으로 복사하기 위해 M5 셀을 선택하고 채우기 핸들을 더블 클릭한다.

L	M	N	O	P	Q	R	S	T
13								
25								
X								
	0	1	2	3	4	5	6	7
0	0-0							
1	0-0-1							
2	0-0-1-2							
3	0-0-1-2-3							
4	0-0-1-2-3-4							
5	0-0-1-2-3-4-5							
6	0-0-1-2-3-4-5-6							
7	0-0-1-2-3-4-5-6-7							
8	0-0-1-2-3-4-5-6-7-8							
9	0-0-1-2-3-4-5-6-7-8-9							
10	0-0-1-2-3-4-5-6-7-8-9-10							
11	0-0-1-2-3-4-5-6-7-8-9-10-11							
12	0-0-1-2-3-4-5-6-7-8-9-10-11-12							
13	0-0-1-2-3-4-5-6-7-8-9-10-11-12-13							
14	0-0-1-2-3-4-5-6-7-8-9-10-11-12-13-14							
15	0-0-1-2-3-4-5-6-7-8-9-10-11-12-13-14-15							
16	0-0-1-2-3-4-5-6-7-8-9-10-11-12-13-14-15-16							
17	0-0-1-2-3-4-5-6-7-8-9-10-11-12-13-14-15-16-17							
18	0-0-1-2-3-4-5-6-7-8-9-10-11-12-13-14-15-16-17-18							
19	0-0-1-2-3-4-5-6-7-8-9-10-11-12-13-14-15-16-17-18-19							
20	0-0-1-2-3-4-5-6-7-8-9-10-11-12-13-14-15-16-17-18-19-20							
21	0-0-1-2-3-4-5-6-7-8-9-10-11-12-13-14-15-16-17-18-19-20-21							
22	0-0-1-2-3-4-5-6-7-8-9-10-11-12-13-14-15-16-17-18-19-20-21-22							
23	0-0-1-2-3-4-5-6-7-8-9-10-11-12-13-14-15-16-17-18-19-20-21-22-23							
24	0-0-1-2-3-4-5-6-7-8-9-10-11-12-13-14-15-16-17-18-19-20-21-22-23-24							
25	0-0-1-2-3-4-5-6-7-8-9-10-11-12-13-14-15-16-17-18-19-20-21-22-23-24-25							

마지막 행까지 수식이 복사되어 들어가지만, 좌푯값이 기대했던 모양이 아니다. 이 수식은 자신보다 하나 위쪽에 있는 셀에 하이픈을 결합하고 그다음 자신의 왼쪽에 있는 값을 결합한다는 의미이다. 따라서 각 셀을 보면 이러한 논리로 값이 생성된 것을 알 수 있다. Excel은 기본적으로 수식을 하나 만들고 다른 곳으로 복사하면 옮겨가는 위치를 기존으로 참조하는 셀의 위치를 다시 구성하게 된다. 따라

서 여기에서는 수식을 한 칸 아래로 복사할 때, 자신보다 하나 위의 셀 값을 참조하게 하면 안 되고, 좌표의 기준값인 0, 1, 2, … 값이 입력된 4행만 참조하게 해야한다. 수식이 어느 셀로 복사되든지 간에 하이픈 앞에 넣은 값은 4행에 있는 값이되어야 한다. 이럴 때 절대 주소의 개념이 필요하다.

Excel에서는 주소의 위치를 정할 때, 크게 절대 주소와 상대 주소로 나눈다. 먼저상대 주소는 수식이 다른 곳으로 복사될 때마다 옮겨가는 위치에 따라 참조하는주소가 그때그때 상대적으로 달라지는 개념이다. 반면에 절대 주소는 수식을 다른곳으로 복사해도 원래 수식에 사용된 주소가 바뀌지 않고 그 위치를 그대로 유지하는 개념이다.

M5 셀에 작성했던 수식을 절대 주소로 수정하도록 한다. 수식을 입력하기 위해등호(=)를 입력한 후 그 위쪽 셀인 M4를 마우스나 키보드 방향키로 선택하거나직접 M, 4를 타자한다. 그다음 바로 [F4] 키를 누른다. 그러면 미리 입력된 M4가$M$4로 바뀐다. 열과 행 번호 앞에 달러 기호($)가 삽입된다.

K	L	M	N	O
x	13			
y	25			
		X		
		0	1	2
Y	0	=$M$4		
	1			
	2			
	3			

이 상태에서 [F4] 키를 누를 때마다 M$4, $M4, M4 식으로 달러 기호가 위치를바꾸면서 입력된다. 이렇게 달러 기호가 있으면 절대 주소를 말하게 된다. [F4] 키를 누르면서 행과 열 모두, 또는 행이나 열만 고정하는 절대 주소를 만들 수도 있고, 키보드에서 직접 달러 기호를 타자해 입력해도 된다. 여기에서는 이 수식을 아래로 복사해 재활용할 때는 행 번호(4)는 고정되어야 하므로 행 번호 앞에 달러 표시는 반드시 있어야 하고, 그다음 이 수식을 오른쪽으로 복사해 사용할 때는 행

번호는 고정되더라도 열 번호는 해당 열에 맞게 상대적으로 바뀌어야 하므로, 열 번호 앞에는 달러 표시를 하면 안 된다. 따라서 M$4 모양이 되도록 [F4] 키를 누르거나 이런 모양으로 직접 타자한다.

	K	L	M	N	O
x		13			
y		25			
			X		
			0	1	2
Y		0	=M$4		
		1			
		2			
		3			

그다음 & 기호와 "-", &를 차례로 입력하고, Y 값인 L5를 선택한다. 이 L5 주소도 상대 주소로 할 것인지, 절대 주소로 할 것인지 결정해야 한다. 이 수식을 아래로 복사하면 행 번호는 해당 셀에 맞게 같이 바뀌어야 하므로 이는 상대 주소이고, 이를 오른쪽으로 복사해도 Y 기준값이 같은 방향으로 같이 이동하면 안 되므로 열은 절대 주소가 되어야 한다. 이런 논리에 맞게 달러 기호를 표시한다.

	K	L	M	N	O
x		13			
y		25			
			X		
			0	1	2
Y		0	=M$4&"-"&$L5		
		1			
		2			
		3			

M5: =M$4&"-"&$L5

이제 M5 셀을 선택하고 채우기 핸들을 X 축의 끝인 Z5 셀까지 끈다.

L	M	N	O	P	Q	R	S	T	U	V	W	X	Y	Z
13														
25														
X														
	0	1	2	3	4	5	6	7	8	9	10	11	12	13
0	0-0	1-0	2-0	3-0	4-0	5-0	6-0	7-0	8-0	9-0	10-0	11-0	12-0	13-0
1														
2														
3														
4														
5														
6														

그다음 M5부터 Z5까지 선택된 영역의 채우기 핸들을 더블 클릭한다.

L	M	N	O	P	Q	R	S	T	U	V	W	X	Y	Z
13														
25														
X														
	0	1	2	3	4	5	6	7	8	9	10	11	12	13
0	0-0	1-0	2-0	3-0	4-0	5-0	6-0	7-0	8-0	9-0	10-0	11-0	12-0	13-0
1	0-1	1-1	2-1	3-1	4-1	5-1	6-1	7-1	8-1	9-1	10-1	11-1	12-1	13-1
2	0-2	1-2	2-2	3-2	4-2	5-2	6-2	7-2	8-2	9-2	10-2	11-2	12-2	13-2
3	0-3	1-3	2-3	3-3	4-3	5-3	6-3	7-3	8-3	9-3	10-3	11-3	12-3	13-3
4	0-4	1-4	2-4	3-4	4-4	5-4	6-4	7-4	8-4	9-4	10-4	11-4	12-4	13-4
5	0-5	1-5	2-5	3-5	4-5	5-5	6-5	7-5	8-5	9-5	10-5	11-5	12-5	13-5
6	0-6	1-6	2-6	3-6	4-6	5-6	6-6	7-6	8-6	9-6	10-6	11-6	12-6	13-6
7	0-7	1-7	2-7	3-7	4-7	5-7	6-7	7-7	8-7	9-7	10-7	11-7	12-7	13-7
8	0-8	1-8	2-8	3-8	4-8	5-8	6-8	7-8	8-8	9-8	10-8	11-8	12-8	13-8
9	0-9	1-9	2-9	3-9	4-9	5-9	6-9	7-9	8-9	9-9	10-9	11-9	12-9	13-9
10	0-10	1-10	2-10	3-10	4-10	5-10	6-10	7-10	8-10	9-10	10-10	11-10	12-10	13-10
11	0-11	1-11	2-11	3-11	4-11	5-11	6-11	7-11	8-11	9-11	10-11	11-11	12-11	13-11
12	0-12	1-12	2-12	3-12	4-12	5-12	6-12	7-12	8-12	9-12	10-12	11-12	12-12	13-12
13	0-13	1-13	2-13	3-13	4-13	5-13	6-13	7-13	8-13	9-13	10-13	11-13	12-13	13-13
14	0-14	1-14	2-14	3-14	4-14	5-14	6-14	7-14	8-14	9-14	10-14	11-14	12-14	13-14
15	0-15	1-15	2-15	3-15	4-15	5-15	6-15	7-15	8-15	9-15	10-15	11-15	12-15	13-15
16	0-16	1-16	2-16	3-16	4-16	5-16	6-16	7-16	8-16	9-16	10-16	11-16	12-16	13-16
17	0-17	1-17	2-17	3-17	4-17	5-17	6-17	7-17	8-17	9-17	10-17	11-17	12-17	13-17
18	0-18	1-18	2-18	3-18	4-18	5-18	6-18	7-18	8-18	9-18	10-18	11-18	12-18	13-18
19	0-19	1-19	2-19	3-19	4-19	5-19	6-19	7-19	8-19	9-19	10-19	11-19	12-19	13-19
20	0-20	1-20	2-20	3-20	4-20	5-20	6-20	7-20	8-20	9-20	10-20	11-20	12-20	13-20
21	0-21	1-21	2-21	3-21	4-21	5-21	6-21	7-21	8-21	9-21	10-21	11-21	12-21	13-21
22	0-22	1-22	2-22	3-22	4-22	5-22	6-22	7-22	8-22	9-22	10-22	11-22	12-22	13-22
23	0-23	1-23	2-23	3-23	4-23	5-23	6-23	7-23	8-23	9-23	10-23	11-23	12-23	13-23
24	0-24	1-24	2-24	3-24	4-24	5-24	6-24	7-24	8-24	9-24	10-24	11-24	12-24	13-24
25	0-25	1-25	2-25	3-25	4-25	5-25	6-25	7-25	8-25	9-25	10-25	11-25	12-25	13-25

이런 방식으로 데이터 집합에서 좌표를 조회할 수 있는 값이 만들어진다.[19] 이 값을 이용해 해당 위치의 지역 이름을 찾아오도록 한다.

여기에서는 비교적 신규 함수인 XLOOKUP을 사용하기로 한다.[20] 데이터 집합

---

19) 해당 영역에 이렇게 만든 좌표가 입력되는 것 자체가 중요한 일은 아니다. 해당 위치(좌표)를 만들어 내는 수식을 작성하는 방법을 아는 것이 중요하고, 궁극적으로 필요한 다른 정보(지역 이름)를 가져 오는 기초로 사용한다는 점에 유의한다.

20) 이 XLOOKUP 함수를 쓰면 상관이 없으나, 기존에 많이 사용하고 있는 VLOOKUP 함수 사용을 사용

(참조 영역)에서 필요한 값들을 찾아오는 함수이므로 해당 영역을 쉽게 찾아갈 수 있도록 셀 범위에 이름을 지정하도록 한다.

원본 데이터 영역에서 첫 번째 행에 있는 값을 해당 열의 이름으로 지정해 본다. 우선 전체 데이터 영역을 선택한다.

	A	B	C	D	E	F	G	H	I
1		shortName	인구수	x	y	x-y	면적	광역시도	행정구역
2	0	강릉	202520	11	4	11-4	1040.07	강원도	강릉시
3	1	고성(강원)	25589	9	0	9-0	664.19	강원도	고성군
4	2	동해	86747	11	5	11-5	180.01	강원도	동해시
5	3	삼척	63986	11	8	11-8	1185.8	강원도	삼척시
6	4	속초	76733	9	1	9-1	105.25	강원도	속초시
7	5	양구	20809	8	0	8-0	700.8	강원도	양구군
8	6	양양	24551	10	2	10-2	628.68	강원도	양양군

이처럼 전체 영역을 선택하는 방법은 몇 가지가 있다.

- 데이터 영역 안에 아무 셀이나 하나를 선택하고 [Ctrl] + [Shift] + [8]을 누른다.
- A1 셀을 선택하고 [Shift] 키를 누른 상태에서 오른쪽 경계선을 두 번 더블 클릭하고, 그렇게 만들어진 가로로 길쭉한 선택 범위에서 다시 [Shift] 키를 누른 상태에서 아래 경계선을 더블 클릭한다.
- A1 셀을 선택한 다음 [Ctrl] + [Shift] 키를 누른 상태에서 [→] 키를 눌러 가장 오른쪽 부분까지 선택 영역을 확장한다. 예제의 경우 A1 셀이 비어 있어서 [→] 키를 두 번 눌러야 한다. 그다음 다시 [Ctrl] + [Shift] 키를 누른 상태에서 [↓] 키를 눌러 마지막 행까지 범위를 선택한다. 이때에도 A1 셀에 비어 있어서 방향키를 두 번 눌러야 한다. A1 셀이 비어 있지 않다면 방향키는 한 번만 사용해도 된다.

한다면, X−Y 필드를 인구수 앞쪽으로 이동시켜야 한다. 필드 위치를 바꾸지 않고 INDEX, MATCH 함수 조합을 사용하는 것도 가능하기는 하다. 기존의 VLOOKUP, HLOOKUP 함수는 업무에서 활용도가 높은 중요 함수이기는 하지만, XLOOKUP으로 대체해 사용하는 것이 최신 추세이다.

편한 방법으로 전체 범위를 선택한 후 [수식] 〉 [정의된 이름] 〉 [선택 영역에서 만들기]를 선택한다. 범위를 개별적으로 지정하고 이름을 만들려면 [이름 정의] 메뉴를 사용할 수도 있지만, 여기에서는 일괄적으로 상단 값을 아래 데이터의 이름으로 사용할 것이어서 [선택 영역에서 만들기]를 선택한다.

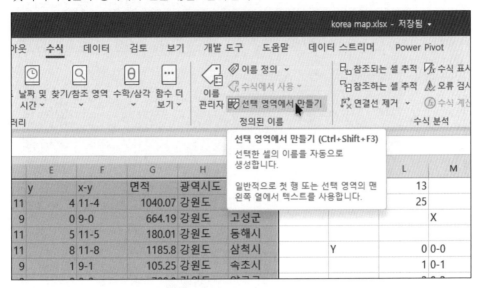

이름 만들기 항목에서 '첫 행'과 '오른쪽 열'이 기본으로 미리 선택되어 있다. 첫 행만 선택하고 [확인]을 누른다.

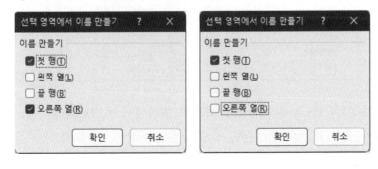

A열 위쪽에 있는 이름 상자를 펼쳐보면 만들어진 이름들을 확인할 수 있고, 여기에서 특정 이름을 선택하면 해당 영역이 선택된다. 이렇게 만든 이름은 각종 수

식을 작성할 때 셀 범위 대신 사용하면 아주 편리하다.[21]

	A	B	C	D	E	F	G	H	I
2	0	강릉	202520	11	4	11-4	1040.07	강원도	강릉시
3	1	고성(강원)	25589	9	0	9-0	664.19	강원도	고성군
4	2	동해	86747	11	5	11-5	180.01	강원도	동해시
5	3	삼척	63986	11	8	11-8	1185.8	강원도	삼척시
6	4	속초	76733	9	1	9-1	105.25	강원도	속초시
7	5	양구	20809	8	0	8-0	700.8	강원도	양구군
8	6	양양	24551	10	2	10-2	628.68	강원도	양양군
9	7	영월	34966	10	8	10-8	1127.36	강원도	영월군
10	8	원주	313851	10	7	10-7	867.3	강원도	원주시
11	9	인제	29260	9	2	9-2	1646.08	강원도	인제군
12	10	정선	34242	11	6	11-6	1220.67	강원도	정선군

이제 0-0 좌표가 있는 M5 셀을 기준으로 데이터 집합에서 이 좌푯값을 찾고, 그 좌표에 해당하는 지역 이름을 찾아오는 수식을 작성한다.

---

21) 이름을 지정하는 방식 이외에 데이터 범위를 테이블로 만들어 활용하는 방법도 있다.

=XLOOKUP(lookup_value, lookup_array, return_array, [if_not_found], [match_mode],
[search_mode])

- lookup_value: 찾을 값(0-0)
- lookup_array: lookup_value가 찾아갈 데이터 배열 또는 범위(x-y 필드)
- return_array: 가져올 값(shortName 필드)
- [if_not_found]: 찾는 값이 없을 때 반환하는 텍스트(옵션). 필요한 문구를 큰따옴표로 감싸서 입력한다.
- [match_mode]: 일치 유형(0: 정확히 일치, 기본값, −1: 정확히 일치하거나 다음으로 작은 항목, 1: 정확히 일치하거나 다음으로 큰 항목, 2: 와일드카드 문자 일치)(옵션)
- [search_mode]: 검색 모드(1: 오름차순 검색, −1: 내림차순 검색, 2: 이진 검색22)(오름차순으로 정렬됨), −2: 이진 검색(내림차순으로 정렬됨)(옵션))

이미 M5 셀에는 XLOOKUP에 사용할 lookup_value가 수식으로 입력되어 있으므로, 이를 기초로 수식을 보완한다. 우선 아래와 같이 이미 입력된 수식 앞 부분부터 XLOOKUP 함수 사용을 시작한다.

K	L	M	N	O	P	Q	R	S	T
	13								
	25								
		X							
		0	1	2	3	4	5	6	7
	0	=XLOOKUP(M$4&"-"&$L5,		3-0	4-0	5-0	6-0	7-0	8-0
	1	0- XLOOKUP(lookup_value, **lookup_array**, return_array, [if_not_found], [match_mode], [search_mode])							8-1
	2	0-2	1-2	2-2	3-2	4-2	5-2	6-2	7-2	8-2
	3	0-3	1-3	2-3	3-3	4-3	5-3	6-3	7-3	8-3
	4	0-4	1-4	2-4	3-4	4-4	5-4	6-4	7-4	8-4

그다음 다음 인수를 입력하기 위해 쉼표(,)를 입력하고, 참조하러 가는 영역에 해당하는 이름인 x-y를 입력하기 위해 첫 글자인 x를 타자하면 그 순간 x로 시작하

---

22) 참조하는 배열이나 범위가 오름차순이든 내림차순이든 차례로 정렬된 경우 빠르게 원하는 값을 찾을 때 사용하는 옵션으로, 참조 영역이 제대로 정렬되어 있지 않다면, 제 기능을 하지 않는다.

는 후보 목록이 나타난다.

K	L	M	N	O	P	Q	R	S	T
	13								
	25								
		x							
		0	1	2	3	4	5	6	7
	0	=XLOOKUP(M$4&"-"&$L5,x			3-0	4-0	5-0	6-0	7-0	8-0
	1	0- XLOOKUP(lookup_value, **lookup_array**, return_array, [if_not_found], [match_mode], [search_mode])								8-1
	2	0-2	1-2	2-2	⊞ x	-2	5-2	6-2	7-2	8-2
	3	0-3	1-3	2-3	⊞ x_y	-3	5-3	6-3	7-3	8-3
	4	0-4	1-4	2-4	XIRR	-4	5-4	6-4	7-4	8-4
	5	0-5	1-5	2-5	XLOOKUP	-5	5-5	6-5	7-5	8-5
	6	0-6	1-6	2-6	XMATCH	-6	5-6	6-6	7-6	8-6
	7	0-7	1-7	2-7	XNPV	-7	5-7	6-7	7-7	8-7
	8	0-8	1-8	2-8	XOR	-8	5-8	6-8	7-8	8-8
	9	0-9	1-9	2-9		-9	5-9	6-9	7-9	8-9
	10	0-10	1-10	2-10	3-10	4-10	5-10	6-10	7-10	8-1

이 목록에 보면 미리 이름으로 지정해 두었던 x와 x_y를 볼 수 있다. x_y는 원래 x−y처럼 가운데 하이픈이 있어야 하지만, 이는 마이너스 기호로 쓰이기 때문에 이름을 지정할 때 Excel이 알아서 밑줄 기호로 바꿔 놓은 것이고, 지금 필요한 것은 이 x_y이므로 이를 선택하여 [Tab] 키를 누르거나 이 이름을 마우스로 더블 클릭한다. 그러면 이 이름이 수식에 포함된다.

K	L	M	N	O	P	Q	R	S	T	
	13									
	25									
		X								
		0	1	2	3	4	5	6	7	
	0	=XLOOKUP(M$4&"-"&$L5,x_y,s				4-0	5-0	6-0	7-0	8-0
	1	0	XLOOKUP(lookup_value, lookup_array, **return_array**, [if_not_found], [match_mode], [search_mode])							8-1
되는 곳에서의 문자 개수를 구합니다(대/소문자 구분 안 함)					SEARCH			6-2	7-2	8-2
	3	0-3	1-3	2-3	SEARCHB			6-3	7-3	8-3
	4	0-4	1-4	2-4	SEC			6-4	7-4	8-4
	5	0-5	1-5	2-5	SECH			6-5	7-5	8-5
	6	0-6	1-6	2-6	SECOND			6-6	7-6	8-6
	7	0-7	1-7	2-7	SEQUENCE			6-7	7-7	8-7
	8	0-8	1-8	2-8	SERIESSUM			6-8	7-8	8-8
	9	0-9	1-9	2-9	SHEET			6-9	7-9	8-9
	10	0-10	1-10	2-10	SHEETS			6-10	7-10	8-1(
	11	0-11	1-11	2-11	shortName			6-11	7-11	8-1
	12	0-12	1-12	2-12	SIGN			6-12	7-12	8-1.
	13	0-13	1-13	2-13	SIN			6-13	7-13	8-1.
	14	0-14	1-14	2-14				6-14	7-14	8-1
	15	0-15	1-15	2-15	3-15	4-15	5-15	6-15	7-15	8-1
	16	0-16	1-16	2-16	3-16	4-16	5-16	6-16	7-16	8-1(
	17	0-17	1-17	2-17	3-17	4-17	5-17	6-17	7-17	8-1

다음 찾아올 값은 shortName이므로 그다음 쉼표(,)를 입력하고 s를 타자하면, 바로 s로 시작하는 후보 목록이 나타나고, x_y를 입력할 때처럼 필요한 shortName을 선택하여 수식에 포함되도록 한다.

K	L	M	N	O	P	Q	
	13						
	25						
		X					
		0	1	2	3	4	
	0	=XLOOKUP(M$4&"-"&$L5,x_y,shortName)					5-
	1	0-1	1-1	2-1	3-1	4-1	5-
	2	0-2	1-2	2-2	3-2	4-2	5-
	3	0-3	1-3	2-3	3-3	4-3	5-
	4	0-4	1-4	2-4	3-4	4-4	5-

나머지는 옵션이므로 닫는 괄호를 입력하여 수식을 마무리하고 [Enter]를 누른다.

K	L	M	N	O	P	Q
	13					
	25					
		X				
		0	1	2	3	4
	0	#N/A	1-0	2-0	3-0	4-0	5-
	1	0-1	1-1	2-1	3-1	4-1	5-
	2	0-2	1-2	2-2	3-2	4-2	5-
	3	0-3	1-3	2-3	3-3	4-3	5-
	4	0-4	1-4	2-4	3-4	4-4	5-

결과를 확인하면 "#N/A"라고 하는 오룻값이 보인다. 사실 이 오류는 수식이 잘못되어서 나타나는 것이 아니라 실제로 0-0 좌표에 해당하는 지역 이름이 없기 때문에 나타나는 것이다.

참고로, Excel에서 볼 수 있는 오룻값(Error Values)으로는 아래와 같은 것들이 있다.

- ##### 열이 셀 내용을 모두 표시할 만큼 충분히 넓지 않거나, 날짜 및 시간을 음수 값으로 반환하는 수식을 사용하는 경우
- #DIV/0! 영(0)으로 숫자를 나누면 표시(Divide by Zero)
- #N/A 일반적으로 수식이 검색하도록 요청받은 항목을 찾을 수 없는 경우(Not Available)
- #NAME? 수식 이름에 오타가 있는 경우
- #NULL! 수식에 잘못된 범위 연산자를 사용하거나 교차되지 않는 두 영역의 교집합을 지정하기 위해 범위 참조 사이에 교집합 연산자(공백 문자)를 사용하는 경우
- #NUM! 수식이나 함수에 잘못된 숫자 값이 포함된 경우(Number)
- #REF! 수식이 잘못된 셀을 참조할 때 표시(Reference)
- #VALUE! "수식 입력에 오류가 있습니다. 또는 참조하는 셀이 잘못되었습니다."

수식이 틀리지 않았지만, 이런 오류가 나타나면 잠깐 당황할 수 있다. 그래서 이런 오류를 접해도 논리적으로 접근해 생각해 볼 필요가 있다.

이제 기준 수식을 만들었으므로 이를 전체에 복사해 넣어준다.

M5: =XLOOKUP(M$4&"-"&$L5,x_y,shortName)

복사한 결과를 보면 지역 이름이 있는 곳은 제대로 값이 조회되어 입력되고, 그렇지 않은 셀에는 값을 찾을 수 없다는 #N/A 오룻값이 나온 것을 확인할 수 있다.

	0	1	2	3	4	5	6	7	8	9	10	11	12	13
0	#N/A	#N/A	#N/A	#N/A	#N/A	철원	화천	양구	고성(강원)	#N/A	#N/A	#N/A	#N/A	#N/A
1	#N/A	#N/A	#N/A	#N/A	서울도봉	서울노원	연천	포천	속초	#N/A	#N/A	#N/A	#N/A	#N/A
2	#N/A	#N/A	#N/A	파주	고양	서울강북	서울성북	동두천	양주	인제	양양	#N/A	#N/A	#N/A
3	#N/A	인천강화	김포	광명	서울은평	서울서대문	서울종로	의정부	남양주	가평	춘천	#N/A	#N/A	#N/A
4	인천서구	부천	안양	서울강서	서울마포	서울중구	서울용산	서울중랑	구리	홍천	강릉	#N/A	#N/A	#N/A
5	#N/A	인천동구	인천계양	시흥	서울양천	서울동작	서울용산	서울성동	서울강동	하남	횡성	동해	#N/A	#N/A
6	#N/A	인천부평	안산	서울영등포	서울관악	서울서초	서울광진	서울송파	양평	평창	정선	#N/A	울릉	
7	#N/A	인천중구	인천남구	화성	서울구로	서울금천	서울강남	과천	광주	여주	원주	태백	#N/A	#N/A
8	인천옹진	인천연수	인천남동	오산	안성	군포	의왕	성남	이천	문경	영월	삼척	#N/A	#N/A
9	#N/A	태안	당진	아산	천안	평택	수원	용인	상주	예천	영주	봉화	울진	
10	#N/A	서산	홍성	예산	공주	음성	충주	단양	제천	구미	안동	영양	영덕	
11	#N/A	보령	청양	세종	진천	증평	괴산	김천	군위	의성	청송	포항		
12	#N/A	부여	논산	계룡	대전대덕	청주	보은	성주	칠곡	영천	경산	경주		
13	#N/A	서천	금산	대전유성	대전동구	옥천	고령	청도	대구북구	대구중구	대구동구	울산북구		
14	#N/A	군산	익산	대전서구	대전중구	영동	합천	대구서구	대구남구	대구수성	울산중구	울산동구		
15	#N/A	부안	김제	완주	무주	거창	창녕	대구달서	대구달성	부산금정	울산울주	울산남구		
16	#N/A	고창	정읍	전주	진안	장수	함양	의령	밀양	부산북구	부산진	부산동래	부산기장	
17	#N/A	영광	장성	순창	임실	남원	진주	함안	양산	부산사상	부산동구	부산연제	부산해운대	
18	#N/A	함평	담양	곡성	구례	산청	사천	창원	부산강서	부산서구	부산중구	#N/A		
19	신안	무안	광주광산	광주북구	화순	하동	남해	고성(경남)	김해	부산사하	부산영도	부산남구	#N/A	
20	목포	나주	광주서구	광주동구	순천	광양	#N/A	#N/A	통영	거제	#N/A	#N/A	#N/A	
21	해남	영암	광주남구	보성	여수	#N/A	#N/A	#N/A	#N/A	#N/A	#N/A	#N/A		
22	진도	강진	장흥	고흥	#N/A	#N/A	#N/A	#N/A	#N/A	#N/A	#N/A	#N/A		
23	#N/A	#N/A	완도	#N/A	#N/A	#N/A	#N/A	#N/A	#N/A	#N/A	#N/A	#N/A		
24	#N/A	#N/A	#N/A	#N/A	제주	#N/A	#N/A	#N/A	#N/A	#N/A	#N/A	#N/A		
25	#N/A	#N/A	#N/A	#N/A	서귀포	#N/A	#N/A	#N/A	#N/A	#N/A	#N/A	#N/A		

실무적으로는 이렇게 맞는 결과라 하더라도 오룻값이 보이면 보기에도 좋지 않고, 전체적으로 내용을 검토할 때 걸림돌로 작용할 수 있다. 그래서 깔끔하고 좋은 보고서를 만들기 위해서는 이런 오룻값을 숨기는 것도 좋다.

기존 XLOOUP 수식을 아래와 같이 수정한다.

M5: =IFERROR(XLOOKUP(M$4&"-"&$L5,x_y,shortName),"")

IFERROR는 두 개의 인수를 사용하는데, 처음 인수는 필요한 수식이고, 두 번째 인수는 지정한 수식을 실행했을 때, 어떤 오류인지는 모르겠지만, 정상적인 결과가 나오지 않을 때 수행해야 할 수식이나 표시할 문구를 지정하는 곳이다.

=IFERROR(value, value_if_error)

바꾼 수식에서는 value_if_error 부분은 큰따옴표를 여는 따옴표와 닫는 따옴표 사이에 아무런 내용 없이 딱 붙여서 입력한 것이다. 이는 기본 수식으로 오류가 나타난다면 아무런 값도 보여주지 않겠다는 의미가 된다. 이렇게 수정한 수식을 전체로 다시 복사하면 오룻값이 감춰진 깔끔한 결과를 볼 수 있다.

	0	1	2	3	4	5	6	7	8	9	10	11	12	13
0						철원	화천	양구	고성(강원)					
1					서울도봉	서울노원	연천	포천	속초					
2			파주	고양	서울강북	서울성북	동두천	양주	인제	양양				
3	인천강화	김포	광명	서울은평	서울서대문	서울종로	의정부	남양주	가평	춘천				
4	인천서구	부천	안양	서울강서	서울마포	서울중구	서울동대문	서울중랑	구리	홍천		강릉		
5	인천동구	인천계양	시흥	서울양천	서울동작	서울용산	서울성동	서울강동	하남	횡성		동해		
6		인천부평	안산	서울영등포	서울관악	서울서초	서울광진	서울송파	양평	평창	정선			울릉
7	인천중구	인천남구	화성	서울구로	서울금천	서울강남	과천	광주	여주	원주	태백			
8	인천연수	인천남동	오산	안성	군포	의왕	성남	이천	문경	영월	삼척			
9		태안	당진	아산	천안	평택	수원	용인	상주	예천	영주	봉화	울진	
10		서산	홍성	예산	공주	음성	충주	단양	제천	구미	안동	영양	영덕	
11			보령	청양	세종	증평	진천	괴산	김천	군위	의성	청송	포항	
12			부여	논산	계룡	대전대덕	청주	보은	성주	칠곡	영천	경산	경주	
13			서천	금산	대전유성	대전동구	옥천	고령	청도	대구북구	대구중구	대구동구	울산북구	
14			군산	익산	대전서구	대전중구	영동	합천	대구서구	대구수성	울산중구	울산동구		
15			부안	김제	완주	무주	거창	창녕	대구달서	대구달성	부산금정	울산울주	울산남구	
16		고창	정읍	전주	진안	장수	함양	의령	밀양	부산북구	부산부산진	부산동래	부산기장	
17		영광	장성	순창	임실	남원	진주	함안	양산	부산사상	부산중구	부산연제	부산해운드	
18		함평	담양	곡성	구례	산청	사천	창원	부산강서	부산서구	부산중구	부산수영		
19	신안	무안	광주광산	광주북구	화순	하동	남해	고성(경남)	김해	부산사하	부산영도	부산남구		
20	목포	나주	광주서구	광주동구	순천	광양			통영	거제				
21	해남	영암	광주남구	보성	여수									
22	진도	강진	장흥	고흥										
23		완도												
24					제주									
25					서귀포									

(인천옹진 — L열, 8행)

참고로 여기에 보이는 빈 셀은 정말로 아무 값도 없이 비어 있는 게 아니라 입력된 수식은 있으나 그 결괏값이 보이지 않는다는 점에 주의한다.

이제 원하는 결과가 나왔다. 그렇지만 대략적인 모양이 가로로 길쭉하여 아래로 길게 펴면 좋을 것 같다. 이때에는 행과 열 서식을 이용해 행의 높이와 열의 폭(너비)을 조정한다.

우선 열의 크기를 조정하기 위해 현재 결과 영역이 선택된 상태에서 [홈] 〉 [서식] 〉 [열 너비]를 선택한다. 나타나는 열 너비 창에서 크기를 적당하게 지정한다.

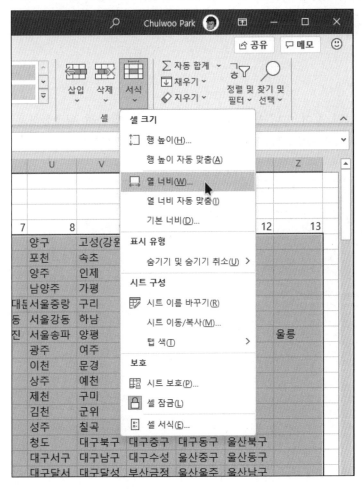

여기에서는 8을 입력했다.

행 높이도 같은 방법으로 조정한다. 여기에서는 40으로 설정했다.

너비나 높이는 지정된 값이 아니므로, 보기에 적당하도록 알아서 설정한다.

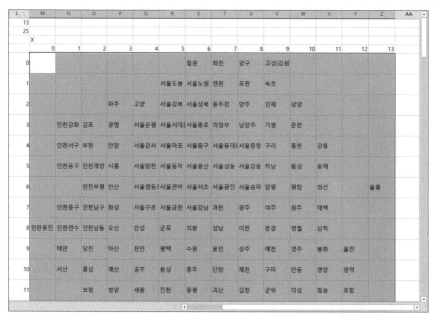

그리고 위쪽과 왼쪽에 있는 좌표를 나타내는 숫자나 셀 구분선 등이 보기 좋지 않아 좌푯값에 해당하는 글자나 지역 이름이 표시된 결과 셀의 바탕을 흰색으로 바꿔본다. 좌푯값에 해당하는 글자는 바탕과 같은 색상으로 바꿔 안 보이도록 한

다. 이 값 자체를 지워버리면 이 값을 참조하는 다른 모든 수식에 문제가 생긴다. 이런 점에 유의한다. 결과 영역의 지역 이름도 가운데 정렬을 지정한다.

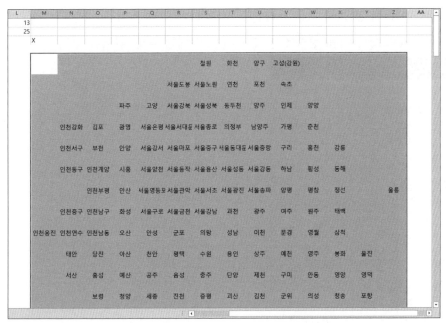

그다음 네모 형태의 전체 좌표 평면에서 지역 이름이 있는 셀만 테두리를 그리고 배경에 임의로 색을 넣는 방법을 살펴본다. 이름이 있는 셀만 일일이 선택하여 모양, 색을 지정할 수도 있지만, 여기에서는 조건부 서식(Conditional Formatting)을 이용하여 기능적으로 작업하도록 한다.

이 조건부 서식을 사용하면 데이터를 시각적으로 탐색, 분석하고 중요한 문제를 감지하며 패턴과 추세를 식별하는 데 도움이 된다. 조건부 서식을 사용하면 손쉽게 특정 조건에 해당하는 셀이나 셀 범위를 강조 표시하고, 특수한 값을 강조하고, 데이터를 데이터의 특정 변형에 해당하는 데이터 막대, 색조, 아이콘 집합 등으로 시각화할 수 있다.

이렇게 조건부 서식은 사용자가 지정한 조건을 기준으로 셀 모양을 변경한다. 조건이 true(참)이면 셀 범위에 서식이 지정되고, 조건이 false(거짓)이면 서식이 지정되지 않는다. 기본 제공되는 조건이 많이 있는데, 직접 만들 수도 있다.

예를 들어, 예제의 데이터 집합에서 인구수 필드(C열)의 값들을 대상으로 평균을 넘는 값들만 눈에 잘 띄게 다른 스타일을 적용해 보자. 일단 인구수 필드는 이름이 지정되어 있으므로, 이름 상자에서 '인구수'를 선택해 해당 영역을 선택한다.

그다음 [홈] 〉 [조건부 서식] 메뉴에서 [상위/하위 규칙] 〉 [평균 초과]를 선택한다.

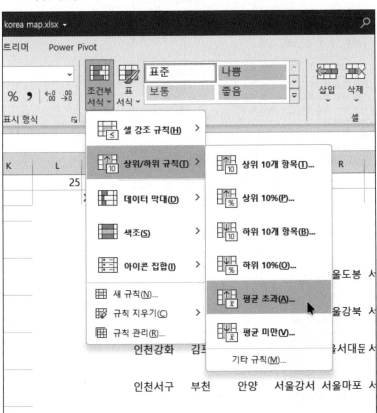

이후 나타나는 **평균 초과** 창에서 '**적용할 서식**'을 선택한다. 이미 만들어진 서식이
아니라 다른 스타일을 원한다면 서식 목록에서 '**사용자 지정 서식**'을 선택하여 원하
는 모양을 만들어 준다.

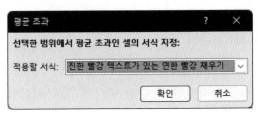

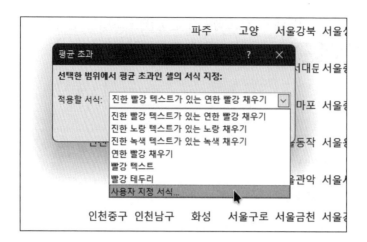

파주   고양   서울강북 서울성북

평균 초과   ? ×

선택한 범위에서 평균 초과인 셀의 서식 지정: 대문 서울중

적용할 서식: 진한 빨강 텍스트가 있는 연한 빨강 채우기 ▼   마포 서울

진한 빨강 텍스트가 있는 연한 빨강 채우기
진한 노랑 텍스트가 있는 노랑 채우기
진한 녹색 텍스트가 있는 녹색 채우기   동작 서울
연한 빨강 채우기
빨강 텍스트
빨강 테두리   관악 서울

사용자 지정 서식...

인천중구 인천남구   화성   서울구로 서울금천 서울

여기에서는 기본 서식을 그대로 선택하고 [확인]을 누른다.

◢	A	B	C	D	E	F
20	18	가평	53497	9	3	9-3
21	19	고양	955384	4	2	4-2
22	20	과천	63227	7	7	7-7
23	21	광명	327111	3	3	3-3
24	22	광주	290210	8	7	8-7
25	23	구리	175676	9	4	9-4
26	24	군포	273302	5	8	5-8

이후 인구수 데이터 영역을 보면 서식이 달라진 셀들을 볼 수 있는데, 평균보다
높은, 평균을 초과하는 값들만 자동으로 찾아 지정한 서식을 적용한 것이다. 목록
의 정렬 순서가 바뀌거나 데이터값 자체가 달라지면 그 순간 알아서 적용 서식이
평균 초과 조건으로 달라진다.

시각적으로 정보의 특징을 파악할 때 도움을 줄 수 있다. 이렇게 평균 초과, 상위 10%, 보다 큼 등 미리 설정된 조건들을 사용할 수도 있고, [새 규칙] 메뉴로 새롭게 필요한 조건을 만들어서 사용할 수도 있다. 만들어 놓은 조건부 서식이 더 이상 필요하지 않다면 [조건부 서식] 〉 [규칙 지우기] 메뉴로 삭제한다.

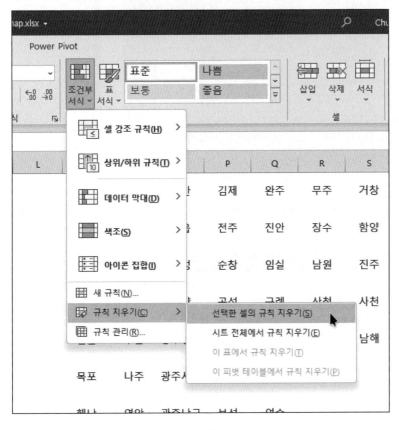

예제에서는 선택 영역에 있는 셀 중 비어 있는 곳이 아니라 지역 이름이 입력된 셀이라면 그 셀에 테두리와 배경색이 있는 서식을 적용하려는 것이므로 기본으로 제공되는 조건으로는 처리할 수 없어서 새 규칙을 만들어야 한다.

일단 필요한 작업 영역을 범위로 선택한다.

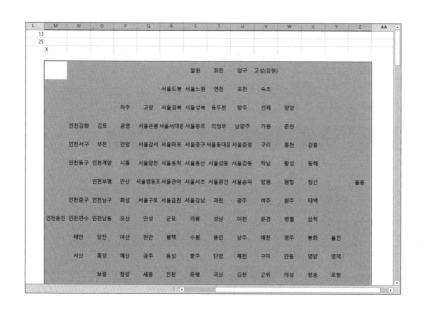

작업 기준 셀은 가장 왼쪽 위에 있는 M5가 된다. 이후 상단 리본 메뉴에서 [홈] 〉 [조건부 서식] 〉 [새 규칙]을 선택한다.

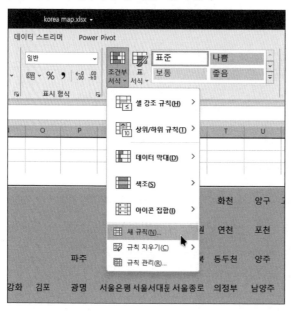

새 서식 규칙 창에서도 몇 가지 "규칙 유형 선택" 목록이 있다. 예제에서 사용할 유형은 가장 하단의 '수식을 사용하여 서식을 지정할 셀 결정'이어서 이를 선택한다.

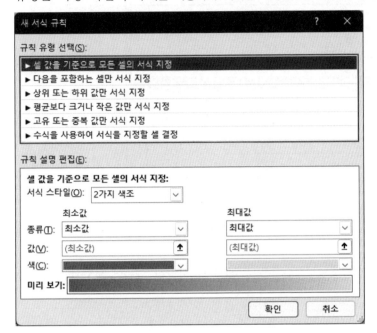

이 유형을 선택하면 하단의 "규칙 설명 편집" 구성이 달라진다. 이제 필요한 수식을 '다음 수식이 참인 값의 서식 지정(O)'에 만들어 입력한다.

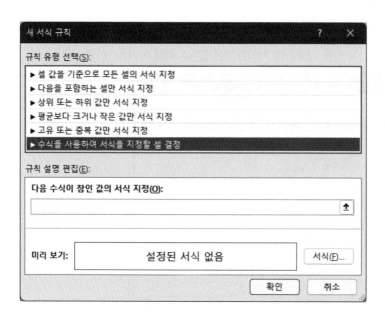

기준 셀은 M5로 정했으므로, 수식을 등호(=)로 시작한 다음에 M5 셀을 마우스로 선택한다.

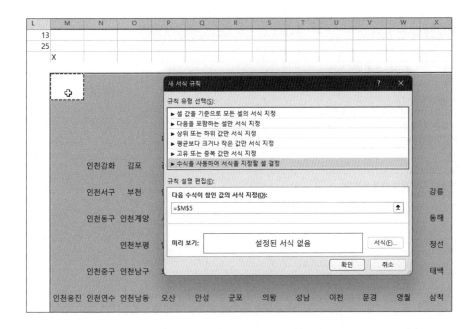

그러면 선택한 셀 주소가 절대 주소 형태($M$5)로 입력된다. 여기서 주의할 점은 기준 셀에 만든 조건부 서식은 같은 범위에 들어 있는 다른 모든 셀에도 같은 논리가 적용되므로, 수식이 복사될 때는 해당 위치를 기준으로 서식이 정해져야 하므로 셀 주소는 절대 주소가 되어서는 안 된다는 것이다. 그래서 절대 주소를 상대 주소로 바꾼다. 즉, 달러 기호를 직접 지운다.

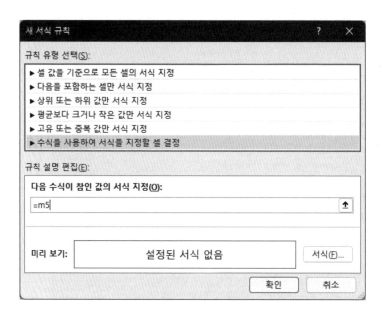

그다음 "선택한 셀이 비어 있으면"이라는 조건을 넣어야 하므로 아래와 같이 수식을 만들어 넣는다.

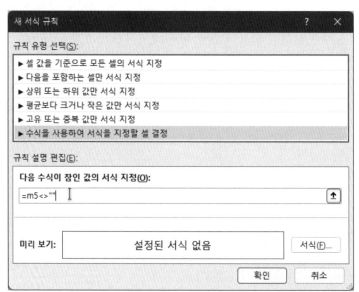

수식에 부등호 두 개를 연속으로 입력한 "< >"는 같지 않다는 의미이다. 등호 (=)와 부등호(<, >)와 함께 비교 연산에 사용하는 약속이다. 이 수식은 해당 셀이 비어 있는 것("")과 같지 않다(< >)라는 조건을 표현한 것이다.

이런 조건이 참(true)일 때 적용할 서식을 지정하기 위해 같은 창 하단의 [서식 (F)…] 단추를 선택한다.

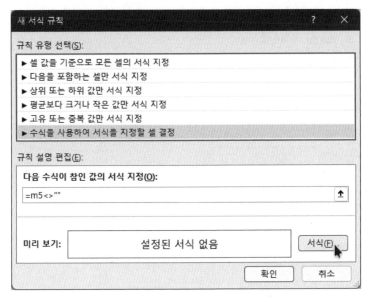

여기에서는 [테두리]에서 '윤곽선'을 선택하고, [채우기]에서 비교적 옅은 적당한 색을 하나 선택하기로 한다.

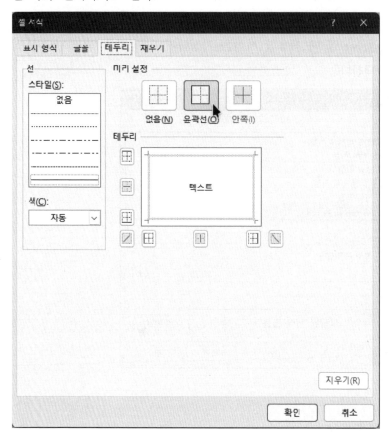

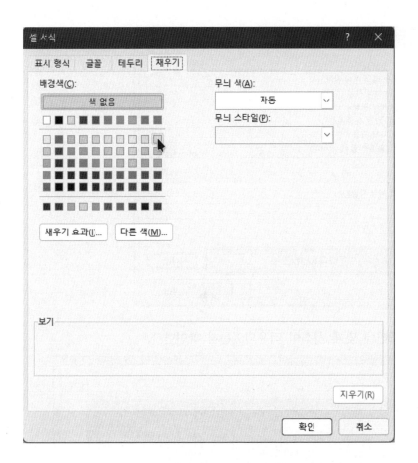

새 서식 규칙 창 하단의 '**미리 보기**' 부분에서 지정한 서식이 적당한지 살펴보고, [확인]을 누른다.

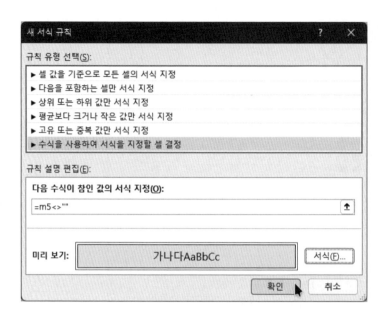

전체적으로 조건에 맞게 서식이 적용되었는지 확인한다.

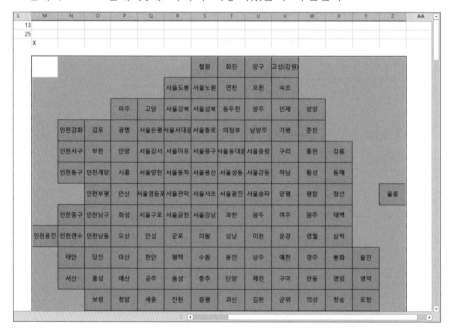

과제 예제에서 작성한 블록 맵에서 인구수 상위 5개 지역 셀에만 배경색이 다른 서식을 지정한다.

Mission 4	통계 분석 도구의 이해	Excel

Microsoft Excel은 분석 도구라 불리는 데이터 분석 도구의 집합을 제공한다. 복잡한 통계 또는 공학 분석을 전개할 때 단계를 절약하기 위해 사용할 수 있다. 각각의 분석에 대해 데이터와 매개 변수를 제공하면, 도구는 적합한 통계 또는 공학

매크로 함수를 사용하여 출력 테이블에 결과를 나타낸다. 일부 도구는 출력 테이블과 함께 차트를 생성한다.

- 분산 분석(Analysis of Variance, ANOVA): 분산 분석 도구는 다양한 유형의 분산 분석을 제공한다. 사용할 도구는 검사할 모집단의 표본 집단 수와 인자(요인) 수에 따라 다르다.
- 분산 분석: 일원 배치법(ANOVA: Single Factor): 이 도구는 같은 평균을 가진 모집단에서 추출한 여러 표본의 평균이 같다는 가설을 검정하는 단순 분산 분석을 수행한다. 이 기법은 t-검정과 같은 두 평균에 대한 검정까지 확장된다.
- 분산 분석: 반복 있는 이원 배치법(ANOVA: One-Factor With Replication): 각 데이터 그룹에 대해 둘 이상의 표본을 갖는 확장된 일원 배치법 분산 분석을 한다.
- 분산 분석: 반복 없는 이원 배치법(ANOVA: One-Factor Without Replication): 같은 평균을 갖는 모집단에서 추출한 여러 표본의 평균이 같다는 가설을 검정하기 위해 그룹마다 표본을 하나만 가지고 있는 이원 배치법 분산 분석을 한다. 이 기법은 t-검정과 같은 두 평균에 대한 검정으로 확장된다.
- 상관관계(Correlation): 상관관계 분석 도구는 측정 단위가 서로 다른 두 데이터 집합의 관계를 측정한다. 모집단 상관관계를 계산하면 두 데이터 집합의 표준편차의 곱으로 나눈 값인 공분산을 반환한다. 상관관계 계수(상관 계수)는 -1에서 $+1$ 사이의 값을 갖는다.
- 공분산(Covariance): 공분산은 두 데이터 집합의 관계를 측정한다. 공분산 분석 도구는 각각의 평균으로부터 선택한 데이터 요소에 대한 편차의 곱의 평균을 반환한다. 상관관계 도구와 동일한 설정으로 사용한다.
- 기술 통계법(Descriptive Statistics): 기술 통계법 분석 도구는 입력 범위의 데이터에 대한 일변량 통계 보고서를 만들어 데이터의 중심 경향성과 변동성에 대한 정보를 제공한다.

- 지수 평활법(Exponential Smoothing): 지수 평활법 분석 도구는 이전 예측값을 기준으로 오류를 수정한 새 예측값을 구한다. 이 도구는 평활 상수 a를 사용하며, 이 상수는 값의 크기에 따라 이전 예측값의 오류가 새 예측값에 얼마나 반영되었는지를 나타낸다. 참고로 0.2~0.3의 값은 적절한 부드러운 상수이다. 이런 값은 이전 예측의 오류에 대해 현재 예측이 20%에서 30%로 조정되어야 한다는 의미이다. 상수가 클수록 응답 속도가 빨라지지만, 오차 없는 프로젝션이 생성될 수 있다. 상수가 작을수록 예측값에 대한 시간이 길어질 수 있다.

- F-검정: 분산에 대한 두 표본(F-Test: Two-Sample for Variances): 이 분석 도구는 두 개의 모집단 분산을 비교하기 위해 두 표본에 대한 F-검정을 수행한다. 예를 들어, F-검정으로 수영 경기에서 두 팀의 표본에 대한 수영 경기 기록의 변량이 서로 차이가 나는지 알 수 있다. 여기에서는 F-통계(F-비율)의 f값을 계산한다. f값이 1에 가까우면 기본 모집단 분산이 동일하다는 증거가 된다. 출력 테이블에서 f가 1보다 작은 경우 "P(F<=f) one-tail"은 모집단 분산이 동일할 때 F 통계량 값이 f 미만으로 관측될 확률을 구하고 "F Critical one-tail"은 선택된 유의 수준 Alpha에 대해 1 미만의 임곗값을 구한다. f가 1보다 큰 경우 "P(F<=f) one-tail"은 모집단 분산이 동일할 때 F 통계량 값이 f보다 크게 관측될 확률을 구하고 "F Critical one-tail"은 Alpha에 대해 1보다 큰 임곗값을 구한다.

- 푸리에 분석(Fourier Analysis): 푸리에 분석 도구는 FFT(고속 푸리에 변환) 기법으로 선형 시스템의 문제를 해결하고 주기적인 데이터를 분석하여 데이터를 변환한다. 또한, 변환된 데이터를 거꾸로 변환하여 원래의 데이터로 복원할 수 있는 역변환을 지원한다.

- 히스토그램(Histogram): 히스토그램 분석 도구는 셀 범위의 데이터와 데이터 저장소에 대한 개별 및 누적 빈도를 계산한다. 데이터 집합에서 값이 발생하는 개수에 대한 데이터를 생성한다. 예를 들면, 20명의 학생이 있는 학급에서, 알파벳 학점 구분의 분포를 정할 수 있다. 히스토그램 테이블은 알파벳 학점 경

계와, 최소 경계와 현재 경계 사이에 있는 점수의 개수를 나타낸다. 가장 많이 발생하는 점수 하나가 데이터의 최빈값이다.

- 이동 평균(Moving Average): 이동 평균 분석 도구는 지정된 지난 기간 동안 변수의 평균값을 기준으로 특정 기간의 값을 예측한다.

- 난수 생성(Random Number Generation): 난수 생성 분석 도구는 여러 개의 분포 중 하나에서 추출된 독립 난수로 범위를 채운다. 모집단 구성원의 특성을 확률 분포로 나타낼 수 있다. 예를 들어, 정규 분포로 개인의 신장에 대한 모집단의 특성을 나타내거나, 두 가지 가능성에 대한 베르누이 분포로 동전의 앞면과 뒷면이 나올 확률에 대한 모집단의 특성을 나타낼 수도 있다.

- 순위와 백분율(Rank and Percentile): 순위와 백분율 분석 도구는 데이터 집합의 각 값에 대한 순위와 백분위수를 나타내는 표를 만든다. 데이터 집합에 있는 값의 상대적 위치를 분석할 수 있다. 이 도구는 워크시트 함수 RANK를 사용한다.

- 회귀 분석(Regression): 회귀 분석 도구는 배열 또는 범위에 선을 맞추는 "최소 자승법"을 사용하여 선형 회귀 분석을 수행한다. 단일 종속 변수가 하나 이상의 독립 변수들의 값에 의해 어떻게 영향을 받는지를 분석할 수 있다. 회귀 분석 도구는 LINEST 함수를 사용한다.

- 표본 추출(Sampling): 표본 분석 도구는 입력 범위를 모집단으로 하여 모집단에서 표본 집단을 추출한다. 모집단이 너무 커서 데이터를 처리할 수 없거나 차트를 만들 수 없으면 대표가 되는 표본 집단을 사용할 수 있다. 또한 주기적으로 데이터를 입력할 경우에는 주기의 특정 부분의 값만 포함된 표본 집단을 만들 수도 있다. 예를 들어, 입력 범위에 분기별 매출액이 들어 있고 주기율이 4인 표본 집단을 추출하면 출력 테이블에 같은 분기의 값들이 나타낸다.

- t-검정(t-Test): t-검정 분석 도구는 다양한 유형의 모집단의 평균을 검정한다. 구체적으로 아래와 같이 세 가지 분석 도구가 있다.

- t-검정: 등분산 가정 두 집단(Two-Sample Assuming Equal Variances): 이 분

석 도구는 두 표본 집단에 대해 스튜던트 t-검정을 한다. 이 검정은 두 데이터 집단의 평균이 같다고 가정하며, 이를 등분산적 t-검정이라고 한다. t-검정으로 두 표본 집단의 평균이 같은지 알 수 있다.

- t-검정: 이분산 가정 두 집단(Two-Sample Assuming Unequal Variances): 이 분석 도구는 두 표본 집단에 대해 스튜던트 t-검정을 한다. 이러한 t-검정에서 두 데이터 범위의 분산이 같지 않다고 할 때, 이를 이분산적 t-검정이라고 한다. t-검정으로 두 표본 집단의 평균이 같은지 확인할 수 있다. 연구 대상 집단이 다를 때 이 검정을 사용한다. 한 집단의 처리 전과 처리 후를 비교하려면 쌍체 검정을 사용한다.

- t-검정: 쌍체 비교(Paired Two Sample for Means): 쌍을 이룬 두 표본에 대해 스튜던트 t-검정을 하면 표본의 평균이 서로 다른지 알 수 있다. 이 t-검정 양식은 두 모집단의 분산이 다르다고 가정한다. 표본의 관찰 대상이 자연스럽게 쌍을 이룰 때 사용한다. 예를 들어, 표본 그룹을 실험 전과 후에 두 번 검사하여 표본이 쌍을 이룰 때 사용한다.

- z-검정: 평균에 대한 두 집단(z-Test: Two Sample for Means): 이 분석 도구는 알려진 분산으로 평균에 대한 두 표본 z-검정을 수행한다. 두 모집단의 평균 간의 차이에 대한 가설을 검정한다. 예를 들어, 이 검정을 사용하여 두 자동차 모델의 성능 차이를 알 수 있다.

더 자세한 사항은 기타 전문 서적을 참고하기로 하고 여기에서는 기술 통계법, 이동 평균법, 회귀 분석, 분산 분석, 상관분석 등 중요한 몇 가지 도구에 대해 살펴보기로 한다.

실습용 샘플 파일: pakcw_stat_for_stu_practice.xlsx,
https://p.cantips.com/dasamples (비밀번호: cantips)

기술 통계법　　　　　　　　　　　Excel

　기술 통계법 분석 도구는 입력 범위의 데이터에 대한 일변량 통계 보고서를 만들어 데이터의 중심 경향성과 변동성에 대한 정보를 제공한다. 어떤 데이터 집합이든 수집한 후 점검할 때, 무엇보다 우선하여 진행해야 하는 과정이다. 우선 그림과 같이 분석에 대한 데이터를 워크시트에 입력한다.

	A	B	C
1	날짜	판매량	
2	1월 1일	67	
3	1월 2일	75	
4	1월 3일	82	
5	1월 4일	98	
6	1월 5일	90	
7	1월 6일	36	
8	1월 7일	55	
9	1월 8일	60	
10	1월 9일	73	
11	1월 10일	85	
12	1월 11일	99	
13	1월 12일	86	
14	1월 13일	40	
15	1월 14일	52	
16	1월 15일	64	
17	1월 16일	76	
18	1월 17일	87	
19	1월 18일	96	
20	1월 19일	88	
21	1월 20일	44	
22	1월 21일	50	
23	1월 22일	70	
24	1월 23일	74	
25	1월 24일	86	
26			
27			

　날짜는 "1월 1일" 형식이 아니라 "01월 01일", "1/2" 등 다양한 형태로 입력할 수 있다.

　분석을 위해 [데이터] 〉 [데이터 분석]을 선택하면 나타나는 통계 데이터 분석 대화 상자에서 기술 통계법을 선택한다. 만약 리본 메뉴에 [데이터 분석] 메뉴가 보이지

않는다면 [파일] 〉 [옵션] 〉 [추가 기
능] 〉 [관리: Excel 추가 기능] 메뉴
를 통해 '분석 도구'를 추가로 설
치해야 한다. macOS에서는 [도
구] 〉 [Excel 추가 기능…] 메뉴를
선택해 추가한다.

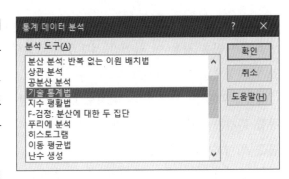

이후 나타나는 기술 통계법
분석 도구의 각 항목에 해당 사항을 입력하고 [확인]을 클릭하면 된다.

입력 범위(I)에는 워크시트에 미리 입력되어 있는 '판매량'의 범위(B1:B25)를 마우
스로 끌어 입력하거나 직접 타자하도록 한다. 참조 범위는 열이나 행으로 정렬된
두 개 이상의 인접한 데이터 범위로 이루어져야 한다.

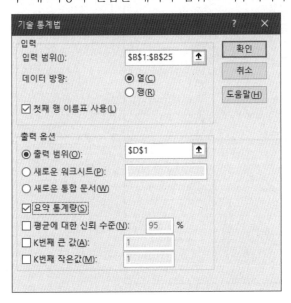

예제의 데이터는 하나의 열에 위에서 아래로 입력되어 있으므로 데이터 방향은
열(C)이 선택되도록 한다. 입력 범위에 B1의 '판매량'이라고 하는 데이터의 이름표
까지 선택이 되어 있으므로 **첫째 행 이름표 사용(L)**도 선택되도록 한다. 만약 입력 범

127

위가 B2부터 시작이 되었다면 이 확인란은 그대로 비워 둔다. 입력 범위에 대한 이름표가 없을 경우 이 확인란 선택을 취소하면 출력 테이블에 대한 데이터 이름표가 자동으로 만들어진다.

출력 범위(O)를 선택한 후 위치로 D1을 지정하고,[23] 새로운 워크시트나 새로운 통합 문서를 선택할 수도 있다. 특히, 새 워크시트의 이름을 지정하려면 상자에 이름을 입력하면 된다.

기타 선택 사항 중 **요약 통계량(S)**만 추가로 선택하고 [**확인**]을 클릭한다. 그러면 D1을 시작으로 그림과 같은 결과 테이블이 만들어진다.

	A	B	C	D	E	F
1	날짜	판매량		판매량		
2	1월 1일	67				
3	1월 2일	75		평균	72.20833	
4	1월 3일	82		표준 오차	3.804545	
5	1월 4일	98		중앙값	74.5	
6	1월 5일	90		최빈값	86	
7	1월 6일	36		표준 편차	18.63839	
8	1월 7일	55		분산	347.3895	
9	1월 8일	60		첨도	-0.83808	
10	1월 9일	73		왜도	-0.43318	
11	1월 10일	85		범위	63	
12	1월 11일	99		최소값	36	
13	1월 12일	86		최대값	99	
14	1월 13일	40		합	1733	
15	1월 14일	52		관측수	24	
16	1월 15일	64				
17	1월 16일	76				
18	1월 17일	87				
19	1월 18일	96				
20	1월 19일	88				
21	1월 20일	44				
22	1월 21일	50				
23	1월 22일	70				
24	1월 23일	74				
25	1월 24일	86				
26						

기타 기술 통계법 대화 상자의 각 항목에 대한 설명은 다음과 같다. 자신이 원하

---

23) 새로운 워크시트나 새로운 통합 문서를 선택할 수도 있다. 특히, 새 워크시트의 이름을 지정하려면 상자에 이름을 입력하면 된다.

는 항목을 적절하게 선택해서 사용하면 된다.

- 요약 통계량: 평균, 표준 오차(평균에 대한), 중간값, 최빈값, 표준 편차, 분산, 첨도, 왜도, 범위, 최솟값, 최댓값, 합계, 관측수, 가장 큰 값(#), 가장 작은 값(#), 신뢰 수준 등을 출력 테이블에 나타낸다.

- 평균에 대한 신뢰 수준: 평균의 신뢰 수준에 대한 행을 출력 테이블에 포함시킨다. 예를 들어, 95%의 값을 입력하면 유의 수준 5%에서 평균에 대한 신뢰 수준을 계산한다.

- K번째 큰 값: 각 데이터 범위에서 k번째 큰 값에 대한 행을 출력 테이블에 추가한다. k가 1이면 데이터 집합의 최댓값이 이 행에 포함된다.

- K번째 작은 값: k가 1이면 데이터 집합의 최솟값이 이 행에 포함된다.

결과로 얻은 표는 활용 목적에 따라 적당하게 편집한 후 사용한다.

	A	B	C	D	E	F
1	날짜	판매량		판매량		
2	1월 1일	67		평균	72.2	
3	1월 2일	75		표준 오차	3.8	
4	1월 3일	82		중앙값	74.5	
5	1월 4일	98		최빈값	86.0	
6	1월 5일	90		표준 편차	18.6	
7	1월 6일	36		분산	347.4	
8	1월 7일	55		첨도	-0.8	
9	1월 8일	60		왜도	-0.4	
10	1월 9일	73		범위	63.0	
11	1월 10일	85		최소값	36.0	
12	1월 11일	99		최대값	99.0	
13	1월 12일	86		합	1733.0	
14	1월 13일	40		관측수	24.0	
15	1월 14일	52				
16	1월 15일	64				
17	1월 16일	76				
18	1월 17일	87				
19	1월 18일	96				
20	1월 19일	88				
21	1월 20일	44				
22	1월 21일	50				
23	1월 22일	70				
24	1월 23일	74				
25	1월 24일	86				
26						

참고로 기술 통계법으로 얻은 결과값은 수식으로 나타나지 않기 때문에 데이터
에 변화가 생겨도 이 표의 값들은 바뀌지 않는다. 상황에 따라 장점이 될 수도 있
고, 단점이 될 수도 있다. 각 통계량을 수식(함수)으로 표현하면 아래와 같다.

- 평균(Mean): =AVERAGE(데이터_범위)
- 표준 오차(Standard Error): =STDEV.S(데이터_범위)/SQRT(COUNT(데이터_범위))
- 중앙값(Median): =MEDIAN(데이터_범위)
- 최빈값(Mode): =MODE.SNGL(데이터_범위)
- 표준 편차(Standard Deviation): =STDEV.S(데이터_범위)
- 분산(Variance): =VAR.S(데이터_범위)
- 첨도(Kurtosis): =KURT(데이터_범위)
- 왜도(Skewness): =SKEW(데이터_범위)
- 범위(Range): =최댓값-최솟값
- 최솟값(Minimum): =MIN(데이터_범위)
- 최댓값(Maximum): =MAX(데이터_범위)
- 합(Sum): =SUM(데이터_범위)
- 관측 수(Count): =COUNT(데이터_범위)

| *Mission 6* | 히스토그램 | Excel |

히스토그램 분석 도구는 셀 범위의 데이터와 데이터 저장소에 대한 개별 및 누
적 빈도를 계산한다. 데이터 집합에서 값이 발생하는 개수에 대한 데이터를 생성한
다. 예를 들면, 20명의 학생이 있는 학급에서, 알파벳 학점 구분의 분포를 정할 수

있다. 히스토그램 테이블은 알파벳 학점 경계와, 최소 경계와 현재 경계 사이에 있는 점수의 개수를 나타낸다. 가장 많이 발생하는 점수 하나가 데이터의 최빈값이 된다.

그림과 같이 근무 연수를 기록한 데이터에서 근무 연수를 일정 계급 구간으로 범위를 정하고 각 범위에 해당하는 인원수를 파악하는 히스토그램을 작성해 본다.

분석할 데이터를 확인하고, 데이터 분석 도구에서 히스토그램을 실행한다.

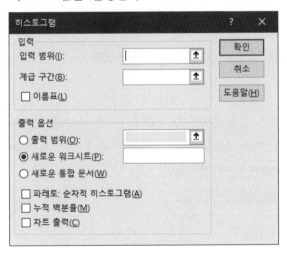

히스토그램을 사용하기 위해서는 우선 계급 구간 (Bin Range)을 확정해야 한다. 이 도구를 사용하기 전에 미리 계급 구간을 만들어야 한다. 계급 구간에는 계급 구간을 정의하는 경곗값이 있는 셀 범위를 입력한다. 정렬할 때 오름차순이나 내림차순이나 상관은 없다. 여기에서 정리한 기본 정보에 따라 결과표

	A	B	C
1			
2			
3	성명	근무연수	
4	정용기	1	
5	박중태	1	
6	김용곤	1	
7	박한얼	2	
8	김용철	2	
9	안석준	3	
10	서지연	3	
11	이수영	3	
12	김수정	3	
13	오진영	3	
14	김정우	4	
15	김영석	4	
16	유상재	4	
17	강충기	4	
18	윤정덕	5	
19	최지원	5	
20	김규한	5	
21	박득우	5	
22	김한나	6	
23	김호진	6	
24	김병철	6	
25	한상수	6	
26	홍종현	7	
27	강상일	7	
28	박이호	7	
29	강애연	8	
30	김재웅	8	
31	김동구	8	
32	이유석	8	
33	최준호	8	
34	김인철	9	
35	박찬석	9	
36	김사현	9	
37	박정우	9	
38	남동수	10	
39	이홍기	10	
40	정노천	10	
41	황채명	10	
42	김종진	10	
43	신종갑	11	
44	오문규	12	
45	박한식	13	
46	김지훈	13	
47	노준조	14	
48	조용길	14	
49	정창욱	15	
50	허선도	15	
51	이장호	16	
52	임정호	16	
53	신절기	16	
54			

131

에 현재 계급과 인접한 상위 계급 사이의 데이터 요소 수가 자동으로 계산된다. 이 수가 마지막 계급 아래 계급의 수와 같거나 적으면 특정한 계급에서 계산된다. 첫 계급값 아래와 마지막 계급값 위의 모든 값이 계산된다.

보통 나이나 연수를 정리할 때는 5년이나 10년 단위를 사용하거나, 시험 점수라면 10점을 계급의 범위로 임의 지정하게 된다. 그러나 특별히 계급 구간의 범위를 정하기 어렵거나 다른 원칙이 없다면, 일반적으로 계급은 몇 개로 하는 것이 좋은지 계산하고, 이 값을 바탕으로 계급 구간을 만들게 된다. 계급의 수는 보통 "(데이터의 수)1/3"로 정한다. 이는 "(데이터의 수)^(1/3)"로 표현한다. 그다음 전체 데이터의 최댓값에서 최솟값을 뺀 범위값을 이 계급의 수로 나눈다. 따라서 계급 구간의 범위를 정하는 수식은 "(최댓값 − 최솟값)/((데이터의 수)^(1/3))"가 된다.

예제의 D3 셀에 이 값을 구하게 되면 아래 식을 입력한다.

D3(입력): =(MAX(B4:B53)−MIN(B4:B53))/(COUNT(B4:B53)^(1/3))
D3(결과): 4.071626

결과에 따라 계급 구간의 범위는 4(년)로 한다. 즉, 1년에서 4년 근무한 직원의 수, 5년에서 8년 근무한 직원의 수, 이런 식으로 계급 구간을 정한다. 이렇게 정한 계급 구간은 아래 그림과 같이 적당한 곳에 정리한다.

◢	A	B	C	D	E
1					
2					
3	성명	근무연수		4.071626	
4	정용기	1			
5	박중태	1		근무연수	
6	김용곤	1		4	
7	박한얼	2		8	
8	김용철	2		12	
9	안석준	3		16	
10	서지연	3			
11	이수영	3			
12	김수정	3			

최솟값 1년과 최댓값 16년이 모두 포함된 표를 만들 수 있다. 포함된 데이터에

튀는 값이 있다면 이런 구간을 벗어날 수도 있지만, 이런 값도 분석 도구에서 알아서 계산에 끼워 넣는다. 이 예제에서는 전체 데이터가 계급 구간에 포함되고 있다. 계급 구간 표의 이름(근무연수)도 원본 데이터의 이름과 같게 만든다.

이렇게 계급 구간을 정한 후 데이터 분석 도구에서 히스토그램을 실행한다.

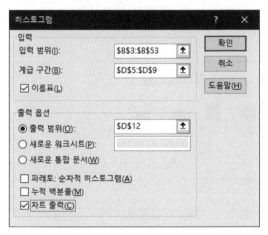

입력 범위와 계급 구간을 선택하여 입력하고, 출력 범위를 지정한다. 추가로 차트 출력도 선택하고 [확인]을 클릭한다.

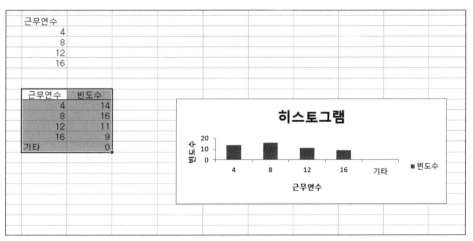

출력 범위에 지정한 D12 셀을 기준으로 결과표(도수 분포표)와 차트가 만들어진다. 결과표의 '기타'는 미리 정한 계급 구간을 벗어난 값이 있는 경우를 대비한 것으로 여기에서는 해당 사항이 없으므로 이 부분은 사용하거나 차트에 나타나게 할 필요가 없다. 차트를 선택하면 차트 주변에 8개의 원형 조절점이 나타나고, 결과표의 근무연수와 빈도수가 다른 색상으로 선택된다.

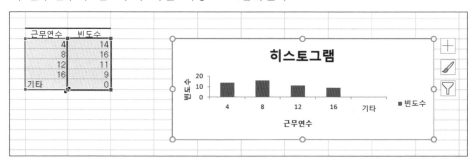

근무연수와 빈도수 사이, 아래 부분에 있는 네모 조절점을 마우스로 잡고 위로 한 셀 올려 '기타' 부분이 선택 범위에서 빠지도록 한다.

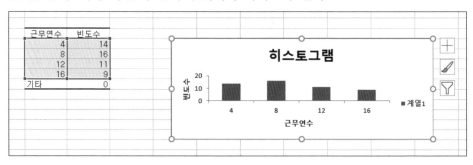

이렇게 하면 차트에서도 '기타' 항목이 사라진다. 표와 차트가 연결되어 있다는 것을 알 수 있다. 한편, 표나 차트의 근무 연수가 4, 8 등으로 표기되어 일반적인 보고서나 의사 결정 자료로 활용하기에 부족하다. 따라서 결과표의 근무 연수 항목을 수정한다.

근무연수	빈도수
1~4	14
5~8	16
9~12	11
12~16	9
기타	0

해당 항목을 수정하면 자동으로 차트의 같은 값도 바뀐다.

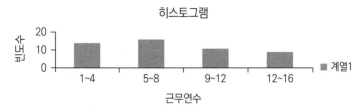

추가로 차트의 각 요소도 필요에 따라 스타일 등을 바꾸거나 상단의 [차트 디자인] 메뉴를 이용해 적당한 모양을 바꾸는 등의 작업을 하면 된다.

여기에서는 계급 구간을 계산식에 따라 4년으로 정했지만, 앞서 설명한 바와 같이 데이터의 특성에 따라 임의로 3, 5, 10 등으로 정할 수 있다. 실무에서는 이렇게 파악하기 쉬운 간격으로 정하는 것이 일반적이며, 임의로 정하기 애매하거나 어려운 경우 계산식을 활용하는 것이 좋다.

순위와 백분율 분석 도구는 데이터 집합의 각 값에 대한 순위와 백분율을 나타내는 테이블을 만든다. 데이터 집합에 있는 값의 상대적 위치를 분석할 수 있다.

아래와 같이 학번별, 과목별 점수가 입력된 표가 있을 때, 전체 총점이나 평균 점수로 순위를 정할 수 있다.

E4	▼	✕ ✓ *fx*	=AVERAGE(B4:D4)	

◢	A	B	C	D	E
1					
2					
3	학번	국어	영어	수학	평균
4	3023001	85	89	46	73.33333
5	3023002	68	65	38	57
6	3023003	55	77	69	67
7	3023004	79	82	84	81.66667
8	3023005	83	94	52	76.33333
9	3023006	92	76	37	68.33333
10	3023007	57	58	46	53.66667
11	3023008	62	84	65	70.33333
12	3023009	86	76	81	81
13	3023010	69	55	42	55.33333
14	3023011	92	61	55	69.33333
15	3023012	88	83	37	69.33333
16	3023013	69	62	48	59.66667
17	3023014	51	99	24	58
18	3023015	79	94	65	79.33333
19	3023016	74	97	22	64.33333
20	3023017	66	56	19	47
21	3023018	82	68	48	66
22	3023019	80	77	23	60
23	3023020	90	82	42	71.33333
24					

여기에서는 평균을 사용하기로 하고, E열에 AVERAGE 함수를 이용해 평균을 계산해 입력한다. 이후 데이터 분석 도구에서 순위와 백분율 도구를 선택하고 해당 사항을 입력한다.

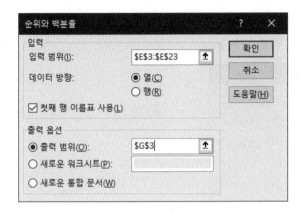

결과는 입력 범위의 데이터 집합별로 하나의 출력 테이블로 만들어진다. 각 출력 테이블은 아래 그림과 같이 네 개의 열로 구성되며, 열마다 데이터 요소 수, 데이터 요소 값, 데이터 요소 순위, 데이터 요소 백분율 순위가 오름차순으로 정렬되어 나타난다.

	A	B	C	D	E	F	G	H	I	J
1										
2										
3	학번	국어	영어	수학	평균		포인트	평균	순위	퍼센트
4	3023001	85	89	46	73.33333		4	81.66667	1	100.00%
5	3023002	68	65	38	57		9	81	2	94.70%
6	3023003	55	77	69	67		15	79.33333	3	89.40%
7	3023004	79	82	84	81.66667		5	76.33333	4	84.20%
8	3023005	83	94	52	76.33333		1	73.33333	5	78.90%
9	3023006	92	76	37	68.33333		20	71.33333	6	73.60%
10	3023007	57	58	46	53.66667		8	70.33333	7	68.40%
11	3023008	62	84	65	70.33333		11	69.33333	8	57.80%
12	3023009	86	76	81	81		12	69.33333	8	57.80%
13	3023010	69	55	42	55.33333		6	68.33333	10	52.60%
14	3023011	92	61	55	69.33333		3	67	11	47.30%
15	3023012	88	83	37	69.33333		18	66	12	42.10%
16	3023013	69	62	48	59.66667		16	64.33333	13	36.80%
17	3023014	51	99	24	58		19	60	14	31.50%
18	3023015	79	94	65	79.33333		13	59.66667	15	26.30%
19	3023016	74	97	22	64.33333		14	58	16	21.00%
20	3023017	66	56	19	47		2	57	17	15.70%
21	3023018	82	68	48	66		10	55.33333	18	10.50%
22	3023019	80	77	23	60		7	53.66667	19	5.20%
23	3023020	90	82	42	71.33333		17	47	20	0.00%
24										

각 과목별 순위로 한 번에 도출할 수 있다. 아래와 같이 전체 데이터 범위를 입력 범위로 하고 순위와 백분율 도구를 실행한다.

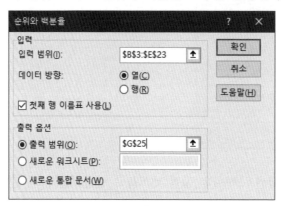

출력 범위로 지정한 G25 셀을 기준으로 결과표가 나타난다.

G	H	I	J	K	L	M	N	O	P	Q	R	S	T	U	V
14	58	16	21.00%												
2	57	17	15.70%												
10	55.33333	18	10.50%												
7	53.66667	19	5.20%												
17	47	20	0.00%												
포인트	국어	순위	퍼센트	포인트	영어	순위	퍼센트	포인트	수학	순위	퍼센트	포인트	평균	순위	퍼센트
6	92	1	94.70%	14	99	1	100.00%	4	84	1	100.00%	4	81.66667	1	100.00%
11	92	1	94.70%	16	97	2	94.70%	9	81	2	94.70%	9	81	2	94.70%
20	90	3	89.40%	5	94	3	84.20%	3	69	3	89.40%	15	79.33333	3	89.40%
12	88	4	84.20%	15	94	3	84.20%	8	65	4	78.90%	5	76.33333	4	84.20%
9	86	5	78.90%	1	89	5	78.90%	15	65	4	78.90%	1	73.33333	5	78.90%
1	85	6	73.60%	8	84	6	73.60%	11	55	6	73.60%	20	71.33333	6	73.60%
5	83	7	68.40%	12	83	7	68.40%	5	52	7	68.40%	8	70.33333	7	68.40%
18	82	8	63.10%	4	82	8	57.80%	13	48	8	57.80%	11	69.33333	8	57.80%
19	80	9	57.80%	20	82	8	57.80%	18	48	8	57.80%	12	69.33333	8	57.80%
4	79	10	47.30%	3	77	10	47.30%	1	46	10	47.30%	6	68.33333	10	52.60%
15	79	10	47.30%	19	77	10	47.30%	7	46	10	47.30%	3	67	11	47.30%
16	74	12	42.10%	6	76	12	36.80%	10	42	12	36.80%	18	66	12	42.10%
10	69	13	31.50%	9	76	12	36.80%	20	42	12	36.80%	16	64.33333	13	36.80%
13	69	13	31.50%	18	68	14	31.50%	2	38	14	31.50%	19	60	14	31.50%
2	68	15	26.30%	2	65	15	26.30%	6	37	15	21.00%	13	59.66667	15	26.30%
17	66	16	21.00%	13	62	16	21.00%	12	37	15	21.00%	14	58	16	21.00%
8	62	17	15.70%	11	61	17	15.70%	14	24	17	15.70%	2	57	17	15.70%
7	57	18	10.50%	7	58	18	10.50%	19	23	18	10.50%	10	55.33333	18	10.50%
3	55	19	5.20%	17	56	19	5.20%	16	22	19	5.20%	7	53.66667	19	5.20%
14	51	20	0.00%	10	55	20	0.00%	17	19	20	0.00%	17	47	20	0.00%

용도에 따라 표를 적절하게 편집하여 사용하면 된다. 결과표에 나오는 '포인트'
는 데이터의 순번이다. 여기에서는 '학번' 자체가 아니라 해당 학번의 순서이므로
실제 이 결과를 활용할 때에는 포인트를 실제 데이터값인 학번으로 바꾸는 것이
더 좋다. 예를 들어, 포인트가 '4'인 학번은 원본 데이터의 네 번째 학번인
'3023004'이므로 이렇게 바꾼다. 포인트 열에 학번을 바로 입력하면 안 되고, 포인
트 오른쪽에 학번이 들어갈 열을 하나 삽입한다. 데이터 G열과 평균 H열 사이에
빈 열을 하나 넣어야 하므로, H열 아무 곳에나 마우스 오른쪽 버튼 클릭으로 바로
가기 메뉴를 부른 다음 [삽입(I)…]을 선택한다.

아니면 H열 머리를 마우스 오른쪽 버튼으로 클릭하여, H열 전체가 선택되면서
바로 나타나는 바로 가기 메뉴에서 [삽입(I)]을 선택해도 된다.

이후 나타나는 삽입 창에서 '열 전체(C)'를 선택한다. 이
후 H3 셀에 '학번'이라고 제목을 입력하고 H4에 앞의 포
인트를 이용해 원본 데이터에서 학번을 불러오는 수식을
작성한다. 여기에서는 INDEX를 쓰기로 한다.

H4: =INDEX($A$4:$A$23,G4)

	A	B	C	D	E	F	G	H	I	J
1										
2										
3	학번	국어	영어	수학	평균		포인트	학번	평균	순위
4	3023001	85	89	46	73.33333		4	=INDEX($A$4:$A$23,G4)		
5	3023002	68	65	38	57		9		81	
6	3023003	55	77	69	67		15		79.33333	
7	3023004	79	82	84	81.66667		5		76.33333	
8	3023005	83	94	52	76.33333		1		73.33333	
9	3023006	92	76	37	68.33333		20		71.33333	
10	3023007	57	58	46	53.66667		8		70.33333	
11	3023008	62	84	65	70.33333		11		69.33333	
12	3023009	86	76	81	81		12		69.33333	
13	3023010	69	55	42	55.33333		6		68.33333	
14	3023011	92	61	55	69.33333		3		67	
15	3023012	88	83	37	69.33333		18		66	
16	3023013	69	62	48	59.66667		16		64.33333	
17	3023014	51	99	24	58		19		60	
18	3023015	79	94	65	79.33333		13		59.66667	
19	3023016	74	97	22	64.33333		14		58	
20	3023017	66	56	19	47		2		57	
21	3023018	82	68	48	66		10		55.33333	
22	3023019	80	77	23	60		7		53.66667	
23	3023020	90	82	42	71.33333		17		47	

INDEX 함수 내 데이터 범위는 절대 주소로 하고, H4 셀의 결과를 확인하고 이 셀을 다시 선택한 후 채우기 핸들을 더블 클릭한다.

G	H	I	J	K	L
포인트	학번	평균	순위	퍼센트	
4	3023004	81.66667	1	100.00%	
9	3023009	81	2	94.70%	
15	3023015	79.33333	3	89.40%	
5	3023005	76.33333	4	84.20%	
1	3023001	73.33333	5	78.90%	
20	3023020	71.33333	6	73.60%	
8	3023008	70.33333	7	68.40%	
11	3023011	69.33333	8	57.80%	
12	3023012	69.33333	8	57.80%	
6	3023006	68.33333	10	52.60%	
3	3023003	67	11	47.30%	
18	3023018	66	12	42.10%	
16	3023016	64.33333	13	36.80%	
19	3023019	60	14	31.50%	
13	3023013	59.66667	15	26.30%	
14	3023014	58	16	21.00%	
2	3023002	57	17	15.70%	
10	3023010	55.33333	18	10.50%	
7	3023007	53.66667	19	5.20%	
17	3023017	47	20	0.00%	
포인트		국어	순위	퍼센트	포인트
6		92	1	94.70%	

'포인트'라는 용어가 일상적이진 않으므로, '번호', '일련번호' 등으로 바꿔 적는 것도 나쁘지 않다. 각 숫자의 소수점 자릿수 등도 보기 좋게 정리할 필요가 있다.

<table>
<tr><td>**Mission 8**</td><td>이동 평균법 및 예측 워크시트</td><td>Excel</td></tr>
</table>

이동 평균법(moving-average method)은 최근 일정 기간의 데이터 평균값을 미래의 예측치로 활용하는 방법이다. Excel의 이동 평균 분석 도구는 지정된 지난 기간 동안 변수의 평균값을 기준으로 특정 기간의 값을 예측한다. 이동 평균은 모든 누적 데이터의 단순 평균에서는 알 수 없는 추세 정보를 제공한다. 이 도구를 사용하여 판매량, 재고량, 기타 추세를 예측할 수 있다. 다음 수식을 사용하여 각 예상값을 구한다.

$$F_{t+1} = \frac{1}{N} \sum_{i}^{N} A_{t-i+1}$$

여기서, N은 이동 평균에 추가할 이전 기간

A_i는 i 때의 실제값

F_i는 i 때의 예측값

이동 평균법은 경제 통계의 시계열에서 경향 변동을 찾아내려는 방법의 하나이다. 사회적·경제적 현상의 시간적 경과를 계수의 움직임에 따라 포착하려고 할 때, 그 움직임은 추세적인 변동, 순환적인 변동 또는 그 밖의 불규칙한 변동 등의 모든 움직임이 복합된 것으로서 관측된다. 이동 평균은 이러한 계수의 시간적인 움직임에 대하여 순환적·불규칙적인 변동 부분을 제거하고, 그 저변에 있는 장기적이고 추세적인 동향을 발견하려 할 때 사용되는 통계상의 조작 방법이다. 조작 방법은 먼저, 통계 데이터 계열에 대하여 평균값을 취하는 일정 기간의 간격[24]을 정하고 (간격의 너비는 데이터의 종류나 어떠한 경향을 보려고 하느냐에 따라서 다르다.) 그 간격 안에 있는 연속된 데이터에 대하여 평균값을 계산한 뒤 그 값을 연속 데이터의 중간 시점 값으로 한다. 다음에 한 시점에서만 데이터가 어긋난 것에 대하여, 역시 같은 간격의 연속 데이터에 대하여 평균값을 취하고, 그것을 한 시점에서만 어긋난 연속 데이터 중간의 값으로 한다. 이 절차를 차례대로 반복해서 얻은 계수의 계열이 이동 평균 계열이다. 이를테면, 백화점의 매출액처럼 1년을 통해서 보았을 때 매우 분명한 계절적인 패턴이 확인되는 데이터 계열에 대해서는, 12개월을 일정 간격으로 취한 이동 평균 계열을 작성함으로써 그러한 계절적인 변동에 좌우되지 않는 매출액의 움직임을 파악할 수 있다. 또한 매우 불규칙적으로 변동하는 주가 움직임 등의 데이터에 관해서도 눈앞의 움직임에 좌우되지 않고 데이터의 중·장기적인 방향·변동·경향을 추론하기 위해서는 이 방법이 매우 유용하다.

여기에서는 전체적으로 아래와 같은 데이터를 예제로 사용하기로 한다.

---

24) Excel에서는 '구간'이라는 용어를 사용한다.

	A	B	C	D	E	F	G	H
1	날짜		판매량	예측값	판매량/예측값		계절 지수	
2	2033-01-01		67				월	
3	2033-01-02		75				화	
4	2033-01-03		82				수	
5	2033-01-04		98				목	
6	2033-01-05		90				금	
7	2033-01-06		36				토	
8	2033-01-07		55				일	
9	2033-01-08		60					
10	2033-01-09		73					
11	2033-01-10		85					
12	2033-01-11		99					
13	2033-01-12		86					
14	2033-01-13		40					
15	2033-01-14		52					
16	2033-01-15		64					
17	2033-01-16		76					
18	2033-01-17		87					
19	2033-01-18		96					
20	2033-01-19		88					
21	2033-01-20		44					
22	2033-01-21		50					
23	2033-01-22		70					
24	2033-01-23		74					
25	2033-01-24		86					
26	2033-01-25							
27								

판매량 예측에 최근 3일간의 판매량 평균(이동 평균)을 사용하기로 한다. 참고로, 원본 데이터의 날짜 옆 B에는 요일을 입력하기로 하고 아래와 같은 수식을 이용한다.

B2: =TEXT(A2,"aaa")

	A	B	C	D	E
1	날짜		판매량	예측값	판매량/예측
2	2033-01-01	=TEXT(A2,"aaa")			
3	2033-01-02	일	75		
4	2033-01-03	월	82		
5	2033-01-04	화	98		
6	2033-01-05	수	90		
7	2033-01-06	목	36		

TEXT 함수에서 "aaa"(따옴표 포함)를 입력하면 참조하는 날짜 데이터에서 월, 화,

수 등이 자동 추출되어 입력되고, "aaaa"를 입력하면 월요일, 화요일 식으로 입력된다. 영문으로 Mon, Tue 등이 나타나게 하려면 "aaa" 대신에 "ddd"를 쓰고, Monday, Tuesday 방식이 필요하면 d를 네 번 "dddd"로 입력한다. d를 하나만 입력하면 참조하는 날짜 데이터 연, 월, 일 중 '일'에 해당하는 숫자가 1, 2, 3, …, 31 식으로 표시되고, dd로 두 개를 연속 입력하면 01, 02, 03, …, 31 식으로 숫자두 개씩 입력된다. 참고로 a를 한 개나 두 개 연속 입력하는 것은 아무 기능이 없다. 기본 수식을 B2에 입력한 다음 채우기 핸들을 더블 클릭하여 B열 전체에 요일을 채워 넣는다.

　이제 이미 확보한 판매량을 바탕으로 하루 앞의 판매량을 예측하기로 한다. 데이터 분석 도구에서 이동 평균법을 선택한다.

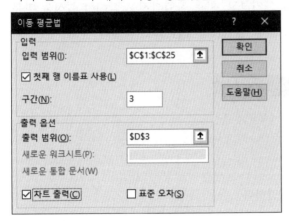

각 항목의 의미는 다음과 같다.

- 입력 범위: 분석할 데이터 범위에 대한 셀 참조를 입력한다. 범위는 네 개 이상의 데이터 셀이 포함된 단일 열로 이루어져야 한다.
- 첫째 행 이름표 사용: 입력 범위의 첫 행에 이름표가 있으면 선택한다. 이 확인란선택을 취소하면 출력 테이블에 대한 데이터 이름표가 자동으로 만들어진다.
- 구간(interval): 이동 평균에 추가할 값의 개수를 정수로 입력한다. 기본값은 3.

- 출력 범위: 출력 테이블의 왼쪽 위 셀에 대한 참조를 입력한다. 표준 오차 확인 란을 선택하면 오른쪽 열에 표준 오차값을 갖는 2열 출력 테이블이 자동으로 만들어진다. 예측값을 나타내거나 표준 오차를 계산할 누적값이 부족하면 #N/A 오룻값이 나타난다. 출력 범위는 입력 범위에서 사용한 데이터와 같은 워크시트에 있어야 하고, 새로운 워크시트와 새로운 통합 문서 옵션은 사용할 수 없다.
- 차트 출력: 출력 테이블과 포함된 히스토그램 차트를 만든다.
- 표준 오차(standard errors): 출력 테이블에 표준 오차값이 있는 열을 표시한다. 표준 오차값이 없는 1열 출력 테이블을 만들려면 확인란 선택을 취소한다.

여기에서는 구간과 출력 범위를 확인하고, 차트 출력까지 포함해서 설정을 마무리하고 [확인]을 누른다. 워크시트에 데이터가 입력된 모양에 따라 경고 메시지가 나타난다.

바로 [확인]을 누르고 결과를 확인하다.

146

	A	B	C	D	E	F	G	H	I	J	K	L
1	날짜		판매량	예측값	판매량/예측값		계절 지수					
2	2033-01-01	토	67				월					
3	2033-01-02	일	75	#N/A			화					
4	2033-01-03	월	82	#N/A			수					
5	2033-01-04	화	98	74.67			목					
6	2033-01-05	수	90	85			금					
7	2033-01-06	목	36	90			토					
8	2033-01-07	금	55	74.67			일					
9	2033-01-08	토	60	60.33								
10	2033-01-09	일	73	50.33								
11	2033-01-10	월	85	62.67								
12	2033-01-11	화	99	72.67								
13	2033-01-12	수	86	85.67								
14	2033-01-13	목	40	90								
15	2033-01-14	금	52	75								
16	2033-01-15	토	64	59.33								
17	2033-01-16	일	76	52								
18	2033-01-17	월	87	64								
19	2033-01-18	화	96	75.67								
20	2033-01-19	수	88	86.33								
21	2033-01-20	목	44	90.33								
22	2033-01-21	금	50	76								
23	2033-01-22	토	70	60.67								
24	2033-01-23	일	74	54.67								
25	2033-01-24	월	86	64.67								
26	2033-01-25	화		76.67								
27												

이동 평균법

3(일)을 구간으로 설정해서, 앞 3일 치 데이터가 있어야 예측치를 계산할 수 있어서, 앞서 3일 데이터를 확보할 수 없는 D3, D4 셀의 값은 계산이 되지 않아 #N/A 오룻값이 나타난다. 이 결과에 의하면 아직 판매가 시작되지 않은 1월 25일의 예측값은 77(76.67)이 된다.

이 값은 복잡한 분석 과정을 거쳐서 나온 것은 아니라 미리 정한 구간만큼의 셀 값을 평균한 단순한 값이다. 이동 평균법 분석 도구에서는 결과에서는 값만 보여주는 것이 아니라 AVERAGE 함수를 이용한 수식을 보여준다.

18	2033-01-17	월	87	64		
19	2033-01-18	화	96	75.67		
20	2033-01-19	수	88	86.33		
21	2033-01-20	목	44	90.33		
22	2033-01-21	금	50	76		
23	2033-01-22	토	70	60.67		
24	2033-01-23	일	74	54.67		
25	2033-01-24	월	86	64.67		
26	2033-01-25	화		=AVERAGE(C23:C25)		
27				AVERAGE(number1, [number2], ...)		
28						
29						
30						

따라서 이런 방식으로 예측값을 구하고자 할 때는, 데이터 분석 도구를 이용하는 것보다 그냥 워크시트에서 AVERAGE 함수를 이용하는 것이 더 간편할 수 있다.

어떤 식이든 결론적으로 3일을 구간으로 하는 이동 평균법으로는 77만큼 팔릴 수 있다고 정리할 수 있다. 너무 간단해서 미래를 예측하는 용도로 쓴다는 것이 의아할 수도 있다. 그래서 여기에서 중요한 것은 평균을 내는 것 자체가 아니라 구간을 얼마로 해야 하는가를 정하는 것이 중요하다. 의사 결정자로서는 4일, 5일도 아니고 하필 3일을 구간으로 정한 이유가 궁금할 것이다.

이런 문제를 해결하기 위한 과정으로 위 예제에서도 이미 지나간 일자의 예측값도 구해본 것이다. 즉, 지난 데이터에서 판매가 개시되기 전에 예측한 값과 실제 판매된 값을 비교해 보고 이 두 값이 일치하면 예측력이 높았다고 판단할 수 있고, 현격히 차이가 난다면 이 예측 방법은 신뢰할 수 없다고 여길 수 있다. 예를 들어, 1월 6일의 경우 예측값은 90이었으나, 실제 판매량은 36이었다. 하루 정도 예측이 빗나갈 수도 있어 전체적인 상황을 고려해야 하겠지만, 이런 방식이면 앞으로 일어나지 않은 값을 예측한 결과를 믿기 어렵게 된다. 그래서 과거 데이터를 분석해 예측값 대비 판매량이 더 정확하고 신뢰할 수 있는 구간을 선정하고 미래값에 적용하는 것이 타당할 것이다.

이렇게 적절한 구간을 선택하는 방법은 크게 세 가지 정도가 있다.

- MAE(Mean Absolute Error): 평균 절대 오차
- MAPE(Mean Absolute Percentage Error): 평균 절대 백분율 오차
- MSE(Mean Squared Error): 평균 제곱 오차

어떤 방법을 사용해도 결과는 같다고 할 수 있다. MSE가 간편하게 사용하는 방법이지만, 하나씩 확인해 보기로 한다. 앞서 이용한 예제 데이터는 그대로 두고 같은 데이터를 포함하는 새 워크시트를 마련한다. D, E, F열에 구간을 각각 3, 4, 5로 하는 이동 평균을 계산하도록 공간을 준비한다.

	A	B	C	D	E	F	G
1	날짜		판매량	N=3	N=4	N=5	
2	2033-01-01	토	67				
3	2033-01-02	일	75				
4	2033-01-03	월	82				
5	2033-01-04	화	98				
6	2033-01-05	수	90				

구간이 3(N=3)인 경우는 D5 셀을 기준으로, 4인 경우는 E6 셀, 5인 경우는 F7 셀을 시작으로 해서 앞서 구간 수만큼의 데이터를 평균 내는 수식을 작성하고 표 끝(26행)까지 수식을 모두 복사한다.

	A	B	C	D	E	F	G
1	날짜		판매량	N=3	N=4	N=5	
2	2033-01-01	토	67				
3	2033-01-02	일	75				
4	2033-01-03	월	82				
5	2033-01-04	화	98	=AVERAGE(C2:C4			
6	2033-01-05	수	90	AVERAGE(**number1**, [number2], ...)			
7	2033-01-06	목	36				
8	2033-01-07	금	55				
9	2033-01-08	토	60				
10	2033-01-09	일	73				

	A	B	C	D	E	F	G
1	날짜		판매량	N=3	N=4	N=5	
2	2033-01-01	토	67				
3	2033-01-02	일	75				
4	2033-01-03	월	82				
5	2033-01-04	화	98	74.66667			
6	2033-01-05	수	90	85	80.5		
7	2033-01-06	목	36	90	86.25	82.4	
8	2033-01-07	금	55	74.66667	76.5	76.2	
9	2033-01-08	토	60	60.33333	69.75	72.2	
10	2033-01-09	일	73	50.33333	60.25	67.8	
11	2033-01-10	월	85	62.66667	56	62.8	
12	2033-01-11	화	99	72.66667	68.25	61.8	
13	2033-01-12	수	86	85.66667	79.25	74.4	
14	2033-01-13	목	40	90	85.75	80.6	
15	2033-01-14	금	52	75	77.5	76.6	
16	2033-01-15	토	64	59.33333	69.25	72.4	
17	2033-01-16	일	76	52	60.5	68.2	
18	2033-01-17	월	87	64	58	63.6	
19	2033-01-18	화	96	75.66667	69.75	63.8	
20	2033-01-19	수	88	86.33333	80.75	75	
21	2033-01-20	목	44	90.33333	86.75	82.2	
22	2033-01-21	금	50	76	78.75	78.2	
23	2033-01-22	토	70	60.66667	69.5	73	
24	2033-01-23	일	74	54.66667	63	69.6	
25	2033-01-24	월	86	64.66667	59.5	65.2	
26	2033-01-25	화		76.66667	70	=AVERAGE(C21:C25)	
27							
28							

결과값[25])의 모양이 복잡해서 일단 소수점을 없앤 정수로 자리를 맞춰준다.

---

25) 규범 표기는 결괏값.

150

	A	B	C	D	E	F	G
1	날짜		판매량	N=3	N=4	N=5	
2	2033-01-01	토	67				
3	2033-01-02	일	75				
4	2033-01-03	월	82				
5	2033-01-04	화	8	75			
6	2033-01-05	수	90	85	81		
7	2033-01-06	목	36	90	86	82	
8	2033-01-07	금	55	75	77	76	
9	2033-01-08	토	60	60	70	72	
10	2033-01-09	일	73	50	60	68	
11	2033-01-10	월	85	63	56	63	
12	2033-01-11	화	99	73	68	62	
13	2033-01-12	수	86	86	79	74	
14	2033-01-13	목	40	90	86	81	
15	2033-01-14	금	52	75	78	77	
16	2033-01-15	토	64	59	69	72	
17	2033-01-16	일	76	52	61	68	
18	2033-01-17	월	87	64	58	64	
19	2033-01-18	화	96	76	70	64	
20	2033-01-19	수	88	86	81	75	
21	2033-01-20	목	44	90	87	82	
22	2033-01-21	금	50	76	79	78	
23	2033-01-22	토	70	61	70	73	
24	2033-01-23	일	74	55	63	70	
25	2033-01-24	월	86	65	60	65	
26	2033-01-25	화		77	70	65	
27							
28							

구간별 예측값을 보면 각각 77, 70, 65로 모두 다르다. 여기에서 어떤 값을 취할 것이냐 하는 문제가 있고, 우선 MAE 기법으로 확인해 본다. MAE는 글자 그대로 <u>모든 날짜의 판매량과 예측값의 차이(오차)를 더해서 평균을 내는 것이다.</u> '절대 오차'는 예측한 것보다 판매가 많이 되어 양수가 될 수도 있고, 반대로 판매가 적어 음수가 될 수도 있는데 당연히 오차가 0(영)이면 예측이 적중한 것이어서 좋은 것이다. 그런데 어떤 날은 오차가 +5인데, 어떤 날은 오차가 −5라고 한다면 분명 둘 다 예측이 잘못된 것이지만 이를 평균 내면 0이 되고, 숫자상으로는 정확하게 예측한 것이 되어 버린다. 그래서 판매량과 예측값의 차이를 절댓값으로 만든 후에 평균을 낸다. 아래 그림처럼 G, H, I열에 각 오차의 절댓값을 구하는 수식을 입력한다.

G5: =ABS(D5-C5)

H6: =ABS(E6-C6)

I7: =ABS(F7-C7)

	A	B	C	D	E	F	G	H	I	J
1	날짜		판매량	N=3	N=4	N=5				
2	2033-01-01	토	67							
3	2033-01-02	일	75				MAE			
4	2033-01-03	월	82				N=3	N=4	N=5	
5	2033-01-04	화	98	75			23.33333			
6	2033-01-05	수	90	85	81		5	9.5		
7	2033-01-06	목	36	90	86	82	54	50.25	46.4	
8	2033-01-07	금	55	75	77	76	19.66667	21.5	21.2	
9	2033-01-08	토	60	60	70	72	0.333333	9.75	12.2	
10	2033-01-09	일	73	50	60	68	22.66667	12.75	5.2	
11	2033-01-10	월	85	63	56	63	22.33333	29	22.2	
12	2033-01-11	화	99	73	68	62	26.33333	30.75	37.2	
13	2033-01-12	수	86	86	79	74	0.333333	6.75	11.6	
14	2033-01-13	목	40	90	86	81	50	45.75	40.6	
15	2033-01-14	금	52	75	78	77	23	25.5	24.6	
16	2033-01-15	토	64	59	69	72	4.666667	5.25	8.4	
17	2033-01-16	일	76	52	61	68	24	15.5	7.8	
18	2033-01-17	월	87	64	58	64	23	29	23.4	
19	2033-01-18	화	96	76	70	64	20.33333	26.25	32.2	
20	2033-01-19	수	88	86	81	75	1.666667	7.25	13	
21	2033-01-20	목	44	90	87	82	46.33333	42.75	38.2	
22	2033-01-21	금	50	76	79	78	26	28.75	28.2	
23	2033-01-22	토	70	61	70	73	9.333333	0.5	3	
24	2033-01-23	일	74	55	63	70	19.33333	11	4.4	
25	2033-01-24	월	86	65	60	65	21.33333	26.5	=ABS(F25-C25)	
26	2033-01-25	화		77	70	65				
27										
28										

절댓값을 만드는 ABS 함수[26]를 사용했고, 마지막 행(26행)을 포함해서 예측값과 판매량이 둘 다 존재하지 않는 셀은 비워둔다. 그다음 구간별 절대 오차를 평균 내기 위해 답이 나올 부분을 포함해서 범위를 선택한다.

---

26) Absolute Value: 절댓값.

F	G	H	I	J
N=5				
	MAE			
	N=3	N=4	N=5	
	23,33333			
	5	9,5		
82	54	50,25	46,4	
76	19,66667	21,5	21,2	
72	0,333333	9,75	12,2	
68	22,66667	12,75	5,2	
63	22,33333	29	22,2	
62	26,33333	30,75	37,2	
74	0,333333	6,75	11,6	
81	50	45,75	40,6	
77	23	25,5	24,6	
72	4,666667	5,25	8,4	
68	24	15,5	7,8	
64	23	29	23,4	
64	20,33333	26,25	32,2	
75	1,666667	7,25	13	
82	46,33333	42,75	38,2	
78	26	28,75	28,2	
73	9,333333	0,5	3	
70	19,33333	11	4,4	
65	21,33333	26,5	20,8	
65				

그다음 상단 리본 메뉴에서 [홈] 〉 [자동 합계] 부분을 찾아, [자동 합계] 메뉴를 바로 클릭하지 않고 오른쪽 펼침 아이콘을 클릭하고 여기에서 [평균]을 선택한다. 해당 셀에 AVERAGE 함수를 이용해 수식을 직접 입력해도 되지만, 연속된 범위의 데이터를 계산할 때는 이런 방법이 훨씬 빠르고 편리하다.

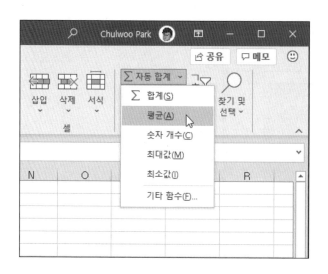

F	G	H	I	J
J=5				
	MAE			
	N=3	N=4	N=5	
	23,33333			
	5	9,5		
82	54	50,25	46,4	
76	19,66667	21,5	21,2	
72	0,333333	9,75	12,2	
68	22,66667	12,75	5,2	
63	22,33333	29	22,2	
62	26,33333	30,75	37,2	
74	0,333333	6,75	11,6	
81	50	45,75	40,6	
77	23	25,5	24,6	
72	4,666667	5,25	8,4	
68	24	15,5	7,8	
64	23	29	23,4	
64	20,33333	26,25	32,2	
75	1,666667	7,25	13	
82	46,33333	42,75	38,2	
78	26	28,75	28,2	
73	9,333333	0,5	3	
70	19,33333	11	4,4	
65	21,33333	26,5	20,8	
65	21,09524	21,7125	21,08421	

숫자의 폭이 들쑥날쑥해서 여기에서는 소수점 둘째 자리 정도로 맞춰준다.

F	G	H	I	J
J=5				
	MAE			
	N=3	N=4	N=5	
	23.33			
	5.00	9.50		
82	54.00	50.25	46.40	
76	19.67	21.50	21.20	
72	0.33	9.75	12.20	
68	22.67	12.75	5.20	
63	22.33	29.00	22.20	
62	26.33	30.75	37.20	
74	0.33	6.75	11.60	
81	50.00	45.75	40.60	
77	23.00	25.50	24.60	
72	4.67	5.25	8.40	
68	24.00	15.50	7.80	
64	23.00	29.00	23.40	
64	20.33	26.25	32.20	
75	1.67	7.25	13.00	
82	46.33	42.75	38.20	
78	26.00	28.75	28.20	
73	9.33	0.50	3.00	
70	19.33	11.00	4.40	
65	21.33	26.50	20.80	
65	21.10	21.71	21.08	

결과를 확인해 보면 구간이 3, 4, 5일 때 각각 21.10, 21.71, 21.08이 나오고 오차를 나타내는 값이어서 가장 작은 숫자가 좋은 값이다. 그래서 구간이 5일 때 예측력이 더 좋다고 말할 수 있다.

다른 결정 방법인 MAPE는 MAE 방법과 같이 절대 오차를 계산에 이용하는데, 각 날짜의 절대 오차를 그 날짜의 실제 판매량으로 나누어서 실제 값에서 오차가 차지하는 정도를 전체 날짜에 걸쳐 파악하고 이를 평균 내서 의사 결정에 활용한다. 그래서 이름에 백분율이 들어가 있다.

아래 그림과 같이 J, K, L열에 각 날짜의 절대 오차를 그 날짜의 판매량으로 나누는 수식을 입력한다.

J5: =G5/C5

K6: =E6/C6

L7: =F7/C7

A (날짜)	B	C (판매량)	D (N=3)	E (N=4)	F (N=5)	G	H	I	J	K	L
2033-01-01	토	67									
2033-01-02	일	75				MAE			MAPE		
2033-01-03	월	82				N=3	N=4	N=5	N=3	N=4	N=5
2033-01-04	화	98	75			23,33			0,238095		
2033-01-05	수	90	85	81		5,00	9,50		0,055556	0,105556	
2033-01-06	목	36	90	86	82	54,00	50,25	46,40	1,5	1,395833	1,288889
2033-01-07	금	55	75	77	76	19,67	21,50	21,20	0,357576	0,390909	0,385455
2033-01-08	토	60	60	70	72	0,33	9,75	12,20	0,005556	0,1625	0,203333
2033-01-09	일	73	50	60	68	22,67	12,75	5,20	0,310502	0,174658	0,071233
2033-01-10	월	85	63	56	63	22,33	29,00	22,20	0,262745	0,341176	0,261176
2033-01-11	화	99	73	68	62	26,33	30,75	37,20	0,265993	0,310606	0,375758
2033-01-12	수	86	86	79	74	0,33	6,75	11,60	0,003876	0,078488	0,134884
2033-01-13	목	40	90	86	81	50,00	45,75	40,60	1,25	1,14375	1,015
2033-01-14	금	52	75	78	77	23,00	25,50	24,60	0,442308	0,490385	0,473077
2033-01-15	토	64	59	69	72	4,67	5,25	8,40	0,072917	0,082031	0,13125
2033-01-16	일	76	52	61	68	24,00	15,50	7,80	0,315789	0,203947	0,102632
2033-01-17	월	87	64	58	64	23,00	29,00	23,40	0,264368	0,333333	0,268966
2033-01-18	화	96	76	70	64	20,33	26,25	32,20	0,211806	0,273438	0,335417
2033-01-19	수	88	86	81	75	1,67	7,25	13,00	0,018939	0,082386	0,147727
2033-01-20	목	44	90	87	82	46,33	42,75	38,20	1,05303	0,971591	0,868182
2033-01-21	금	50	76	79	78	26,00	28,75	28,20	0,52	0,575	0,564
2033-01-22	토	70	61	70	73	9,33	0,50	3,00	0,133333	0,007143	0,042857
2033-01-23	일	74	55	63	70	19,33	11,00	4,40	0,261261	0,148649	0,059459
2033-01-24	월	86	65	60	65	21,33	26,50	20,80	0,248062	0,30814	=I25/C25
2033-01-25	화		77	70	65	21,10	21,71	21,08			

MAE와 같은 방식으로 결과를 확인한다.

A (날짜)	B	C (판매량)	D (N=3)	E (N=4)	F (N=5)	G	H	I	J	K	L
2033-01-01	토	67									
2033-01-02	일	75				MAE			MAPE		
2033-01-03	월	82				N=3	N=4	N=5	N=3	N=4	N=5
2033-01-04	화	98	75			23,33			0,238		
2033-01-05	수	90	85	81		5,00	9,50		0,056	0,106	
2033-01-06	목	36	90	86	82	54,00	50,25	46,40	1,500	1,396	1,289
2033-01-07	금	55	75	77	76	19,67	21,50	21,20	0,358	0,391	0,385
2033-01-08	토	60	60	70	72	0,33	9,75	12,20	0,006	0,163	0,203
2033-01-09	일	73	50	60	68	22,67	12,75	5,20	0,311	0,175	0,071
2033-01-10	월	85	63	56	63	22,33	29,00	22,20	0,263	0,341	0,261
2033-01-11	화	99	73	68	62	26,33	30,75	37,20	0,266	0,311	0,376
2033-01-12	수	86	86	79	74	0,33	6,75	11,60	0,004	0,078	0,135
2033-01-13	목	40	90	86	81	50,00	45,75	40,60	1,250	1,144	1,015
2033-01-14	금	52	75	78	77	23,00	25,50	24,60	0,442	0,490	0,473
2033-01-15	토	64	59	69	72	4,67	5,25	8,40	0,073	0,082	0,131
2033-01-16	일	76	52	61	68	24,00	15,50	7,80	0,316	0,204	0,103
2033-01-17	월	87	64	58	64	23,00	29,00	23,40	0,264	0,333	0,269
2033-01-18	화	96	76	70	64	20,33	26,25	32,20	0,212	0,273	0,335
2033-01-19	수	88	86	81	75	1,67	7,25	13,00	0,019	0,082	0,148
2033-01-20	목	44	90	87	82	46,33	42,75	38,20	1,053	0,972	0,868
2033-01-21	금	50	76	79	78	26,00	28,75	28,20	0,520	0,575	0,564
2033-01-22	토	70	61	70	73	9,33	0,50	3,00	0,133	0,007	0,043
2033-01-23	일	74	55	63	70	19,33	11,00	4,40	0,261	0,149	0,059
2033-01-24	월	86	65	60	65	21,33	26,50	20,80	0,248	0,308	0,242
2033-01-25	화		77	70	65	21,10	21,71	21,08	0,371	0,379	0,367

이 값은 소수점 셋째 자리까지 표현해서 N=5가 가장 작은 값(0.367)임을 확인할 수 있다. MAE와 결과는 같다.

마지막으로 MSE 방법을 확인해 본다. 이는 절대 오차를 제곱한 값을 이용한다. 앞선 방법들보다 숫자가 크게 나오기 때문에 서로 비교하기가 쉽고, 다른 방법은 각 날짜(행)에 해당하는 기본 계산을 해야 해서 많은 공간이 필요하지만, 이 방법은 한 줄이면 결과를 뽑아낼 수 있어서 아주 편리하다.

각 구간에 해당하는 MSE 값은 각각 D2, E2, F2에 표시하기로 한다. 기본적으로 각 행의 절대 오차를 제곱한 후 모두 더한 다음 평균을 구한다. 이미 MAE를 계산하면서 절대 오차를 구해 두어서 이를 이용해도 되지만, 이 값이 없다고 치고 바로 계산해 보도록 한다. 우선 D2 셀에 입력하는 수식은 아래와 같다.

D2: =SUMXMY2(C5:C25,D5:D25)/COUNT(C5:C25)

분자와 분모로 이루어진 나눗셈이다. SUMXMY2 함수는 나란히 있는 X와 Y를 뺀 후 이를 제곱하여 나열해 두었다고 모두 더한다. XMY는 X Minus Y라는 의미이고 $(XMY)^2$이라는 의미로 뒤에 2가 붙는다. 그리고 더한다는 SUM이 앞에 있다.[27] 이 값을 전체 데이터 수로 나누어 평균을 구한다.

---

27) $\text{SUM}(X-Y)^2$. $\sum(X-Y)^2$. X와 Y에 해당하는 셀 범위의 크기가 같아야 한다.

	A	B	C	D	E	F	G	H
1	날짜		판매량	N=3	N=4	N=5		
2	2033-01-01	토	67	=SUMXMY2(C5:C25,D5:D25)/COUNT(C5:C25)				
3	2033-01-02	일	75				MAE	
4	2033-01-03	월	82				N=3	N=4
5	2033-01-04	화	98	75			23.33	
6	2033-01-05	수	90	85	81		5.00	
7	2033-01-06	목	36	90	86	82	54.00	5
8	2033-01-07	금	55	75	77	76	19.67	2
9	2033-01-08	토	60	60	70	72	0.33	
10	2033-01-09	일	73	50	60	68	22.67	1
11	2033-01-10	월	85	63	56	63	22.33	2
12	2033-01-11	화	99	73	68	62	26.33	3
13	2033-01-12	수	86	86	79	74	0.33	
14	2033-01-13	목	40	90	86	81	50.00	4
15	2033-01-14	금	52	75	78	77	23.00	2
16	2033-01-15	토	64	59	69	72	4.67	
17	2033-01-16	일	76	52	61	68	24.00	1
18	2033-01-17	월	87	64	58	64	23.00	2
19	2033-01-18	화	96	76	70	64	20.33	2
20	2033-01-19	수	88	86	81	75	1.67	
21	2033-01-20	목	44	90	87	82	46.33	4
22	2033-01-21	금	50	76	79	78	26.00	2
23	2033-01-22	토	70	61	70	73	9.33	
24	2033-01-23	일	74	55	63	70	19.33	1
25	2033-01-24	월	86	65	60	65	21.33	2
26	2033-01-25	화		77	70	65	21.10	2
27								

E2와 F2 셀에도 같은 수식을 입력한다.

E2: =SUMXMY2(C6:C25,E6:E25)/COUNT(C6:C25)

F2: =SUMXMY2(C7:C25,F7:F25)/COUNT(C7:C25)

158

	날짜		판매량	N=3	N=4	N=5		
1	날짜		판매량	N=3	N=4	N=5		
2	2033-01-01	토	67	661,392	661, 4	612,806		
3	2033-01-02	일	75				MAE	
4	2033-01-03	월	82				N=3	N=4
5	2033-01-04	화	98	75			23.33	
6	2033-01-05	수	90	85	81		5.00	
7	2033-01-06	목	36	90	86	82	54.00	5
8	2033-01-07	금	55	75	77	76	19.67	2
9	2033-01-08	토	60	60	70	72	0.33	
10	2033-01-09	일	73	50	60	68	22.67	1
11	2033-01-10	월	85	63	56	63	22.33	2
12	2033-01-11	화	99	73	68	62	26.33	3
13	2033-01-12	수	86	86	79	74	0.33	
14	2033-01-13	목	40	90	86	81	50.00	4
15	2033-01-14	금	52	75	78	77	23.00	2
16	2033-01-15	토	64	59	69	72	4.67	
17	2033-01-16	일	76	52	61	68	24.00	1
18	2033-01-17	월	87	64	58	64	23.00	2
19	2033-01-18	화	96	76	70	64	20.33	2
20	2033-01-19	수	88	86	81	75	1.67	
21	2033-01-20	목	44	90	87	82	46.33	4
22	2033-01-21	금	50	76	79	78	26.00	2
23	2033-01-22	토	70	61	70	73	9.33	
24	2033-01-23	일	74	55	63	70	19.33	1
25	2033-01-24	월	86	65	60	65	21.33	2
26	2033-01-25	화		77	70	65	21.10	2
27								

여기에서도 다른 방법과 마찬가지로 구간이 5일 때 가장 작아서(612.806) 예측력이 가장 좋다고 말할 수 있다. 한 가지 주의할 점은 이렇게 결론을 내릴 수도 있지만, 우리가 앞서 이동 평균법 도구를 사용할 때 차트를 출력했는데, 이런 시각적인 결과물도 확인할 필요가 있다. 해당 차트를 보면 아래 그림과 같다.

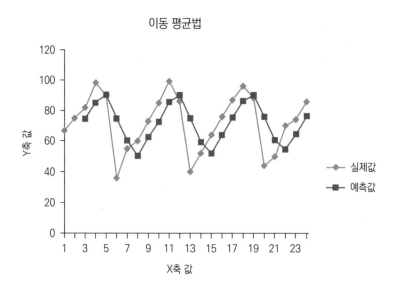

이동 평균법

이 차트를 통해 향후 추세를 예측할 때 앞 구간의 데이터만 의존할 것이 아니라, 어떤 패턴, 즉 주기성이 있음을 확인할 수 있다. 예측값을 구할 때 이런 주기성을 포함한다면 예측력을 높일 수 있다. 여름에만 잘 팔리는 제품인데 겨울과 봄으로 이어지는 추세만 보면 안 되는 원리이다. 이런 주기성을 계절성이라고 하고, 봄, 여름, 가을 같은 계절이기는 하지만, 반복되는 패턴이 있다는 의미이지, 봄, 여름 같은 계절만을 뜻하지 않는다. 여기 예처럼 요일일 수도 있고, 5일 단위, 16일 단위 일 수도 있다. 이런 주기성, 계절성은 이렇게 차트와 같은 시각적 정보의 도움을 받는 것이 중요하다.

일단 구간을 5로 정해서 구한 예측값과 실제 판매량 간의 오차가 요일별로 어떻게 차이가 나는지 확인하고, 요일별로 특화한 계절 지수를 구하는 것이 핵심이다.

앞서 이동 평균법 도구를 연습했던 워크시트에서 D7부터 D26까지 예측값을 구간 5로 다시 계산한다.

D7: =AVERAGE(C2:C6)

	A	B	C	D	E	F	G	H
1	날짜		판매량	예측값	판매량/예측값		계절 지수	
2	2033-01-01	토	67				월	
3	2033-01-02	일	75				화	
4	2033-01-03	월	82				수	
5	2033-01-04	화	98				목	
6	2033-01-05	수	90				금	
7	2033-01-06	목	36	82,4			토	
8	2033-01-07	금	55	76,2			일	
9	2033-01-08	토	60	72,2				
10	2033-01-09	일	73	67,8				
11	2033-01-10	월	85	62,8				
12	2033-01-11	화	99	61,8				
13	2033-01-12	수	86	74,4				
14	2033-01-13	목	40	80,6				
15	2033-01-14	금	52	76,6				
16	2033-01-15	토	64	72,4				
17	2033-01-16	일	76	68,2				
18	2033-01-17	월	87	63,6				
19	2033-01-18	화	96	63,8				
20	2033-01-19	수	88	75				
21	2033-01-20	목	44	82,2				
22	2033-01-21	금	50	78,2				
23	2033-01-22	토	70	73				
24	2033-01-23	일	74	69,6				
25	2033-01-24	월	86	65,2				
26	2033-01-25	화		=AVERAGE(C21:C25)				
27								

그다음 E열에 예측 대비 판매 비율을 계산한다.

E7: =C7/D7

	A	B	C	D	E	F	G	H
1	날짜		판매량	예측값	판매량/예측값		계절 지수	
2	2033-01-01	토	67				월	
3	2033-01-02	일	75				화	
4	2033-01-03	월	82				수	
5	2033-01-04	화	98				목	
6	2033-01-05	수	90				금	
7	2033-01-06	목	36	82.4	0.436893204		토	
8	2033-01-07	금	55	76.2	0.721784777		일	
9	2033-01-08	토	60	72.2	0.831024931			
10	2033-01-09	일	73	67.8	1.076696165			
11	2033-01-10	월	85	62.8	1.353503185			
12	2033-01-11	화	99	61.8	1.601941748			
13	2033-01-12	수	86	74.4	1.155913978			
14	2033-01-13	목	40	80.6	0.496277916			
15	2033-01-14	금	52	76.6	0.678851175			
16	2033-01-15	토	64	72.4	0.883977901			
17	2033-01-16	일	76	68.2	1.114369501			
18	2033-01-17	월	87	63.6	1.367924528			
19	2033-01-18	화	96	63.8	1.504702194			
20	2033-01-19	수	88	75	1.173333333			
21	2033-01-20	목	44	82.2	0.535279805			
22	2033-01-21	금	50	78.2	0.639386189			
23	2033-01-22	토	70	73	0.95890411			
24	2033-01-23	일	74	69.6	1.063218391			
25	2033-01-24	월	86	65.2	=C25/D25			
26	2033-01-25	화		64.8				
27								

H열에 계절 지수를 입력한다. 계절 지수는 해당 계절(요일)별 "판매량/예측값"의 평균을 구해 사용한다. 여기에서는 AVERAGEIF 함수를 사용한다. 데이터 원본의 요일 데이터에서 계절 지수 표의 요일 셀과 같은 값을 찾은 후 같은 행의 "판매량/예측값"들만 모아서 평균을 낸다.

H2: =AVERAGEIF($B$7:$B$25,G2,$E$7:$E$25)

▲	A	B	C	D	E	F	G	H	I	J	K
1	날짜		판매량	예측값	판매량/예측값		계절 지수				
2	2033-01-01	토	67				월	=AVERAGEIF($B$7:$B$25,G2,$E$7:$E$25)			
3	2033-01-02	일	75				화				
4	2033-01-03	월	82				수				
5	2033-01-04	화	98				목				
6	2033-01-05	수	90				금				
7	2033-01-06	목	36	82,4	0,436893204		토				
8	2033-01-07	금	55	76,2	0,721784777		일				
9	2033-01-08	토	60	72,2	0,831024931						
10	2033-01-09	일	73	67,8	1,076696165						
11	2033-01-10	월	85	62,8	1,353503185						
12	2033-01-11	화	99	61,8	1,601941748						
13	2033-01-12	수	86	74,4	1,155913978						
14	2033-01-13	목	40	80,6	0,496277916						
15	2033-01-14	금	52	76,6	0,678851175						
16	2033-01-15	토	64	72,4	0,883977901						
17	2033-01-16	일	76	68,2	1,114369501						
18	2033-01-17	월	87	63,6	1,367924528						
19	2033-01-18	화	96	63,8	1,504702194						
20	2033-01-19	수	88	75	1,173333333						
21	2033-01-20	목	44	82,2	0,535279805						
22	2033-01-21	금	50	78,2	0,639386189						
23	2033-01-22	토	70	73	0,95890411						
24	2033-01-23	일	74	69,6	1,063218391						
25	2033-01-24	월	86	65,2	1,319018405						
26	2033-01-25	화		64,8							
27											
28											

참조 범위는 절대 주소로 지정을 해야 H2에 입력한 수식을 채우기 핸들을 이용해 아래 모든 셀로 그대로 복사해 적용할 수 있다.

	A	B	C	D	E	F	G	H
1	날짜		판매량	예측값	판매량/예측값		계절 지수	
2	2033-01-01	토	67				월	1.346815
3	2033-01-02	일	75				화	1.553322
4	2033-01-03	월	82				수	1.164624
5	2033-01-04	화	98				목	0.489484
6	2033-01-05	수	90				금	0.680007
7	2033-01-06	목	36	82.4	0.436893204		토	0.891302
8	2033-01-07	금	55	76.2	0.721784777		일	1.084761
9	2033-01-08	토	60	72.2	0.831024931			
10	2033-01-09	일	73	67.8	1.076696165			
11	2033-01-10	월	85	62.8	1.353503185			
12	2033-01-11	화	99	61.8	1.601941748			
13	2033-01-12	수	86	74.4	1.155913978			
14	2033-01-13	목	40	80.6	0.496277916			
15	2033-01-14	금	52	76.6	0.678851175			
16	2033-01-15	토	64	72.4	0.883977901			
17	2033-01-16	일	76	68.2	1.114369501			
18	2033-01-17	월	87	63.6	1.367924528			
19	2033-01-18	화	96	63.8	1.504702194			
20	2033-01-19	수	88	75	1.173333333			
21	2033-01-20	목	44	82.2	0.535279805			
22	2033-01-21	금	50	78.2	0.639386189			
23	2033-01-22	토	70	73	0.95890411			
24	2033-01-23	일	74	69.6	1.063218391			
25	2033-01-24	월	86	65.2	1.319018405			
26	2033-01-25	화		64.8				
27								

이렇게 계절 지수를 계산했다면 아직 판매가 시작되지 않은 1월 25일의 판매량을 예측할 때 적용할 수 있다. 즉, 구간 5인 이동 평균으로 65(64.8)를 얻었다면, 이 값에 같은 요일의 계절 지수를 곱한다. 일종의 보정값이다. 이날은 화요일이므로 65에 화요일의 계절 지수인 1.553을 곱한다. 이 계산으로 101(100.655)이 나온다.

▲	A	B	C	D	E	F	G	H
1	날짜		판매량	예측값	판매량/예측값		계절 지수	
2	2033-01-01	토	67				월	1.346815
3	2033-01-02	일	75				화	1.553322
4	2033-01-03	월	82				수	1.164624
5	2033-01-04	화	98				목	0.489484
6	2033-01-05	수	90				금	0.680007
7	2033-01-06	목	36	82.4	0.436893204		토	0.891302
8	2033-01-07	금	55	76.2	0.721784777		일	1.084761
9	2033-01-08	토	60	72.2	0.831024931			
10	2033-01-09	일	73	67.8	1.076696165			
11	2033-01-10	월	85	62.8	1.353503185			
12	2033-01-11	화	99	61.8	1.601941748			
13	2033-01-12	수	86	74.4	1.155913978			
14	2033-01-13	목	40	80.6	0.496277916			
15	2033-01-14	금	52	76.6	0.678851175			
16	2033-01-15	토	64	72.4	0.883977901			
17	2033-01-16	일	76	68.2	1.114369501			
18	2033-01-17	월	87	63.6	1.367924528			
19	2033-01-18	화	96	63.8	1.504702194			
20	2033-01-19	수	88	75	1.173333333			
21	2033-01-20	목	44	82.2	0.535279805			
22	2033-01-21	금	50	78.2	0.639386189			
23	2033-01-22	토	70	73	0.95890411			
24	2033-01-23	일	74	69.6	1.063218391			
25	2033-01-24	월	86	65.2	1.319018405			
26	2033-01-25	화		64.8				100.655
27								

계절 지수가 1보다 큰 날은 예측보다 더 많이 팔렸다는 뜻이고, 이전 화요일 판매량을 보면 98, 99, 96이므로 얼핏 보아도 보정 이전의 값인 65보다는 상당히 믿을 만하다고 볼 수 있다.

여기까지는 워크시트 함수를 이용해서 거의 수작업으로 여러 절차와 수식을 이용해서 결과를 도출한 것이다. 그러나 실무적으로 이런 유형의 예측 분석 작업은 최근에 Excel에 도입된 예측 워크시트 기능을 사용하는 것이 좋다.

기존의 판매량 데이터를 예로 다시 사용하기로 한다.

	A	B	C	D	E	F
1	날짜		판매량	예측값	판매량/예측값	
2	2033-01-01		67			
3	2033-01-02		75			
4	2033-01-03		82			
5	2033-01-04		98			
6	2033-01-05		90			
7	2033-01-06		36			
8	2033-01-07		55			
9	2033-01-08		60			
10	2033-01-09		73			
11	2033-01-10		85			
12	2033-01-11		99			
13	2033-01-12		86			
14	2033-01-13		40			
15	2033-01-14		52			
16	2033-01-15		64			
17	2033-01-16		76			
18	2033-01-17		87			
19	2033-01-18		96			
20	2033-01-19		88			
21	2033-01-20		44			
22	2033-01-21		50			
23	2033-01-22		70			
24	2033-01-23		74			
25	2033-01-24		86			
26	2033-01-25					
27						
28						
29						

분석할 데이터를 준비하고 상단 메뉴에서 [데이터] 〉 [예측 시트]를 선택한다.

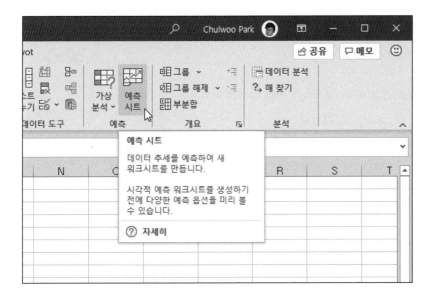

미리 필요한 데이터 범위를 선택하지 않았다면 아래 그림과 같이 예측을 만들 수 없다는 안내가 나오고, 그 이유는 2개 이상의 유효한 시간과 값 데이터가 없어 서라고 나온다. 다시 말해 이 기능은 시간에 따라 변화를 보는 것이므로 이런 유형 의 데이터가 준비되어 있어야 한다는 의미이다.

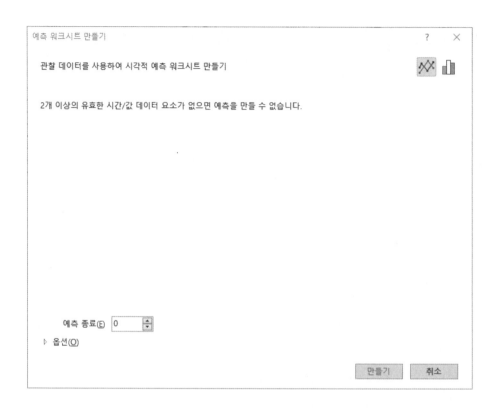

예측 워크시트 만들기

관찰 데이터를 사용하여 시각적 예측 워크시트 만들기

2개 이상의 유효한 시간/값 데이터 요소가 없으면 예측을 만들 수 없습니다.

예측 종료(E) 0

▷ 옵션(O)

만들기   취소

다시 데이터를 선택한 후 작업을 진행하기 위해 [취소]를 눌러 이 창을 닫고, 아래와 같이 필요한 부분을 선택한다.

▲	A	B	C	D	E	F
1	날짜		판매량	예측값	판매량/예측값	
2	2033-01-01		67			
3	2033-01-02		75			
4	2033-01-03		82			
5	2033-01-04		98			
6	2033-01-05		90			
7	2033-01-06		36			
8	2033-01-07		55			
9	2033-01-08		60			
10	2033-01-09		73			
11	2033-01-10		85			
12	2033-01-11		99			
13	2033-01-12		86			
14	2033-01-13		40			
15	2033-01-14		52			
16	2033-01-15		64			
17	2033-01-16		76			
18	2033-01-17		87			
19	2033-01-18		96			
20	2033-01-19		88			
21	2033-01-20		44			
22	2033-01-21		50			
23	2033-01-22		70			
24	2033-01-23		74			
25	2033-01-24		8			
26	2033-01-25					
27						
28						
29						

판매량이 입력된 날짜 행까지만 선택하고 [예측 시트]를 선택한다.

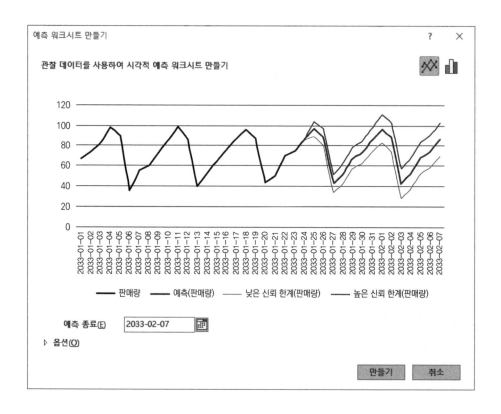

우측 상단 차트 아이콘으로 꺾은선 그래프와 막대그래프를 번갈아 선택할 수
있다.

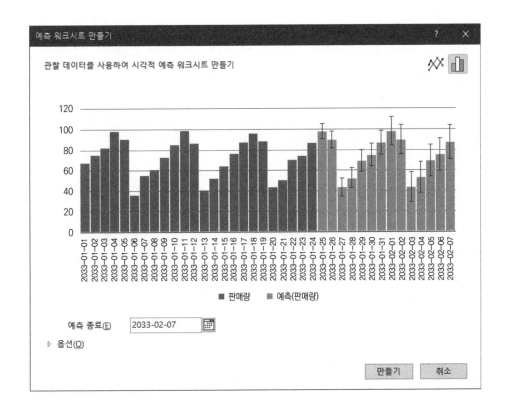

필요에 따라 적당한 것을 선택하면 되지만, 예제 데이터에서는 꺾은선 그래프를 사용하는 것이 더 좋을 듯하다. 파란 선이 실제 판매량 데이터에 해당하고, 오른쪽으로 이어지는 주황색 선은 예측값에 해당한다. 굵은 선을 중심으로 위아래로 얇은 선이 있는데, 각각 상한, 하한의 신뢰 한계를 표시한 것이다. 하단의 예측 종료를 보면 기본값으로 2033년 2월 7일까지 예측값을 산출한 것을 확인할 수 있다. 이 부분을 확장하여 예측하고자 하는 일자를 더 많이 확보하거나 줄일 수 있다.

일단 기본적인 사항을 확인하고 [만들기]를 선택한다. 이후 새로운 시트(이미 이름이 없다면 Sheet1 시트가 만들어진다.)에 결과표와 차트가 표시된다.

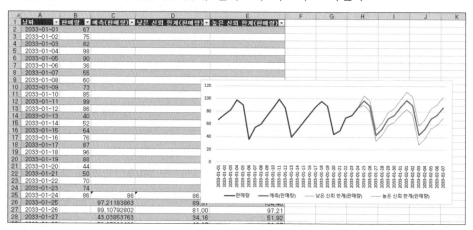

예측값에 해당하는 숫자가 너무 상세하게 나와서 이를 소수점 첫째 자리나 소수점이 없는 정수로 맞춰준다.

172

C39	▼	×	✓	*fx*	=FORCAST.ETS(A39,$B$2:$B$25,$A$2:$A$25,1,1)		

◢	날짜 ▼	판매량 ▼	예측(판매량) ▼	낮은 신뢰 한계(판매량) ▼	높은 신뢰 한계(판매량) ▼	
22	2033-01-21	50				
23	2033-01-22	70				
24	2033-01-23	74				
25	2033-01-24	86	86.0	86.0	86.0	
26	2033-01-25		97.2	90.0	104.5	
27	2033-01-26		89.1	81.0	97.2	
28	2033-01-27		43.0	34.2	51.9	
29	2033-01-28		52.3	42.7	61.9	
30	2033-01-29		68.8	58.5	79.0	
31	2033-01-30		74.4	63.5	85.3	
32	2033-01-31		86.2	74.7	97.8	
33	2033-02-01		97.5	83.8	111.1	
34	2033-02-02		89.4	75.2	103.5	
35	2033-02-03		43.3	28.7	57.9	
36	2033-02-04		52.5	37.5	67.6	
37	2033-02-05		69.0	53.5	84.5	
38	2033-02-06		74.7	58.7	90.6	
39	2033-02-07		86.5	70.1	102.9	
40						
41						

보고서에 인용할 수 있을 정도로 간단하지만, 전문적인 자료를 확보할 수 있다. 또한, 각 예측값은 FORCAST.ETS 함수[28]를 이용해 계산한 것으로 따로 함수를 복잡하게 사용하지 않아도 결과는 만들어 주니 편리하다. 그렇지만, 사실 이렇게만 끝내고 이 표와 차트만 보고서 등에 활용하면 조금 부족하고, 다시 [예측 시트]를 실행해 예측 워크시트 만들기 창을 불러내서 신뢰 구간 정도는 확인해야 한다. 이 창에서 왼쪽 아래에 있는 '옵션(O)'을 펼친다.

---

28) ETS: Exponential Triple Smoothing(삼중 지수 평활법). 수준(Level), 추세(Trend), 계절성 (Seasonality) 세 가지 구성 요소를 고려하여 미래의 데이터를 예측하는 시계열 분석 기법.

(상단 대화상자 이미지)

2033... (반복된 연도 레이블)

── 판매량 ── 예측(판매량) ── 낮은 신뢰 한계(판매량) ── 높은 신뢰 한계(판매량)

예측 종료(E)   2033-02-07

▲ 옵션(O)

예측 시작(S)   2033-01-24

☑ 신뢰 구간(C) 95%

계절성   시간 표시줄 범위(T) Sheet1!$A$1:$A$39

◉ 자동 검색(A)   값 범위(V)   Sheet1!$B$1:$B$39

○ 수동으로 설정(M) 7   누락된 요소 채우기 방법(F) 보간

☐ 예측 통계 포함(I)   중복 집계 방법(G)   평균

만들기   취소

나머지 부분은 필요에 따라 설정을 하면 되고, 신뢰 구간은 다른 의도가 없다면 95%로 그대로 두는 게 좋지만, 보고서에 이 값을 반드시 포함하고, 결과표의 신뢰 한계가 95%의 신뢰 구간으로 계산되었음을 알려줄 필요가 있다.

참고로, '**누락된 요소 채우기 방법(F)**'은 기본값이 '**보간**'(補間)이지만, 영(0)을 선택할 수도 있다. 둘 중 하나를 선택하게 되는데, 우리가 연습하고 있는 원본 데이터의 날짜는 빠진 날짜 없이 연속해서 입력되어 있지만, 경우에 따라서는 주말이나 휴업일 등 건너뛰는 날짜가 있을 수 있다. 그런 빈 날짜의 경우에는 그냥 0으로 처리할 것인지, 앞뒤 중간값을 입력하는 보간법을 취할 것인지 선택해서, 예측값 계산에 적용하려는 것이다. '중복 집계 방법(G)'은 평균, 중간값, 합계 등 몇 가지 선택 항목이 있다. 날짜가 건너뛰어 누락되는 경우도 있겠지만, 같은 날짜가 여러 번 입력되는 경우도 있다. 이때 같은 날짜의 데이터들은 하나로 묶어 계산에 적용해야 하는데 이렇게 중복된 값들을 어떻게 처리하는 것인지 결정하는 항목이다. 우리가 연습하고 있는 예처럼 판매량 데이터를 집계하는 것이

평균
Count
CountA
최대값
중간값
최소값
합계

라면 '평균'이 아니라 '합계'가 되어야 하므로, 데이터의 특성에 맞는 방법을 선택하도록 한다.

"**계절성**"은 계절 주기를 정하는 간격을 확인하는 곳으로 '**자동 검색(A)**'을 사용하도록 하고, 특별히 필요하다면 '수동으로 설정'할 수도 있다.

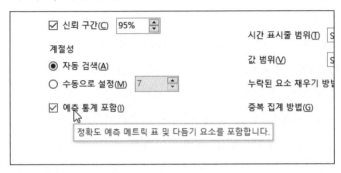

마지막으로 "**예측 통계 포함**"은 일상적인 실무에서는 필요 없지만, 통계적인 추가 정보를 원할 때 사용할 수 있다.

판매량)▼	F	통계 ▼	값 ▼	I
		Alpha	0.50	
		Beta	0.00	
		Gamma	0.50	
		MASE	0.20	
		SMAPE	0.05	
		MAE	3.39	
		RMSE	4.09	

이 표는 FORECAST.ETS.STAT 함수의 반환 값이다. 간단히 설명하면 Alpha, Beta, Gamma는 이동 평균 계산 시 가중치에 대한 조건을 부여하는 것으로, 일반적인 단순 이동 평균법에서는 해당 구간에 존재하는 데이터를 똑같은 비중으로 더해 평균을 내지만, Alpha 값을 높게 잡으면 최근 값에 더 많은 가중치를 둔다. 같은 방식으로 Beta 값은 최근 추세에, Gamma 값은 최근 계절 기간에 더 많은 가중치를 둔다는 의미이다. 보통 평활 계수라고 부르는 값이다. 나머지는 오차 측도(측

정치)이다. 이중 MAE는 앞서 이동 평균법에서 구간을 선택할 때 다루었던 평균 절대 오차(mean absolute error)이고, MASE(mean absolute scaled error)는 예측의 정확도를 측정하는 측도로 평균 절대 크기 오차라고 한다. SMAPE(symmetric mean absolute percentage error)는 대칭 평균 절대 백분율 오차로 역시 백분율(상대적 오차)을 기반으로 정확도를 측정한다. 백분율이어서 0에서 1(0%~100%)의 값을 갖는다. 마지막 RMSE(root−mean−square error)는 RMSD(root−mean−square deviation)라고도 하는데, 평균 제곱근 오차이다. 정밀도(precision)를 측정하는 데 적합하다. 음수는 될 수 없고, 만약 0(영)[29]이라면 완벽한 예측 모델이라는 뜻이다. 여기 있는 측도들은 낮을수록 좋은 값이다. 자세한 사항은 관련 통계 서적을 참고하기로 한다.

이처럼 예측 워크시트는 간편하게 데이터의 추세를 예측한 보고서를 만들 때 유용하게 활용할 수 있다. 될 수 있으면 데이터 분석 도구의 이동 평균법보다는 이 예측 시트 기능을 사용하는 것이 실무에서도 더 유용하다고 볼 수 있다.

| Mission 9 | 회귀 분석 | Excel |

회귀 분석 도구는 배열 또는 범위에 선을 맞추는 "최소 제곱법"[30]을 사용하여 선형 회귀 분석을 수행한다. 단일 종속 변수가 하나 이상의 독립 변수들의 값에 의해 어떻게 영향을 받는지를 분석할 수 있다.

예를 들어, 나이, 신장, 몸무게에 의해 영향을 받는 운동선수의 성과를 분석하고, 성과 데이터의 집합을 기초로 세 가지 요인에 대한 성과 측정의 역할을 배분할 수

---

29) 실무에서는 거의 얻을 수 없는 값이다.
30) 예전에는 최소 자승법(最小 自乘法)이라고 했으나, 지금은 최소 제곱법(最小 제곱法)으로 쓴다. 제곱은 순한글.

있다. 여기에서 나온 결과를 사용하여 검정하지 않은 다른 새로운 선수의 성과를 예측하기도 한다.

회귀 분석은 크게 독립 변수와 종속 변수가 각각 하나씩인 단순 회귀 분석 (simple regression analysis)과 종속 변수는 하나이지만, 독립 변수가 둘 이상인 다중 회귀 분석(multiple regression analysis)으로 나눈다. 사용 빈도가 상당히 높고 유용한 분석이면서 사용 방법도 비교적 간단하다.

단순 회귀 분석

아래와 같이 어느 기업의 대리점별 광고비와 매출액 데이터로 회귀 분석을 수행 해본다.

	A	B	C	D
1				
2				
3	대리점	광고비	매출액	
4	1	4	9	
5	2	8	20	
6	3	9	18	
7	4	12	15	
8	5	8	17	
9	6	12	34	
10	7	6	18	
11	8	10	25	
12	9	9	12	
13	10	2	20	
14				
15				
16				
17				

이런 유형의 데이터 집합에서 주의할 점 중 하나는 대리점 열의 각 데이터값이 숫자로 되어 있지만, 이는 계산에 사용하는 숫자가 아니라, 표식을 위한 글자 대용 의 숫자라는 것이다. 학번이나 사번(사원 번호), 주민 등록 번호 등 숫자로만 구성된 문자열을 다룰 때는 유의하도록 한다. 이 데이터에서는 광고비가 독립 변수(설명 변수), 매출액이 종속 변수(피설명 변수)가 된다. 여기에서는 독립 변수와 종속 변수

의 관계를 이해하는 일이 어렵지는 않지만, 몸무게와 키의 관계처럼 조금 헷갈리는 관계도 있다. 몸무게와 키의 경우 키가 크면 몸무게가 더 나간다고 설명할 수 있지만, 몸무게가 나간다고 키가 비례하여 더 크다고 말하기 어렵다. 이렇듯 변수 간의 인과 관계를 잘 생각하여 회귀 모형을 잘 구성할 필요가 있다.

회귀 분석은 이렇게 독립 변수와 종속 변수 간의 관계를 설명하는 모형을 구성하고, 이 모형을 통해 독립 변수의 변화에 따른 종속 변수의 변화를 예측하는 용도로 사용한다. 이 분석을 통해 얻을 수 있는 회귀식은 아래와 같다.

$$Y = \alpha + \beta_i X_i$$

이 식에서 i가 1이면 독립 변수(X)가 하나인 단순 회귀 분석이 되고, 2 이상이면 다중 회귀 분석이 된다. 엄밀하게는 오차항이 생략된 식이지만, 실무에서는 데이터 분석을 통해 회귀 계수인 β값과 Y 절편에 해당하는 α값을 구해 회귀식을 완성하고, 종속 변수에 영향을 끼치는 독립 변수의 설명력을 보여주는 결정 계수(R^2)를 확인한다.

광고비와 매출액의 관계를 확인하기 위해 데이터 분석 도구에서 단순 회귀 분석을 선택한다. 분석 도구 목록에 단순과 다중 회귀 분석이 분리되어 있지 않다. 회귀 분석을 선택하면 된다.

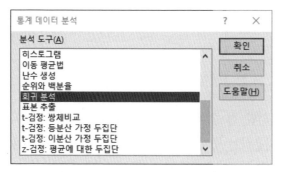

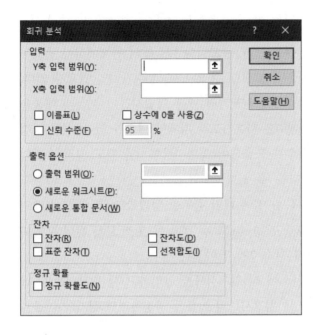

- Y축 입력 범위: 종속 데이터 범위에 대한 참조를 입력한다. 범위는 단일 열 데이터로 이루어져야 한다.

- X축 입력 범위: 독립 변수 범위에 대한 참조를 입력한다. 이 범위에서 독립 변수의 순서는 왼쪽에서 오른쪽으로 오름차순으로 정렬된다. 독립 변수는 16개까지 지정할 수 있다.

- 이름표: 입력 범위의 첫 행이나 열에 이름표가 있으면 선택한다. 이 확인란 선택을 취소하면 출력 테이블에 대한 데이터 이름표가 자동으로 만들어진다.

- 신뢰 수준: 요약 출력 테이블에 신뢰 수준을 추가한다. 기본값 95%에 추가로 적용할 신뢰 수준을 상자에 입력하면 된다. 보통 90%, 95%, 99% 중 하나를 입력하고, 문제에서 별도로 주어지지 않거나 어떤 것을 선택해야 할 지 잘 모를 때는 95%를 사용한다. 일반적으로 심리적인 사회 문제를 분석할 때는 90%, 정교한 과학 데이터를 대상으로 할 때는 99%를 사용한다.

- 상수에 0을 사용: 회귀선이 원점을 지나도록 지정한다. 상수(常數)란 Y 절편을

179

의미하는 것으로 데이터의 특성상 독립 변수가 0일 때, 종속 변수가 0이어여만 한다면 이 옵션을 선택한다. 예를 들어, 광고비와 매출액의 관계에서는 광고비가 전혀 지출되지 않아도 매출이 발생할 수 있어서, 상수가 0일 필요가 없다. 하지만, 매장 영업시간과 매출액의 관계라면 매장 영업시간이 0일 때 매출은 당연히 0이므로 이때는 상수에 0을 사용하도록 강제할 필요가 있다. 이를 지정하지 않으면 분석 결과에 상수가 도출되어 영업시간이 0일 때도 일정 수준의 매출이 발생한다는 결과가 나올 수 있다.

- 출력 범위: 출력 테이블의 왼쪽 위 셀에 대한 참조를 입력한다. 분산 분석 테이블, 계수, 예상값의 표준 오차, R^2값, 표본 수, 계수의 표준 오차 등이 포함되는 요약 출력 테이블에 대해 최소 7개 열이 허용된다.
- 새로운 워크시트: 현재 통합 문서에 새 워크시트를 삽입하고 새 워크시트의 A1 셀부터 결과를 붙여 넣는다. 새 워크시트의 이름을 지정하려면 상자에 이름을 입력한다.
- 새로운 통합 문서: 새 통합 문서를 만들고 새 통합 문서의 새 워크시트에 결과를 붙여 넣는다.
- 잔차: 잔차 출력 테이블에 잔차를 나타낸다.
- 표준 잔차: 잔차 출력 테이블에 표준 잔차를 나타낸다.
- 잔차도: 각 독립 변수 대 잔차에 대한 차트를 만든다.
- 선적합도: 예측값 대 관측값에 대한 차트를 만든다.
- 정규 확률도: 표준 확률 차트를 만든다.

광고비와 매출액 데이터에 대해 위와 같이 각종 항목을 선택하고 [확인]을 누른다.

	A	B	C	D	E	F	G	H	I	J	K	L	M
3	대리점	광고비	매출액		요약 출력								
4	1	4	9										
5	2	8	20			회귀분석 통계량							
6	3	9	18		다중 상관계	0.416074							
7	4	12	15		결정계수	0.173118							
8	5	8	17		조정된 결정	0.069757							
9	6	12	34		표준 오차	6.694552							
10	7	6	18		관측수	10							
11	8	10	25										
12	9	9	12		분산 분석								
13	10	2	20			자유도	제곱합	제곱 평균	F 비	유의한 F			
14					회귀	1	75.06383	75.06383	1.674896	0.231711			
15					잔차	8	358.5362	44.81702					
16					계	9	433.6						
17													
18						계수	표준 오차	t 통계량	P-값	하위 95%	상위 95%	하위 95.0%	상위 95.0%
19					Y 절편	11.65106	5.915693	1.969518	0.084407	-1.99055	25.29268	-1.99055	25.29268
20					광고비	0.893617	0.69049	1.294178	0.231711	-0.69866	2.48589	-0.69866	2.48589

출력 범위에 지정한 셀을 기준으로 요약 출력 결과가 생성된다.

보고서 등을 작성할 때 가장 중요한 값은 결정 계수와 각 변수의 계수(Y 절편과 광고비)이다. 통계적으로 중요한 항목들을 살펴보면 우선 다중 상관 계수(R)를 볼 수 있는데, 여기에서는 0.4161인데, 이 정도면 뚜렷한 양의 상관관계가 있다고 생각할 수 있다.

일반적으로 R값에 따른 상관관계의 정도는 아래와 같이 판별할 수 있다.

- −1.0 ～ −0.7: 강한 음의 관계
- −0.7 ～ −0.3: 뚜렷한 음의 관계
- −0.3 ～ −0.1: 약한 음의 관계
- −0.1 ～ 0.1: 무시할 정도의 관계
- 0.1 ～ 0.3: 약한 양의 관계
- 0.3 ～ 0.7: 뚜렷한 양의 관계
- 0.7 ～ 1.0: 강한 양적 관계

상관 계수는 −1에서부터 1까지의 값을 갖지만, 0에 가까우면 변수 간에 관계가 있다고 볼 수 없고, −1이나 1에 가까우면 방향이 다를 뿐이지 상관관계가 상당히 존재한다는 사실에 주의한다. 기준에 따른 기계적인 판단이 아니라 적절하게 이해할 수 있는 수준이라는 일종의 가이드를 제공하는 것으로 이해할 필요도 있다.

그다음 결정 계수(R^2)가 있는데, 0.1731이다. 이는 종속 변수인 매출액은 독립 변수인 광고비에 의해 17.3% 설명되고 있다는 의미라고 보면 된다. 즉 전체 100% 중 17.3% 제외한 나머지 82.7%를 설명할 수 있는 다른 요인들이 있다는 것이므로, 다른 요인, 독립 변수가 추가될 필요가 생긴다. 즉, 전체적으로 보면 광고비만으로 매출액을 설명하기는 좀 부족하다고 볼 수 있다. 결정 계수 아래 조정된 결정 계수(Adjusted R^2, Adj−R^2, Radj^2)가 있는데, 수정된 결정 계수라고도 한다. 회귀 모형에서는 의미가 있든 없든 독립 변수의 개수를 늘리면 결정 계수가 자동으로 증가하는데, 이를 조정한 값이라고 보면 된다. 이 값은 앞의 결정 계수를 표본 크기를 감안한 자유도로 정한 것인데, 결정 계수의 보조적 수단으로 사용한다. 결정 계수나 조정된 결정 계수나 0에서 1까지의 값을 갖게 되고, 1에 가까울수록 설명력이 높다고 해석할 수 있다. 결정 계수는 상관 계수의 제곱이 된다. 보통 0.6이나 0.7보다 높으면 좋다고 판단하지만, 판단의 가이드 정도로 생각한다.

　그다음 유의한 F를 보게 되는데, F 검정을 통해 얻는 값으로 일반적으로 0.05보다 작을 때 회귀식이 유의한 것으로(의미가 있는 것으로) 결론지을 수 있다. 같은 기준으로 마지막 표에서 Y 절편과 광고비의 P-값으로 확인하고, 0.05보다 작다면 해당 변수는 종속 변수에 영향을 미치는 것으로 보면 된다. 여기에서 광고비는 매출액에 영향을 미치는 요인으로 보기 어렵다. 이런 해석은 통계학적인 이론적 근거가 되는데, 실무적으로 얻은 광고비와 매출액의 관계를 정리할 때는 결정 계수, 회귀 계수 등 중요한 값들만 활용해도 된다. 이렇게 실무에서 적용할 수 있는 수치는 차트로도 간단하게 얻을 수 있다.

　우선 광고비와 매출액 전체 부분을 선택하고, [삽입] > [차트]에서 분산형 차트를 그린다.

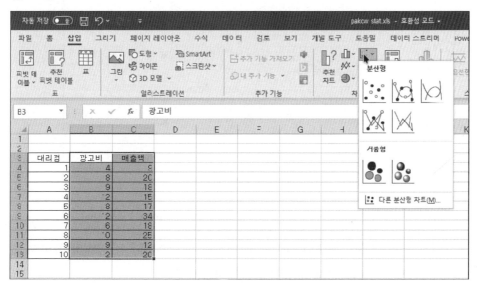

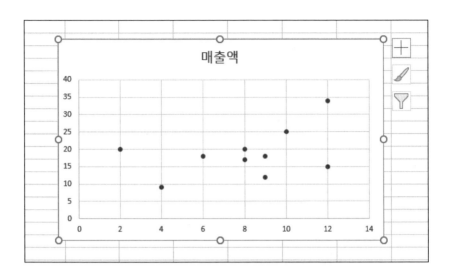

그려진 차트 위의 점을 아무거나 하나 클릭한다.

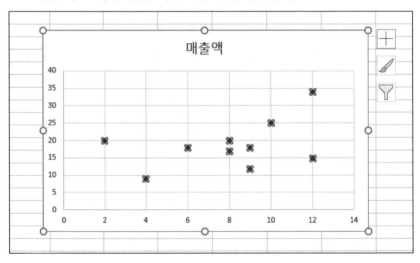

　그러면 전체 점들이 선택되는데, 이때 마우스 오른쪽 버튼을 클릭하여 바로 가기 메뉴를 부르고 [추세선 추가(R)…]를 선택한다.

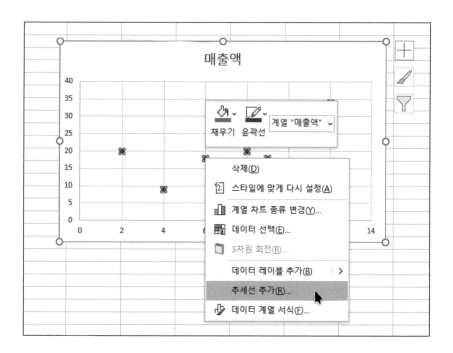

일반적으로는 회귀선이라고 하지만, Excel에서는 추세선이라고 부른다. 이 메뉴를 선택하면 화면 오른쪽에 [추세선 서식] 창이 나타나고, 여기에서 '수식을 차트에 표시', 'R-제곱 값을 차트에 표시' 항목을 켠다.

항목을 켜고 끄는 순간에 차트에 반영이 되는 것을 확인할 수 있다.

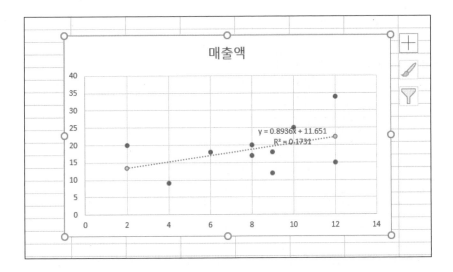

차트에 표시된 정보를 보고서에 활용하면 된다. 이 차트를 그대로 복사하거나
이를 이용해 새로운 시각 정보를 생성해도 괜찮다.

다중 회귀 분석

차트나 앞에서 수행한 회귀 분석의 결과로도 확인할 수 있지만, 광고비만으로
매출액을 설명하는 모형은 한계가 있다. 이런 경우 샘플을 더 확보하거나, 변수를
더 늘리는 개선 작업을 할 수 있는데, 여기에서는 아래 그림과 같이 규모(매장의
크기)라는 독립 변수를 추가해 본다.

▲	A	B	C	D	E
1					
2					
3	대리점	광고비	규모	매출액	
4	1	4	4	9	
5	2	8	10	20	
6	3	9	8	18	
7	4	12	5	15	
8	5	8	10	17	
9	6	12	15	34	
10	7	6	8	18	
11	8	10	13	25	
12	9	9	5	12	
13	10	2	12	20	
14					
15					
16					

독립 변수가 두 개이므로 이번에는 다중 회귀 분석이 된다. 변수가 추가되어 분석 도구는 동일하다. 데이터 분석 도구에서 회귀 분석을 실행한다.

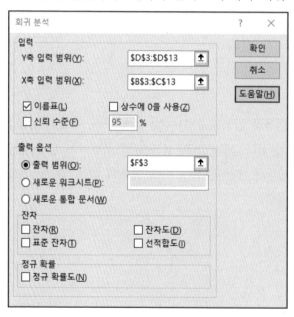

같은 화면이어서 사용 방법이 같다고 할 수 있지만, 중요한 차이는 X축 입력 범위를 지정하는 방법이다. 다중 회귀에서는 독립 변수(X축)가 두 개 이상인데, Excel

188

에서는 독립 변수는 서로 인접한 열에 붙여 입력하고 이 모두를 한 번에 범위로 지정한다. 즉, 독립 변수에 해당하는 열들은 서로 붙어 있어야 한다. 데이터를 입력 하여 정리할 때 주의한다. 이 분석의 결과는 아래와 같다.

	F	G	H	I	J	K	L	M	N
	요약 출력								
	회귀분석 통계량								
	다중 상관계	0.966236							
	결정계수	0.933612							
	조정된 결정	0.914645							
	표준 오차	2.027864							
	관측수	10							
	분산 분석								
		자유도	제곱합	제곱 평균	F 비	유의한 F			
	회귀	2	404.8144	202.4072	49.22076	7.54E-05			
	잔차	7	28.78563	4.112232					
	계	9	433.6						
		계수	표준 오차	t 통계량	P-값	하위 95%	상위 95%	하위 95.0%	상위 95.0%
	Y 절편	-1.17296	2.293888	-0.51134	0.624842	-6.59714	4.251223	-6.59714	4.251223
	광고비	0.628658	0.211241	2.976026	0.020631	0.129153	1.128163	0.129153	1.128163
	규모	1.660411	0.185422	8.95476	4.41E-05	1.221957	2.098865	1.221957	2.098865

결정 계수가 0.934가 나오고, 유의한 F가 7.54E-05로 상당히 작아(<0.05) 의미 가 있는 회귀 모형이라고 판별할 수 있다. 광고비와 규모의 P-값도 0.05보다 작아 각 독립 변수도 종속 변수를 설명하는 데 문제가 없다고 결론을 내릴 수 있다. 참 고로 규모의 P-값은 4.41E-05라고 나오는데 이는 4.41×10^{-5}을 말한다. 즉, 0.0000441이다.

이 결과는 보고서 등에 아래와 같이 표현할 수 있다.

매출액 $= -1.173 + 0.629 \times$ 광고비 $+ 1.660 \times$ 규모 $(R^2 = 0.934)$

분산 분석(ANOVA: Analysis of Variance) 도구는 다양한 유형의 분산 분석을 제공한다. 사용할 도구는 검사할 모집단의 표본 집단 수와 배치 수에 따라 다르다.

- 분산 분석: 일원 배치법: 이 도구는 같은 평균을 가진 모집단에서 추출한 여러 표본의 평균이 같다는 가설을 검정하는 단순 분산 분석을 수행한다. 이 기법은 t-검정과 같은 두 평균에 대한 검정까지 확장된다.
- 분산 분석: 반복 있는 이원 배치법: 각 데이터 그룹에 대해 둘 이상의 표본을 갖는 확장된 일원 배치법 분산 분석을 한다.
- 분산 분석: 반복 없는 이원 배치법: 같은 평균을 갖는 모집단에서 추출한 여러 표본의 평균이 같다는 가설을 검정하기 위해 그룹마다 표본을 하나만 가지고 있는 이원 배치법 분산 분석을 한다. 이 기법은 t-검정과 같은 두 평균에 대한 검정으로 확장된다.

일원 배치법

A, B, C, D 네 가지 다이어트 식품의 콜레스테롤 함유량을 비교하려고 한다. 각 식품별로 세 개의 제품을 추출하여 콜레스테롤 함유량을 측정한 결과가 다음과 같다. 네 가지 다이어트 식품의 콜레스테롤 함유량이 같다고 할 수 있는지를 5% 유의 수준으로 검정하기로 한다.

	A	B	C	D	E
1	A	3.6	4.1	4	
2	B	3.1	3.2	3.9	
3	C	3.2	3.5	3.5	
4	D	3.5	3.8	3.8	
5				(단위: mg)	

검정이라고 하는 것은 테스트하고 확인하는 일을 말한다. 이런 검정의 과정은 모든 식품의 콜레스테롤 함유량은 모두 같다고 하는 가설과 적어도 하나는 다르다고 하는 가설을 세우고 이를 채택할 것인지 이를 기각, 즉 버릴 것인지 판단하는 것이다. 함유량이 모두 같다고 하는 가설을 **귀무가설**(null hypothesis)이라고 하고 보통 H_0로 표시한다. **영가설**이라고도 하는데, 그래서 H_0이라는 표식에 0을 사용한다. 검증해야 하는 값들 사이에 차이가 없다는 가설이고, 이 가설이 기각되어야 어떤 차이가 존재하는 것이라고 결론을 내릴 수 있다. 반대로 차이가 있다는 가설은 **대립 가설**(alternative hypothesis)[31]이라고 하고, 귀무가설을 대체할 가설이라는 의미이며, H_1으로 표기한다.

일반적으로 검정의 결과로 얻은 p-값(p-value, 유의 확률, F 분포에서 F 이상의 값이 발생할 확률)을 보고 이 값이 유의 수준 α보다 작거나 같으면 귀무가설을 기각하고, 크다면 채택한다. 귀무가설을 기각하면 대립 가설이 채택되어 차이가 있다고 볼 수 있다는 결론을 얻을 수 있다.

위와 같은 분석 데이터를 이용해 일원 배치법을 수행한다.

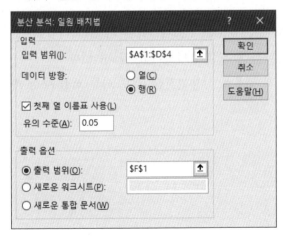

---

31) 귀무가설은 귀무와 가설을 붙여서 써야 하고, 대립 가설은 띄어서 쓰는 것이 원칙이고 붙여 쓸 수도 있다.

하나의 요인에 대한 검정이므로 일원 배치법이다. 그리고 하나의 식품에서 뽑은 데이터가 행 방향으로 입력되어 있으므로 데이터 방향은 '행'이 된다. 유의 수준은 문제에서 5%로 주어져 있으므로 0.05로 입력한다.[32] 그냥 '5%'라고 입력해도 된다. 결과표는 아래와 같다.

E	F	G	H	I	J	K	L	M
	분산 분석: 일원 배치법							
	요약표							
	인자의 수준	관측수	합	평균	분산			
	A	3	11.7	3.9	0.07			
	B	3	10.2	3.4	0.19			
	C	3	10.2	3.4	0.03			
	D	3	11.1	3.7	0.03			
	분산 분석							
	변동의 요인	제곱합	자유도	제곱 평균	F 비	P-값	F 기각치	
	처리	0.54	3	0.18	2.25	0.159767	4.066181	
	잔차	0.64	8	0.08				
	계	1.18	11					

여기에서 P-값은 0.1598로 유의 수준 0.05보다 크다. 귀무가설을 기각할 수 없다. 즉, 다이어트 식품별로 콜레스테롤 함유량이 다르다고 할 수 없다.

예제에서는 각 식품별로 같은 수의 샘플을 사용했지만, 서로 다른 샘플 수를 사용할 수도 있다.

---

32) 문제에서 유의 수준이 정의되어 있지 않거나, 실무에서 자신이 직접 정해야 하는 경우라면 일반적으로 5%를 사용한다. Excel에서는 기본으로 5%인 0.05가 입력되어 나타난다. 아주 정밀한 과학 실험 데이터라면 1%, 의견, 심리 등을 조사한 데이터라면 10%도 선택할 수 있다. 이렇게 1%, 5%, 10% 중 하나를 적절하게 선택할 수 있다.

Mission 11	분산 분석: 반복 없는 이원 배치법	Excel

다이어트 식품 A, B, C, D별로 측정된 세 개의 관측치가 세 곳의 상이한 실험실 1, 2, 3에서 측정된 결과라고 한다. 식품과 실험실에 따라서 콜레스테롤 함유량에 차이가 있는가를 5% 유의 수준으로 검정한다.

▲	A	B	C	D	E
1		1	2	3	
2	A	3.6	4.1	4	
3	B	3.1	3.2	3.9	
4	C	3.2	3.5	3.5	
5	D	3.5	3.8	3.8	
6				(단위: mg)	
7					

식품과 실험실이라고 하는 두 개의 요인이 있어 이는 이원 배치법이고, 각 조합에서 하나의 샘플만 추출했으므로 반복이 없는 이원 배치법이다. 각 조합에서 2개 이상의 샘플을 뽑았다면 반복이 있는 이원 배치법이다.

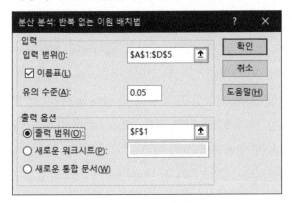

유의 수준이 기본값으로 0.05가 입력되어 있으므로, 문제에서 주어진 값이나 자신이 필요한 값을 지정하고 [확인]을 선택한다.

E	F	G	H	I	J	K	L
	분산 분석: 반복 없는 이원 배치법						
	요약표	관측수	합	평균	분산		
	A	3	11.7	3.9	0.07		
	B	3	10.2	3.4	0.19		
	C	3	10.2	3.4	0.03		
	D	3	11.1	3.7	0.03		
	1	4	13.4	3.35	0.056667		
	2	4	14.6	3.65	0.15		
	3	4	15.2	3.8	0.046667		
	분산 분석						
	변동의 요인	제곱합	자유도	제곱 평균	F 비	P-값	F 기각치
	인자 A(행)	0.54	3	0.18	4.909091	0.04692	4.757063
	인자 B(열)	0.42	2	0.21	5.727273	0.040619	5.143253
	잔차	0.22	6	0.036667			
	계	1.18	11				

두 개의 인자 중 인자 A(행)의 P-값은 0.047로 유의 수준 0.05보다 작다. 행 방향으로 입력된 인자 A는 A, B, C, D에 해당하는 식품이므로, 귀무가설은 기각되고, 식품별로 콜레스테롤 평균 함유량은 모두 같다고 할 수 없다. 즉, 콜레스테롤이 높은 식품은 낮은 식품보다 높다고 결론 낼 수 있다. 실험실 데이터에 해당하는 인자 B(열)의 P-값도 유의 수준보다 작다. 따라서 실험실별로 콜레스테롤 평균 함유량이 모두 같다고 할 수 없다. 예를 들어, 실험실 1, 실험실 2, 실험실 3에서 뽑은 샘플의 콜레스테롤 함유량의 평균은 각각 3.35, 3.65, 3.8인데, 서로 숫자가 달라 대소가 구분되는데, 만약에 귀무가설이 채택되었다면, 이런 수치상의 차이는 의미가 없고, 서로 같은 값이라고 생각할 수도 있는 것이고, 귀무가설이 기각되었으므로, 이 대소에 차이가 있다고 생각할 수 있다는 의미가 된다.

<table>
<tr><td>Mission 12</td><td>분산 분석: 반복 있는 이원 배치법</td><td>Excel</td></tr>
</table>

점포의 크기와 지역에 따라 생활필수품의 가격 차이를 알아보기 위해 각 영역에서 2개의 표본을 추출하였다. 이 데이터를 바탕으로 점포의 크기와 지역에 따라 제품 가격에 차이가 있다고 말할 수 있는지 검정한다.

▲	A	B	C	D	E
1		관악	송파	강동	
2	소형	74	78	68	
3		78	74	72	
4	대형	70	68	60	
5		74	72	64	
6					
7					

데이터를 입력하는 방법에 주의하고, 요인(인자)이 두 개이고, 각 조합별로 여러 개의 샘플을 추출했으므로 반복 있는 이원 배치법을 실행한다.

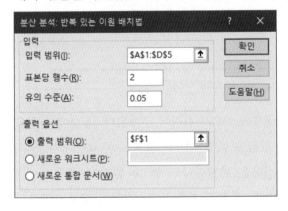

여기에서는 각 조합별로 2개의 샘플이 있으므로, '표본당 행수'에 '2'를 직접 입력한다. 유의 수준은 기본값을 그대로 쓰기로 한다.

E	F	G	H	I	J	K	L
	분산 분석: 반복 있는 이원 배치법						
	요약표	관악	송파	강동	계		
	소형						
	관측수	2	2	2	6		
	합	152	152	140	444		
	평균	76	76	70	74		
	분산	8	8	8	14.4		
	대형						
	관측수	2	2	2	6		
	합	144	140	124	408		
	평균	72	70	62	68		
	분산	8	8	8	27.2		
	계						
	관측수	4	4	4			
	합	296	292	264			
	평균	74	73	66			
	분산	10.66667	17.33333	26.66667			
	분산 분석						
	변동의 요인	제곱합	자유도	제곱 평균	F 비	P - 값	F 기각치
	인자 A(행)	108	1	108	13.5	0.010402	5.987378
	인자 B(열)	152	2	76	9.5	0.013824	5.143253
	교호작용	8	2	4	0.5	0.629738	5.143253
	잔차	48	6	8			
	계	316	11				

반복 있는 이원 배치법은 교호 작용(interaction) 검정이 추가된다. 동시에 영향을 끼치고 있는지 확인하는 것으로 P - 값을 보면 0.6297로 유의 수준 0.05보다 크다. 따라서 귀무가설을 채택하고 교호 작용은 존재한다고 볼 수 없다.

인자별로 확인하면 행 인자(점포 크기), 열 인자(지역)의 P - 값들이 모두 0.05보다 작아 점포의 크기나 지역적 위치가 생필품 가격에 차이가 있다고 볼 수 있다.

조합별 데이터를 평균으로 계산하여 새로운 표를 만든 후, 이 표를 기초로 차트를 그리면 아래와 같다.

이 그림을 보면 소형과 대형으로 표현된 두 개의 선이 어떤 점에서 만나 서로 교차하는 모습을 보이지 않는다. 따라서 이 그림으로도 점포의 크기와 지역, 두 인자 간에는 교호 작용이 없다는 것을 알 수 있다. 만약 교호 작용이 있다면 이 두 선은 서로 교차한다.

참고로 교호 작용이 있고, 없고는 다음과 같은 의미로 생각할 수 있다.

교호 작용이 있는 경우

이는 점포 크기와 지역이 가격에 미치는 영향이 상호 작용한다는 것을 의미한다. 즉, 특정 지역에서는 점포 크기가 커질수록 가격이 상승하는 반면, 다른 지역에서는 점포 크기가 커져도 가격에 큰 영향을 미치지 않을 수 있다. 예를 들어, 도심지역에서는 점포 크기가 커질수록 임대료와 기타 비용이 증가하여 가격이 상승할 수 있지만, 교외 지역에서는 점포 크기가 커져도 이러한 비용 증가가 덜하여 가격에 미치는 영향이 적을 수 있다. 이 경우, 점포 크기와 지역을 함께 고려하여 가격을 예측하는 것이 중요하다.

교호 작용이 <u>없는</u> 경우

이는 점포 크기와 지역이 가격에 미치는 영향이 독립적이라는 것을 말한다. 즉, 점포 크기가 가격에 미치는 영향은 지역과 관계없이 일정하고, 지역이 가격에 미치는 영향도 점포 크기와 관계없이 일정하다. 예를 들어, 점포 크기가 커질수록 가격이 일정한 비율로 상승하고, 특정 지역에서는 가격이 일정한 금액만큼 더 높다고 볼 수 있다. 이 경우, 각 독립 변수의 영향을 개별적으로 계산하여 가격을 예측할 수 있으며, 변수 간의 상호 작용을 고려할 필요가 없다.

교호 작용의 유무를 확인하기 위해서는 분산 분석을 통해 통계적 검정을 수행할 수 있다. 교호 작용이 통계적으로 유의미하다면, 이는 두 변수의 상호 작용을 모델에 포함해야 한다는 뜻이며, 그렇지 않다면 각 변수의 주 효과만 고려하면 된다.

Mission 13	공분산 분석	Excel

공분산(covariance)은 두 데이터 집합의 관계를 측정한다. 공분산 분석 도구는 각각의 평균으로부터 선택한 데이터 요소에 대한 편차 곱의 평균을 반환한다.

공분산 도구를 사용하면 두 데이터 범위가 함께 변하는지 알 수 있다. 즉, 한 집합의 데이터값이 증가하면 다른 집합의 데이터값도 증가하는지(양의 공분산), 한 집합의 데이터값이 감소하면 다른 집합의 데이터값은 증가하는지(음의 공분산), 두 집합의 데이터값이 서로 관련이 없는지(공분산이 0에 가까움)를 알 수 있다.

▲	A	B	C	D	E	F	G	H
1	키(㎝)	몸무게(Kg)						
2	170	74						
3	179	88						
4	174	82						
5	180	89						
6	181	86						
7	171	78						
8	173	82						
9	177	83						
10	169	77						
11	172	80						
12	176	84						
13	182	92						
14								
15								
16								
17								
18								
19								

공분산 분석

입력
입력 범위(I): $A$1:$B$13
데이터 방향: ● 열(C) ○ 행(R)
☑ 첫째 행 이름표 사용(L)

출력 옵션
● 출력 범위(O): $D$1
○ 새로운 워크시트(P):
○ 새로운 통합 문서(W)

확인
취소
도움말(H)

키와 몸무게 간의 관계를 공분산 분석으로 구하면 아래와 같은 결과표를 얻을 수 있다.

▲	A	B	C	D	E	F
1	키(㎝)	몸무게(Kg)			키(㎝)	몸무게(Kg)
2	170	74		키(㎝)	18.38889	
3	179	88		몸무게(Kg)	20.44444	25.40972
4	174	82				
5	180	89				
6	181	86				
7	171	78				
8	173	82				
9	177	83				
10	169	77				
11	172	80				
12	176	84				
13	182	92				
14						

참고로 각 데이터 요소 쌍에 대한 공분산을 구하려면 COVARIANCE.P(모집단 공분산)나 COVARIANCE.S(표본 공분산) 함수를 사용할 수도 있다.[33]

---

33) 예전에는 COVAR 함수를 사용했으나, 지금은 이전 Excel 버전과 호환성을 유지하기 위해 아직도 사용할 수는 있지만, 될 수 있으면 사용하지 않는 것이 좋다.

데이터의 값의 단위가 달라지면 공분산 분석의 결과도 달라지기 때문에 보통 실무에서는 공분산 분석보다 상관 분석을 많이 이용한다.

Mission 14	상관 분석	Excel

상관관계 분석 도구는 측정 단위가 서로 다른 두 데이터 집합의 관계를 측정한다. 모집단 상관관계를 계산하면 두 데이터 집합의 표준 편차의 곱으로 나눈 값인 공분산을 반환한다.

상관관계 분석 도구를 사용하면 두 데이터 범위가 함께 변화하는지 알 수 있다. 즉, 한 집합의 데이터값이 증가하면 다른 집합의 데이터값도 증가하는지(양의 상관관계), 한 집합의 데이터값이 감소하면 다른 집합의 데이터값은 증가하는지(음의 상관관계), 두 집합의 데이터값이 서로 관련이 없는지(상관관계가 0에 가까움)를 알 수 있다.

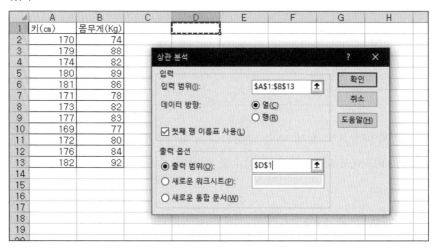

용도와 설명이 공분산 분석과 같지만, 다른 점은 데이터값의 단위가 달라져도 결괏값이 달라지지 않는다는 것이다. 또한, 상관관계 계수의 값이 −1과 +1 사이에 있어 상대적인 관계를 이해하기가 쉽다.

	A	B	C	D	E	F
1	키(cm)	몸무게(Kg)			키(cm)	몸무게(Kg)
2	170	74		키(cm)	1	
3	179	88		몸무게(Kg)	0.945796	1
4	174	82				
5	180	89				
6	181	86				
7	171	78				
8	173	82				
9	177	83				
10	169	77				
11	172	80				
12	176	84				
13	182	92				
14						

참고로 각 데이터 요소 쌍에 대한 상관 계수를 구하려면 CORREL 함수를 사용할 수도 있다. 피어슨 상관 계수(Pearson correlation coefficient, PCC)를 구하는 PEARSON 함수도 있으나, 계산 결과가 동일하므로, 편한 걸 사용하면 된다. 우리가 흔히 상관 계수라고 하면 이 피어슨 상관 계수를 말한다. 스피어먼(Spearman)이나 켄들(Kendall) 상관 계수 등 다른 값을 구하려면 Excel에서는 전용 함수를 제공하지 않으므로, 수식을 직접 만들어 사용하거나, Real Statistics Using Excel과 같은 별도의 도구를 활용한다.

관찰된 빈도가 기대되는 빈도와 의미 있게 다른지를 검정하기 위해 사용되는 검정 방법으로 카이 제곱 검정(chi-squared test, χ^2 test)이 있다. 카이 스퀘어 분석이라고도 부르는데, 자료가 빈도로 주어졌을 때, 특히 명목 척도 자료의 분석에 이용된다. 비싼 통계 패키지나 무료지만 사용 방법이 조금 까다로운 전문 통계 패키지보다는 Excel(엑셀)을 사용하면 편한데, Excel에서 기본으로 제공하는 데이터 분석 도구에는 이 방법이 빠져 있다. 가장 아쉬운 게 로지스틱 회귀와 이 카이 제곱 분석이다.

이렇게 Excel 자체의 기능만으로는 한계가 있어서, 여기에서는 해당 분석을 할수 있는 엑셀의 추가 기능(add-in)을 이용하는 것으로, 관련된 프로그램들이 여럿있는데, 통계 관련해서는 Real Statistics Using Excel이다.

> **참고** "[Excel 추가 기능] Real Statistics Using Excel] Excel에서 하는 카이 제곱 검정", 2021. 5. 27., https://cantips.com/3410

	A	B	C	D	F
1	A	B	C	D	
2 White collar	90	60	104	95	
3 Blue collar	30	50	51	20	
4 No collar	30	40	45	35	
5					

위와 같은 A, B, C, D 네 지역의 'White collar', 'Blue collar', 'No collar' 세 직업유형의 분포에 대해 카이제곱 검정을 수행한 결과는 아래와 같다.

Expected Values						Chi-Square Test					
	A	B	C	D	Total	SUMMARY		Alpha	0.05		
						Count	Rows	Cols	df		
White coll	80.53846	80.53846	107.3846	80.53846	349	650	3	4	6		
Blue colla	34.84615	34.84615	46.46154	34.84615	151						
No collar	34.61538	34.61538	46.15385	34.61538	150	CHI-SQUARE					
Total	150	150	200	150	650		chi-sq	p-value	x-crit	sig	Cramer V
						Pearson's	24.5712	0.00041	12.59159	yes	0.137481
						Max likelil	25.2789	0.000303	12.59159	yes	0.139446

이 내용으로 기술형 보고서를 작성한다면 예를 들어 아래와 같이 표현이 가능하다.

"본 연구에서는 A, B, C, D 네 지역의 'White collar', 'Blue collar', 'No collar' 세 직업 유형의 분포에 대해 카이제곱 검정을 수행하였다. 이 검정의 목적은 지역에 따른 직업 유형의 분포가 우연에 의한 것인지, 아니면 통계적으로 유의미한 차이를 나타내는 것인지를 판단하는 데 있다. 분석 결과, 카이제곱 통계량은 약 24.57로 계산되었고, 자유도가 6일 때 p-값이 0.00041로 나타났다.

$$\chi^2(6) = 24.57, \ p < .001$$

따라서 통계적 유의 수준 0.05에서 귀무가설을 기각한다. 즉, 네 지역 간의 직업 유형 분포는 우연이 아닌 통계적으로 유의미한 차이가 보임을 의미한다. 각 지역 내 직업 유형의 분포는 무작위로 배분된 것이 아니며, 특정 지역에서 특정 직업 유형이 다른 지역에 비해 더 많거나 적을 수 있는 경향성이 있음을 보인다. 이러한 사실은 지역에 따른 직업 시장의 구조적 차이를 나타내는 것으로 해석될 수 있으며, 향후 지역 경제 개발 정책 수립에 중요한 시사점을 제공할 수 있다."

Mission 16	로지스틱 회귀 분석	Excel

Excel에서 제공하는 회귀 분석 도구는 선형 회귀 분석으로, 종속 변수가 범주형 데이터(예, 아니오; 성공, 실패)인 경우에는 로지스틱 회귀(logistic regression, logit regression)를 사용한다. Excel 데이터 분석 도구에서는 지원하지 않아서 해 찾기 등의 기능을 통해 분석을 하거나 별도의 다른 도구나 프로그램을 사용해야 한다.

참고 "[Excel & Real Statistics Using Excel] 로지스틱 회귀(Logistic Regression)", 2020. 5. 17., https://cantips.com/3248
실습 데이터: "Logistic regression", Wikipedia,
https://en.wikipedia.org/wiki/Logistic_regression
CSV 파일 다운로드: LR Sample (hr-pass).csv,
https://p.cantips.com/dasamples (비밀번호: cantips)

예를 들어 공부 시간을 독립 변수로 하고 시험 합격 여부(합격: 1, 불합격: 0)를 종속 변수로 하는 로지스틱 회귀 분석을 진행한다고 하자.[34]

Hours	Pass
0.5	0
0.75	0
1	0
...	...
4.75	1
5	1
5.5	1

---

34) "Logistic regression", Wikipedia, https://en.wikipedia.org/wiki/Logistic_regression

이 데이터를 바탕으로 Real Statistics Using Excel로 로지스틱 회귀 분석을 수행한 과정과 결과는 아래와 같다.

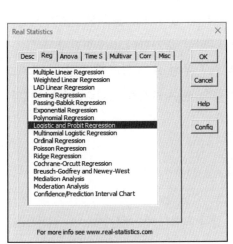 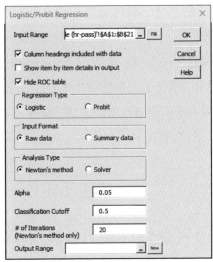

	A	B	C	D	E	F	G	H
1	Logistic Regression							
2			# Iter	20		Alpha	0.05	
3		*coeff*	*s.e.*	*Wald*	*p-value*	*exp(b)*	*lower*	*upper*
4	intercept	-4.07771	1.760994	5.361885	0.020582	0.016946		
5	Hours	1.504645	0.628721	5.727335	0.016703	4.502557	1.31308	15.43929
6								
7								

이 결과에서 공부 시간의 회귀 계수는 1.5로 나타났다. 이 값으로 공부 시간에 따른 합격 가능성을 따져볼 수 있다. 여기에서 가능성은 오즈(odds[35], 승산, 발생비)로 표현한다. 오즈란 어떤 일이 발생할 확률(P)을 발생하지 않을 확률(1-P)로 나눈 값(P/(1-P))을 의미한다. 원래 도박에서 나온 말로, 보통 승산(勝算)이라는 표현도 사용하지만, 주로 오즈라고 많이 쓴다. 비율이라 발생비(發生比)라는 표현도 적절하

---

35) odds는 odd에 s를 붙여 항상 복수형으로 쓴다.

지만, 서로 다른 두 오즈를 비교하는 오즈비 또는 오즈 비율(odds ratio, OR)이라는 용어와 혼동될 수 있어 그냥 오즈 또는 승산이라고 사용한다.

각 계수의 p-값이 유의 수준 0.05보다 작아 유의미하다. 따라서 이 계수를 이용해 공부 시간에 따라 합격할 가능성을 예측할 수 있다. 이 예에서는 공부 시간이 한 시간 증가할 때 로그 오즈(log odds)가 1.5만큼 증가한다고 표현한다.

만약 2시간을 공부한다면 도출된 회귀식으로 우선 로그 오즈를 구한다. 로지스틱 회귀에서 직접적으로 모델링하는 것은 종속 변수 자체가 아니라, 종속 변수의 로그 오즈이다.

$$\text{로그 오즈}(t) = -4.1 + 2 \times 1.5 = -1.1$$

다시 이 값을 이용해 2시간 공부했을 때, 합격 확률(p)을 계산한다. 이 식은 로지스틱 함수 또는 시그모이드 함수(sigmoid function)라고 한다.

$$p = \frac{1}{1+e^{-t}} = \frac{e^t}{1+e^t} = 0.25$$

여기에서 e^{-t}는 Excel의 경우 EXP 함수[36]를 이용해 구한다.
$=\text{EXP}(-(-1.1)) = \text{EXP}(1.1)$

이런 방식으로 특정 시간대의 합격 확률을 계산할 수 있고, 각 시간대의 로그 오즈 값으로 오즈 값을 다시 계산한다.

$$\text{Odds} = e^{\text{Log-odds}}$$

---

36) 주어진 숫자(x)를 지수(指數)로 하여 자연 상수 e의 거듭제곱 값(e^x)을 구한다.

2시간 공부했을 때 오즈가 0.34라는 것은 합격할 가능성이 불합격할 가능성의 34%라는 의미이다. 이때 합격 확률(p)은 0.25로, 네 명 중 한 명은 합격할 수 있다는 뜻이다. 오즈와 합격 확률을 혼동하지 않도록 한다.

5시간 공부하면 로그 오즈는 3.45가 되고, 오즈는 31.4가 된다. 이는 합격할 가능성이 불합격할 가능성보다 31.4배 더 크다는 의미이다. 이때 합격 확률은 p=31.4/(1+31.4)≈0.97이 된다. 오즈는 이렇게 1을 기준으로 판단한다. 오즈가 1이라는 것은 합격할 가능성과 불합격할 가능성이 같다(P=1−P)는 뜻이며, 이때 확률은 0.5이다.

한편, 오즈비(OR)는 공부 시간이 한 시간 증가할 때 시험 합격 확률의 증가 정도를 확인하는 것으로 공부 시간의 계수(1.5)를 이용해 구한다.

$$오즈비 = e^{회귀\ 계수}$$

따라서 공부 시간의 오즈비는 4.48($=e^{1.5}$)이 된다. 이는 다른 조건이 동일할 때, 공부 시간이 1시간 증가하면 합격할 오즈가 4.48배가 된다는 것을 의미한다. 예를 들어, 처음 오즈가 2였다면, 공부 시간이 1시간 증가한 후의 오즈는 2×4.48=8.96이 된다.

이 분석의 통계적 유의성을 살펴보면, 공부 시간의 p−값이 0.017로 나타나 유의미하다. 이는 독립 변수인 공부 시간이 종속 변수인 시험 합격 여부에 유의미한 영향을 미친다는 것을 말한다. 또한, Y 절편의 p−값은 0.021로 나타나 모델이 통계적으로 유의미함을 시사한다. 결과 보고서는 이러한 내용을 중심으로 구성하도록 한다.

컨조인트 분석(conjoint analysis)은 소비자의 제품 선택 과정을 이해하고자 하는 통계적 분석 방법이다. 이 방법은 제품이나 서비스의 다양한 속성들이 어떻게 소비자의 선호도나 선택에 영향을 미치는지 평가한다. 속성이란 가격, 디자인, 브랜드 등 제품을 구성하는 다양한 요소를 의미하며, 이 속성들의 중요도와 각 속성 수준이 제공하는 선호도를 측정하는 것이 주된 목적이다.

컨조인트 분석을 수행하기 위해서는 먼저 분석에 포함할 제품의 속성과 각 속성의 수준을 정의한다. 이후 이 속성들의 모든 가능한 조합을 사용하여 가상의 제품 프로파일을 생성하는데, 이 과정을 실험 디자인 구성이라 한다. 소비자에게 이 프로파일을 평가하도록 하여 데이터를 수집하는데, 여기에는 순위나 평점 부여 등 다양한 방법이 사용될 수 있다.

수집된 데이터를 바탕으로 통계적 모델을 추정하고, 이를 통해 각 속성 수준의 선호도와 속성의 중요도를 계산한다. 이렇게 추정된 유틸리티와 중요도를 해석하여 마케팅 전략이나 제품 개발에 활용한다.

컨조인트 분석은 제품 개발, 가격 책정, 마케팅 전략 수립 등 다양한 분야에서 유용하게 사용되지만, 몇 가지 한계도 있다. 너무 많은 속성과 수준이 포함되면 응답자가 정보 과부하를 경험할 수 있고, 가상의 평가가 실제 구매 행동과 항상 일치하지 않을 수 있으며, 데이터와 모델의 복잡성으로 결과 해석이 어려울 수 있다. 그런데도 컨조인트 분석은 소비자의 숨겨진 선호를 드러내어 효과적인 의사 결정을 하기 위한 용도로 자주 사용된다.

Excel 데이터 분석 도구에는 지원하는 전용 기능이 없지만, 워크시트의 일반적 기능으로 이 분석을 진행한다.

참고 "[Excel] 컨조인트 분석(Conjoint Analysis)", 2024. 1. 25.,
https://cantips.com/3881
실습 데이터: conjoint_analysis_data.csv,
https://p.cantips.com/dasamples (비밀번호: cantips)

| Mission 18 | 클러스터 분석 | Excel |

주어진 데이터 집합에서 비슷하게 포진하고 있는 데이터들을 추려 묶어서 몇 개
의 하위 집합으로 구분하는 기법을 클러스터링, 클러스터 분석이라고 한다. 대표적
인 방법에 k-평균 클러스터 분석(k-means cluster analysis)이라는 것이 있다. 원본 데
이터 집합을 k개의 클러스터(군집)로 나눠준다. 각 클러스터와 거리 차이의 분산을
최소화하는 방식을 취한다. 데이터 마이닝의 기본 분석 중 하나로, 전문 프로그램
을 사용하면 아주 쉽게 분석을 할 수 있지만, 여기에서는 Excel로 간단하게 진행하
는 방법과 Real Statistics Using Excel을 이용하는 방법을 확인해 본다.

참고 "[Excel] 간단한 클러스터 분석(클러스터링)", 2018. 2. 3.,
https://cantips.com/2949
"[Excel 추가 기능: Real Statistics Using Excel] k-평균 클러스터
분석(K-Means Cluster Analysis)", 2020. 2. 12.,
https://cantips.com/3203
실습용 파일: 클러스터링_sample.csv 또는 클러스터링_sample.xlsx

Real Statistics Using Excel에서는 Multivar 탭의 K-Means Cluster Analysis 메뉴를 사용한다.

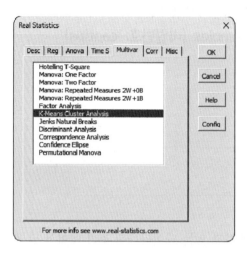
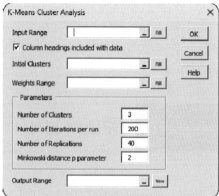

- Input Range(입력 범위): 분석 대상이 되는 데이터 범위를 선택한다. 첫 행의 머리글(열 제목)을 포함할 수도 있고, 하지 않을 수도 있다. 열은 두 개 이상이어야 한다. 열을 하나만 지정할 수 없다. 열을 하나만 사용해야 한다면 같은 열을 두 개 만들어 사용한다.

- Column headings included with data(데이터에 머리글 포함): 입력 범위에 머리글이 포함되어 있다면 여기를 선택한다.

- Initial Clusters(초기 클러스터 범위): 임의로 배정한 클러스터 값을 숫자로 입력한다. 첫 행에 머리글은 포함하지 않도록 한다. 이 범위는 비워둘 수 있다,

- Weights Range(가중치 범위): 변수 간에 서로 다른 가중치를 부여할 수 있다. 특정 열에 변수의 개수만큼 가중치(1.0, 1.5, 2.0, …)를 입력한 후 이 범위를 지정한다. 머리글은 포함하지 않는다. 이 범위는 비워둘 수 있다.

- Output Range(출력 범위): 분석 결과가 표시될 시작 위치(셀)를 지정한다. 비워두면 새 워크시트에 결과가 표시된다.

- Number of Clusters(클러스터 개수): 원하는 클러스터의 개수는 양의 정수로 입력한다.
- Number of Iterations per run(반복 횟수): 알고리즘을 한 번 실행할 때 클러스터 중심점을 재계산하는 횟수. 기본값은 200으로 1~10000 사이의 값을 입력할 수 있다.
- Number of Replications(실행 횟수): 알고리즘 실행 횟수로 기본값은 40이다. 초기 클러스터 항목이 비어 있을 때만 사용된다.
- Minkowski distance p parameter(민코프스키 거리 p 매개 변수): 민코프스키 거리의 p 매개 변수37)를 1~5 사이의 값으로 입력한다. 기본값은 2. 민코프스키 거리는 두 데이터 포인트 간의 유사성을 측정하는 데 사용되는 방법으로, 데이터의 특성에 따라 유연하게 조정할 수 있어 숫자 데이터의 유사성을 비교할 때 유용하다.

---

37) 직사각형에서 한 꼭짓점에서 대각선 방향의 다른 꼭짓점까지 거리를 생각할 때, 가장 짧은 거리인 대각선의 길이라면 $p=2$로 일반적인 거리 측정 방법인 유클리드 거리(Euclidean distance)를 의미한다. 한편, 테두리를 돌아서 갈 수도 있는데 이 경우는 가로 방향으로 이동 후 세로 방향으로 이동하는 경로를 거치는데 이때는 $p=1$이 되는 경우로 맨해튼 거리(Manhattan distance)라고 한다. 두 점 x, y의 민코프스키 거리의 공식은 아래와 같다.

$$D(x,y) = \left(\sum_{i=1}^{n} |x_i - y_1|^p \right)^{\frac{1}{p}}$$

p를 3 이상 설정하는 것은 의료 데이터 분석이나 이미지 분석 등 특정 상황에서 중요할 수 있다. 자세한 사항은 전문 서적을 참고한다.

Mission 19	감성 분석	Excel

데이터 마이닝(data mining) 분야 중 텍스트 마이닝(text mining)의 대표 주자라고 할 수 있는 감성 분석(sentiment analysis, 감정 분석)은 특정 단어, 구, 문장, 문서 등의 내용을 분석하여 해당 데이터가 긍정적인 의미를 담고 있는지, 부정적인 의미를 담고 있는지, 아니면 비교적 중립적인지를 판단하는 기법이다. 그래서 의견 마이닝(opinion mining)이라고도 하는데, 우리가 사용하는 모든 단어, 표현의 호불호를 모두 저장해 두고 이를 바탕으로 분석을 진행하기 때문에 결과가 확정적이지는 않지만, 최근 빅 데이터를 비롯해 많은 분야에서 인기를 끌고 있다.

참고 "[Excel과 Orange] 감성 분석(Sentiment Analysis)", 2020. 5. 14., https://cantips.com/3247
실습 데이터(https://p.cantips.com/dasamples (비밀번호: cantips))
영어: Sentiment Analysis Sample.xlsx,
한국어: Sentiment Analysis Sample (ko).xlsx

Excel에서는 전용 메뉴나 함수가 존재하지 않지만, Azure Machine Learning이라는 추가 기능을 설치해 감성 분석을 진행할 수 있다. 단. 한국어는 지원하지 않아 필요하다면 영어로 번역을 해야 한다. 간단하게는 파파고나 구글 번역 같은 번역 페이지에 복사하여 붙여 넣은 후 번역을 진행하고 다시 가져와 사용한다. 결과는 다음과 같이 나타난다.

No.	Sentiment	Score
1	positive	0.712450504
2	positive	0.823909938
3	negative	0.323313922
4	positive	0.851927876
5	neutral	0.577700853
6	positive	0.660792053
...	...	...

감성 분석의 결과는 일반적으로 긍정(positive), 중립(neutral), 부정(negative)의 세 가지로 분류된다. 점수는 프로그램에 따라 5점, 10점 등의 척도로 산출되며, 이는 입력한 텍스트가 얼마나 긍정적인지, 중립적인지, 부정적인지를 나타낸다. 같은 프로그램이나 서비스도 업데이트되면서 모델의 개선과 학습 데이터의 변화로 인해 점수가 다르게 나올 수 있다. 따라서 감성 분석의 점수는 정확한 수치보다는 텍스트의 감정 상태, 경향을 이해하는 데 사용된다.

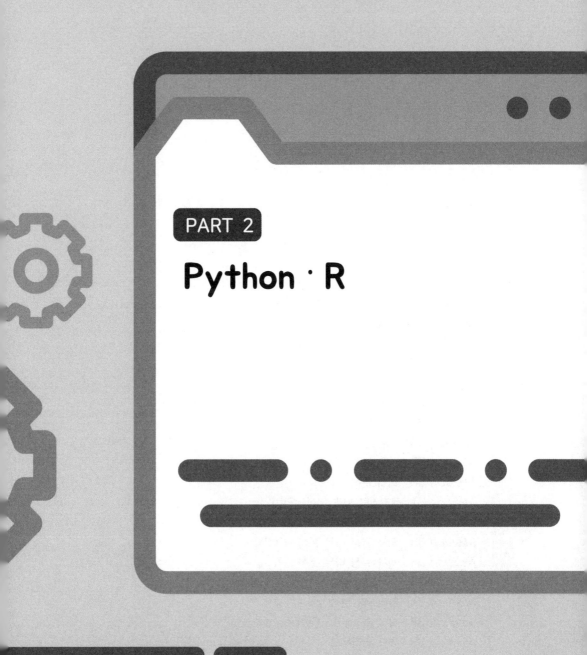

PART 2

Python · R

Mission 20   Python 및 R 개발 환경 구축   Python/R
Mission 21   연산과 변수   Python/R
Mission 22   데이터 유형   Python/R
Mission 23   패키지   Python/R
Mission 24   예약어   Python/R
Mission 25   반복문   Python
Mission 26   반복문   R
Mission 27   기술 통계   Python
Mission 28   기술 통계   R
Mission 29   회귀 분석   Python
Mission 30   회귀 분석   R
Mission 31   로지스틱 회귀 분석   Python
Mission 32   로지스틱 회귀 분석   R
Mission 33   의사 결정 나무 분석   Python
Mission 34   의사 결정 나무 분석   R
Mission 35   클러스터 분석   Python
Mission 36   클러스터 분석   R
Mission 37   워드 클라우드   Python
Mission 38   워드 클라우드   R

Python · R

 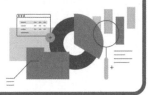
- Windows에서 파이썬 설치와 개발 환경 갖추기, 2022. 9. 6.,
  https://cantips.com/3726
- Windows JupyterLab에서 파이썬과 R 동시에 사용하기(설치형과 온라인형),
  2022. 9. 17., https://cantips.com/3732

강의실에서의 실습은 Python과 R 모두 주로 Web 환경에서 진행한다.
https://jupyter.org/ > [Try it in your Browser] > Kernels > R

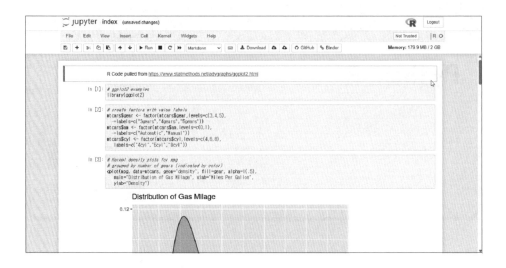

좌측 상단 jupyter 부분을 클릭한다.

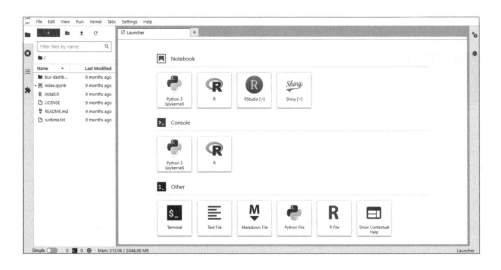

– 웹 브라우저에서 R 실행 서비스: https://rdrr.io/ (Run R code online)

Mission 21	연산과 변수	Python & R

연산

	R	파이썬
⌨	5+8	5+8
🖥	[1] 13	13

	R	파이썬
⌨	5+8/2	5+8/2
🖥	[1] 9	9.0

	R	파이썬
⌨	2^8	2^8
🖥	[1] 16	16

	R	파이썬
⌨	2**8	2**8
🖥	[1] 256	256
⌨	2^8	

	R	파이썬
⌨	1/7	1/7
🖥	[1] 0.1428571	0.14285714285714285

	R	파이썬
⌨	7%%1	7%1
🖥	[1] 0	0

	R	파이썬
⌨	1%%7	1%7
🖥	[1] 1	1

	R	파이썬
⌨	1%7	1%%7
🖥	오류	오류

	R	파이썬
⌨	1%/%7	1//7
🖥	[1] 0	0

	R	파이썬
⌨	a<-8	a=8
	a	a
🖥	[1] 8	8

⌨ **할당 연산자(assignment operator):**
a=8과 같이 =(등호)를 사용해도 되지만,
할당의 의미로 부등호와 하이픈을 연결한
화살표 기호(<-)를 사용하는 것이 일반적.
반대 방향(8->a)으로도 사용할 수 있으나
권장하지 않음.

	R	파이썬
⌨	a<-3	a=3
	b<-4	b=4
	c<-2	c=2
	a+b/c	a+b/c
🖥	[1] 5	5.0

변수 사용을 위한 약속

항목	R	Python
시작 문자	반드시 문자로 시작	문자 또는 언더바(_)로 시작
구성 문자	문자, 숫자, 언더바 조합	문자, 숫자, 언더바로 구성
특수 문자 및 공백	백틱(``)으로 예약어 사용 가능	허용 안 됨
한글 사용	가능(영문 권장)	가능(영문 및 언더바 조합 권장)
대소문자 구분	있음	있음
권장 사항	가급적 소문자로 생성	소문자 단어나 언더바로 구분된 단어 조합 사용 권장
예약어(키워드) 사용 여부	백틱을 사용하면 가능하나 권장되지 않음	사용 불가

[R] c {base}: Combine Values into a Vector or List

여러 값을 결합하여 벡터나 목록을 생성하는 데 사용한다. 이 함수는 주로 숫자, 문자열, 논리값 등을 포함한 여러 유형의 값들을 하나의 벡터로 연결한다. 벡터는 1차원의 배열로 구성되며, 모든 요소는 같은 자료형이어야 하므로 메모리 효율이 높아 기본적인 계산과 분석에 사용된다. 목록은 트리 구조로 볼 수 있으며, 다양한 자료형과 길이의 요소를 포함할 수 있다.

```
c(90,92,88)
```

```
[1] 90 92 88
```

```
can<-c(90,92,88)
can
```

```
[1] 90 92 88
```

```
can<-c(88)
can
```

```
[1] 88
```

```
can<-88 # 단일 값인 경우 c() 생략
can
```

```
[1] 88
```

```
c("국어","영어","수학")
```

```
[1] "국어" "영어" "수학"
```

```
c('국어','영어','수학')
```

222

```
C(1:10) # 콜론(:)으로 연속 값 생성
```

```
[1]  1  2  3  4  5  6  7  8  9 10
```

```
C(1,7:10)
```

```
[1]  1  7  8  9 10
```

```
c(1:5, 10.5, "확인")
```

```
[1] "1"    "2"    "3"    "4"    "5"    "10.5" "확인"
```

```
subject<-c("국어","영어","수학")
score<-c(90,92,88)
df<-data.frame(subject,score)
df
```

```
 subject score
1   국어    90
2   영어    92
3   수학    88
```

[R] seq {base}: Sequence Generation

일정한 간격으로 나열된 일련의 숫자를 생성하는 데 사용한다. 이 함수는 범위와 간격, 길이 등을 지정하여 순차적인 수열을 만드는 데 유용하다.

```
seq(1,10)
```

```
[1]  1  2  3  4  5  6  7  8  9 10
```

```
seq(10,1)
```

```
[1] 10  9  8  7  6  5  4  3  2  1
```

```
seq(1,10,by=2)
```

```
[1] 1 3 5 7 9
```

```
seq(1,10,by=pi)
```

```
[1] 1.000000 4.141593 7.283185
```

```
seq(1,10,length.out=5)
```

```
[1]  1.00  3.25  5.50  7.75 10.00
```

```
seq(0,1,length.out=5)
```

```
[1] 0.00 0.25 0.50 0.75 1.00
```

```
seq(0,1,length=5)
seq(0,1,len=5)
```

```
seq(10)
```

```
[1]  1  2  3  4  5  6  7  8  9 10
```

```
seq(1,10)
```

```
seq(length.out=10)
```

```
[1]  1  2  3  4  5  6  7  8  9 10
```

```
seq(length=10)
seq(len=10)
```

```
1:10
```

```
[1]  1  2  3  4  5  6  7  8  9 10
```

```
seq(1,10)
```

```
10:1
```

```
[1] 10  9  8  7  6  5  4  3  2  1
```

```
seq(1:10)
```

```
[1]  1  2  3  4  5  6  7  8  9 10
```

```
seq(0:10)
```

```
[1]  1  2  3  4  5  6  7  8  9 10 11
```

```
0:10
```

```
[1]  0  1  2  3  4  5  6  7  8  9 10
```

```
seq_len(10)
```

```
[1]  1  2  3  4  5  6  7  8  9 10
```

```
seq_len(1)
```

```
[1] 1
```

```
seq(1,10,along.with=2)
```

```
[1] 1
```

```
seq(1,10,along.with=n)
seq(1,10,along=n)
seq_along(10)
seq_along(n)
```

```
seq(1,10,along.with=c(1:10))
```

```
[1]  1  2  3  4  5  6  7  8  9 10
```

```
seq(1,10,along=c(1:10))
seq_along(c(1:10))
```

```
seq(1,10,along.with=c(1:5))
```

```
[1]  1.00  3.25  5.50  7.75 10.00
```

```
seq(1,10,along=c(1:5))
seq(1,10,length.out=5)
```

참고 **Excel의 Sequence 함수 활용**

- 주 단위 달력을 한 방에 만들기, 2023. 12. 6., https://cantips.com/3873
- 텍스트를 원하는 간격으로 끊어 열별 또는 행별로 재정리하는 수식, 2022. 4. 1., https://cantips.com/3642
- 셀에 입력된 문자열의 단어 순서를 거꾸로 배열하는 방법 네 가지, 2022. 3. 19., https://cantips.com/3635
- 목록에서 홀수 줄, 짝수 줄 등 특정 간격의 줄만 추출하기, 2022. 3. 17., https://cantips.com/3633
- 목록에서 빈 셀들을 없애고 새로 정렬하기, 2021. 9. 30., https://cantips.com/3508
- 일련번호를 넣는 6가지 방법, 2021. 9. 27., https://cantips.com/3506
- 셀에 입력된 데이터의 글자 순서를 거꾸로 배열하기, 2021. 7. 19., https://cantips.com/3450

[Python] range ()

연속된 정수 시퀀스를 생성하는 데 사용한다. 이 함수는 주로 반복문에서 사용하며, 지정된 시작 값, 종료 값, 간격에 따라 일련의 숫자를 생성한다.

⌨ range(1,10)

🖥 range(1,10) # 결과에 변화가 없음

⌨ list(range(1,10))

🖥 [1, 2, 3, 4, 5, 6, 7, 8, 9]

```
list(range(1,11))
```

```
[1, 2, 3, 4, 5, 6, 7, 8, 9, 10]
```

```
list(range(11))
```

```
[0, 1, 2, 3, 4, 5, 6, 7, 8, 9, 10]
```

```
list(reversed(range(11)))
```

```
[10, 9, 8, 7, 6, 5, 4, 3, 2, 1, 0]
```

```
list(range(1,10,2))
```

```
[1, 3, 5, 7, 9]
```

```
list(range(1,11,2))
```

```
list(range(1,12,2))
```

```
[2, 4, 6, 8, 10]
```

```
list(reversed(range(1,12,2)))
```

```
[10, 8, 6, 4, 2]
```

Mission 22 데이터 유형 — Python & R

R	파이썬
mode(100)	type(100)
[1] "numeric"	Int

R	파이썬
mode(10.5)	type(10.5)
[1] "numeric"	float

R	파이썬
mode('a')	type('a')
[1] "character"	str
typeof('a')	

R	파이썬
mode(F) # not f	type(False) # not false
[1] "logical"	bool

mode(FALSE) # not False
typeof(FALSE)	

229

R	파이썬
typeof(list(1,2,3))	type([1,2,3])
[1] "list"	list

R	파이썬
해당 사항 없음	type((1,2,3))
	tuple

R	파이썬
해당 사항 없음	type({'one':10, 'two':20, 'three':30})
	dict

R	파이썬
class(1+2i)	type(1+2j)
[1] 'complex'	complex # 복소수
typeof(1+2i)	

Python의 데이터 구조

구분	리스트	튜플	세트	딕셔너리
선언	my_list=[ ]	my_tuple=( )	my_set={ }	my_d={key:val}
순서 보장	○	○	X	○
중복 허용	○	○	X	X (key)
접근	my_list[idx]	my_tuple[idx]	X	d[key] d.get(key)
수정	○	X	X	○ (value)
추가	append( ) insert( ) extend( )	X	add( ) update( )	d[key]=val update( )
삭제	remove( ) pop( ) clear( )	X	remove( ) discard( ) pop( ) clear( )	pop( ) popitem( ) clear( )
용도	여러 값들을 순서대로 관리할 때	값이 바뀌지 않거나, 바뀌면 안 될 때	값의 존재 여부가 중요하고 중복되면 안 될 때	데이터를 key로 관리할 때

R의 데이터 구조

구분	벡터	리스트	행렬	데이터프레임
선언	c( )	list( )	matrix( )	data.frame( )
순서 보장	○	○	○	○
중복 허용	○	○	○	○
접근	vec[idx]	list[[idx]]	mat[row, col]	df[row, col]
수정	○	○	○	○
추가	append( )	append( )	rbind( ), cbind( )	rbind( ), cbind( )
삭제[38]	vec[-idx]	list[-idx]	mat[-row,] or mat[, -col]	df[-row,] or df[, -col]
용도	값들을 순서대로 관리할 때	복합 데이터 구조를 가질 때	2차원의 숫자나 문자 데이터 관리할 때	열에 다른 유형의 데이터를 포함할 때

38) 예를 들어, 벡터에서 2번째 원소를 삭제하려면 vec[−2]를 사용한다. 마찬가지로, 데이터프레임에서 3번째 열을 삭제하려면 df[, −3]를 사용한다.

R과 Python의 자료형 비교

구분	R	Python	비고
개별 자료형	character	str	문자열
	integer	int	정수
	numeric/double	float	부동소수점 수
	logical	bool	논리값(True/False)
묶음 자료형	list	list	순서가 있는, 변경 가능한 컬렉션
	list(제한적)	tuple	순서가 있는, 변경 불가능한 컬렉션. R에서의 변경 불가능한 리스트는 표준 기능으로 직접 지원되지 않으며 별도의 코드 필요.
	vector(중복 없음)	set	순서가 없는, 중복 없는 컬렉션. R에서 중복 없는 벡터를 만들기 위해 unique 함수 등 사용 가능.
	named list	dict	키-값 쌍으로 이루어진 컬렉션
자료형 확인	mode( )/class( )/typeof( )	type( )	변수의 자료형 확인

Python과 R에서 리스트와 튜플에 적용할 수 있는 내장 함수 비교

기능	Python(list)	Python(tuple)	R(list)
길이 구하기	len( )	len()	length( )
요소 추가	append( )	N/A	append( )
요소 확장	extend( )	N/A	c( )
요소 삽입	insert( )	N/A	append() (위치 지정)
요소 제거	remove( )	N/A	-
인덱스로 요소 제거	pop( )	N/A	-
인덱스로 요소 찾기	list[index]	tuple[index]	list[[index]]
인덱스로 요소 변경	list[index] = value	N/A	list[[index]] = value
특정 값의 인덱스 찾기	index( )	index( )	which( )
정렬(반환)	sorted( )	sorted( )	sort( )
정렬(원본 변경)	sort( )	N/A	sort( )
뒤집기(반환)	reversed( )	reversed( )	rev( )

뒤집기(원본 변경)	reverse( )	N/A	rev( )
카운트(특정 값)	count( )	count( )	-
최솟값	min( )	min( )	min( )
최댓값	max( )	max( )	max( )
합계	sum( )	sum( )	sum( )

sorted( ) 함수는 입력으로 리스트나 튜플을 받아서 정렬된 결과를 반환한다. reverse＝True 옵션을 주면 내림차순으로 정렬한다. 정렬된 결과는 항상 리스트 형태로 반환되므로, 튜플로 결과를 받고 싶다면 tuple() 함수로 결과를 감싸서 변환한다.

reversed( ) 함수는 리스트나 튜플의 요소를 역순으로 반환한다. 결과는 바로 리스트나 튜플 형태로 나타나지 않으며, 'reversed object'로 반환된다. 따라서 실제로 리스트나 튜플 형태로 결과를 보고 싶다면 tuple() 또는 list() 함수로 결과를 감싸서 변환한다.

Python에서 리스트 메소드는 리스트 객체에 특화된 함수로, 해당 리스트의 데이터를 다루기 위해 사용한다. 리스트 메소드는 리스트 객체를 대상으로 동작하며, 리스트의 요소를 추가, 제거, 정렬 등의 작업을 수행하는 데 사용한다.

일부 리스트 메소드를 나열하면 아래와 같다.

- append(x): 리스트의 끝에 항목을 추가한다.
- extend(iterable): 리스트의 끝에 다른 리스트나 튜플 같은 것들의 내용을 모두 추가한다. 이때, 추가하려는 것들은 하나하나 차례로 꺼낼 수 있는 형태여야 한다. 예를 들어, [1, 2, 3]이라는 리스트에 [4, 5, 6]이라는 리스트를 extend로 추가하면, [1, 2, 3, 4, 5, 6]이라는 새로운 리스트가 만들어진다. 여기서 [4, 5, 6]의 각 숫자가 하나씩 차례로 [1, 2, 3] 리스트 끝에 추가되는 것이다.
- insert(i, x): 주어진 위치에 항목을 삽입한다.
- remove(x): 리스트에서 값이 x인 첫 번째 항목을 제거한다.

- pop([i]): 주어진 위치에 있는 항목을 제거하고 반환한다. 인덱스가 지정되지 않으면 마지막 항목을 제거하고 반환한다.
- clear( ): 리스트의 모든 항목을 제거한다.
- index(x[, start[, end]]): 리스트에서 값이 x인 첫 번째 항목의 인덱스를 반환한다.
- append: 이 메소드는 리스트의 끝에 새로운 항목을 추가하는 역할을 한다.
- count(x): 리스트에서 값이 x인 항목의 개수를 반환한다.
- sort(key=None, reverse=False): 리스트를 제자리에서 정렬한다.
- reverse( ): 리스트의 요소를 제자리에서 뒤집는다.
- copy( ): 이 메소드는 기존의 리스트와 똑같은 내용을 가진 새로운 리스트를 만든다. 새로운 리스트는 원래 리스트와 완전히 별개이므로, 새 리스트에 변화를 주더라도 원래 리스트에는 영향을 미치지 않는다. 예를 들어, original_list라는 리스트가 있을 때, copy_list=original_list.copy()를 하면 copy_list는 original_list와 같은 내용을 가지지만, 서로 독립된 별개의 리스트가 된다.

이러한 메소드들은 리스트 자료형의 객체가 가지고 있는 메소드로, 객체 지향 프로그래밍의 특성을 반영한다. list.method() 형태로 호출하여 사용할 수 있다.

한편, Python에서 튜플(tuple)은 변경 불가능한(immutable) 시퀀스 자료형이라서 리스트와 달리 튜플에는 요소를 변경하거나 추가, 삭제할 수 있는 메소드가 없다. 그렇지만, 튜플에는 다음 두 가지 메소드가 있다.

- count(x): 튜플 내에서 주어진 값 x의 개수를 반환한다.
- index(x): 튜플 내에서 주어진 값 x가 처음으로 나타나는 위치의 인덱스를 반환한다.

리스트와 달리 튜플은 변경 불가능하므로, 튜플을 수정하는 메소드는 존재하지 않는다.

R은 Python과 달리 객체 지향 프로그래밍 패러다임을 강조하지 않으므로, 리스트에 대한 메소드를 가지고 있지 않다. 그러나, R에는 리스트를 조작할 수 있는 함수들이 별도로 존재하며, 대부분의 경우 Python의 리스트 메소드와 유사한 기능을 수행할 수 있다.

다음은 R에서 Python 리스트 메소드와 유사한 기능을 수행하는 일부 함수들이다.

- append( ): 벡터나 리스트에 요소를 추가한다.
- c( ): 여러 개의 벡터나 리스트를 결합한다.
- length( ): 리스트의 길이를 반환한다.
- sort( ): 리스트나 벡터를 정렬한다.
- rev( ): 리스트나 벡터의 요소를 뒤집는다.
- which( ): 특정 조건에 맞는 요소의 인덱스를 반환한다.
- sum( ), min( ), max( ): 리스트나 벡터의 합계, 최솟값, 최댓값을 계산한다.

하지만, R에서는 리스트의 요소를 직접 제거하거나, 특정 값의 인덱스를 찾는 등 일부 Python 리스트 메소드와 정확히 대응되는 함수가 없을 수도 있다. 이런 경우에는 R의 다른 함수와 로직을 조합하여 원하는 기능을 수행해야 할 수 있다.

패키지(package)는 Python, R과 같은 프로그래밍 언어에서 공통된 목적을 가진 여러 함수, 클래스, 모듈, 데이터 등을 묶어놓은 것을 말한다. 패키지를 사용하면 다른 개발자들이 작성한 코드를 쉽게 가져와 사용할 수 있으며, 코드의 재사용성과 관리가 편리해진다. Python과 R에서 패키지의 이름은 대소문자를 구분한다. 따라서 패키지를 임포트(import)할 때 대소문자를 제대로 사용해야 한다.

Python 패키지

Python에서 패키지는 여러 모듈을 하나로 묶은 것이다. 모듈은 Python 코드가 들어 있는 파일이며, 이러한 모듈들을 논리적으로 구조화하여 패키지를 형성한다. 예를 들어, 데이터 분석을 위한 'pandas' 패키지, 수학 계산을 위한 'numpy' 패키지 등이 있다.

R 패키지

R에서 패키지 역시 비슷한 목적으로 사용된다. R 패키지는 함수, 데이터 세트, 문서화, R 코드의 집합으로 구성된다. 패키지를 사용하면 통계 분석, 시각화, 데이터 처리 등에 필요한 도구들을 쉽게 사용할 수 있다. 예를 들어, 데이터 조작을 위한 'dplyr' 패키지, 데이터 시각화를 위한 'ggplot2' 패키지 등이 있다.

두 언어 모두, 패키지를 통해 효율적인 개발이 가능하며, 커뮤니티에서 다양한 분야의 전문 패키지를 공유하고 있어, 특정 작업을 수행할 때 필요한 도구를 빠르게 찾고 사용할 수 있다.

[Python] numpy 패키지 설치 python -m pip install numpy

⌨
```
import numpy as np
np.linspace(start=0,stop=10,num=5)
```

🖥
```
array([ 0. ,  2.5,  5. ,  7.5, 10. ])
```

⌨
```
import numpy as np
np.linspace(0,10,5)
```

주요 Python 패키지

- folium(폴리엄): 단계 구분도 생성
- JPype1(제이파이프원): 자바 접근. KoNLPy의 의존성 패키지로 KoNLPy보다 먼저 설치
- json(제이슨): JSON 데이터 처리
- jupyter-dash(주피터대시): Jupyter에서 Dash 앱을 통합
- jupyterlab(주피터랩): Jupyter 노트북의 향상된 버전
- KoNLPy(코엔엘파이): 한국어 처리
- matplotlib(맷플랏리브): 데이터 시각화(import matplotlib as plt)
- numpy(넘파이): 배열 연산, 통계값 계산 등 수치 연산(import numpy as np)
- pandas(판다스): 데이터 가공. 예: Excel, CSV 파일 등을 호출하여 데이터 프레임으로 작성(import pandas as pd)
- PIL(피아이엘, Python Imaging Library): 이미지 분석 및 처리
- plotly(플라틀리): 대화형 그래프 작성
- pydataset(파이데이터셋): 다양한 데이터 집합 호출
- pyreadstat(파이리드스탯): 통계 파일 읽기
- re(리): 정규 표현식을 사용한 문자열 처리
- scikit-learn(사이킷런): 머신러닝 라이브러리

- seaborn(씨본): 그래프 작성(import seaborn as sns)
- sklearn(에스케이런): 기계 학습 모델 생성(import sklearn as met)
- webbrowser(웹브라우저): 웹 브라우저 제어
- wordcloud(워드클라우드): 워드 클라우드 생성

주요 R 패키지

- corrplot(코어플롯): 상관 행렬을 시각화
- devtools(데브툴즈): R 패키지 개발을 돕는 도구 모음
- dplyr(디플라이어): 데이터 처리와 변환. 특히, 데이터프레임 조작에 유용
- dygraphs(디그래프스): 대화형 시계열 그래프 생성
- foreign(포린): 외부 데이터 파일 읽어오기
- ggiraphExtra(지지라프엑스트라): 'ggplot2'를 확장하여 인터랙티브한 'ggplot2' 그래프 생성
- ggplot2(지지플롯투): 데이터 시각화. 'ggplot( )', 'qplot( )', 'geom_histogram( )' 등의 함수 제공
- KoNLP(코엔엘피): 한국어 자연어 처리
- kormaps2014(코맵스2014): 우리나라 지도 데이터 제공
- plotly(플로틀리): 대화형 그래프 생성
- readxl(리드엑셀): Excel 파일 읽어오기
- rmarkdown(R마크다운): R 코드와 분석을 포함한 동적 문서 작성
- stringi(스트링아이): 문자열 처리, 성능이 뛰어나며 다양한 문자 인코딩 지원
- stringr(스트링어): 문자열 처리, 'stringi'에 기반하며 사용자 친화적
- tibble(티블): 데이터프레임을 확장한 형태로, 데이터 출력과 조작 지원
- wordcloud(워드클라우드): 워드 클라우드 생성

Mission 24	예약어	Python & R

Python의 키워드

키워드(예약어) 목록을 확인하는 명령어는 아래와 같다.

- import keyword
- dir(keyword)
- keyword.kwlist

Python에서 사용하는 키워드는 아래와 같다.

False	none	True	and	as
Assert	break	class	continue	def
Del	elif	else	except	finally
For	from	global	if	import
In	is	lambda	nonlocal	not
Or	pass	raise	return	try
While	with	yield		

R 예약어

R에서 예약어 목록을 확인하는 명령어는 ?reserved이다. 이 명령어를 실행하면 R에서 사용되는 예약어의 목록을 볼 수 있다.

if	else	repeat	while	function
for	in	next	break	TRUE
FALSE	NULL	Inf	NaN	NA
NA_integer_	NA_real_	NA_complex_	NA_character_	

`</>` "*" 기호를 줄 단위로 하나씩 증가하면서 표시하기

[1]

⌨

```
n = int(input("How many *? ")) # input으로 입력
받은 숫자는 문자로 처리하므로 int 함수로 숫자로
변환
print(str(n)+" *s in "+str(n)+" lines.") # 문자열을
결합할 때 유형을 통일하기 위해 숫자 n을 string으
로 변환
for i in range(n):
    print("*"*i) # string에 숫자를 곱하면 그만큼
    string 내용이 반복 표시
```

🖥

```
How many *? 3
3 *s in 3 lines.

*
** # range(n)을 입력하면 기본적으로 0부터 시
작하여 n보다 하나 작은 개수까지 표시
```

[2]

⌨

```
n = int(input("How many *? ")) print(str(n)+"
*s in "+str(n)+" lines.")
for i in range(1,n+1):
    print("*"*i)
```

🖥

```
How many *? 3
3 *s in 3 lines.
*
**
*** # 1부터 n까지 개수가 표시되도록 range(n)을
range(1,n+1)로 수정
```

240

"＊"와 같이 미리 지정한 기호가 아니라 입력 받은 기호를 줄 단위로 하나 씩 증가하면서 표시하기

```
shape = input("What shape(s) or
character(s)? ")
print("You chose " + shape)
n = int(input("How many " + shape + "? "))
print(str(n) + " " + shape + "(s) in "+str(n)+"
lines.")
for i in range(1,n+1):
    print(shape*i)
```

```
What shape(s) or character(s)? @
You chose @
How many @? 5
5 @(s) in 5 lines.
@
@@
@@@
@@@@
@@@@@
```

 입력 받은 기호를 줄 단위로 하나씩 증가하면서 오른쪽 정렬하여 표시하기

[1]

```
shape = input("What shape(s) or
character(s)? ")
print("You chose " + shape)
n = int(input("How many " + shape + "? "))
print(str(n) + " " + shape + "(s) in "+str(n)+"
lines.")
for i in range(1,n+1):
    print(" "*(n-i), end="")
    print(shape*i)
```

```
What shape(s) or character(s)? @
You chose @
How many @? 4
4 @(s) in 4 lines.
   @
  @@
 @@@
@@@@

What shape(s) or character(s)? $% # 입력 문
자가 2개
You chose $%
How many $%? 3
3 $%(s) in 3 lines.
  $% # 입력 문자가 2개 이상일 때 왼쪽 빈 칸의
```

개수가 문자 수에 일치하지 않아 오른쪽 정렬이 되
지 않음
  $%$%
$%$%$%

print 함수 내 end=""" 해당 줄에서 줄바꿈을 하지 않도록 해서 여백 후 지정한
문자가 바로 연결되도록 한다. 이 인자를 표시하지 않으면 지정한 개수만큼의
여백을 출력한 후 바로 줄을 바꿔버린다.

[2]

```
shape = input("What shape(s) or
character(s)? ")
nos = len(shape) # 입력 받은 문자 수 계산
print("You chose " + shape + " with " + str
(nos) + " character(s).")
n = int(input("How many " + shape + "? "))
print(str(n) + " " + shape + "(s) in "+str(n)+"
lines.")
for i in range(1,n+1):
    print(" "*(n-i)*nos, end="") # 입력 받은 문
자 수만큼 곱하여 빈 칸 생성
    print(shape*i)
```

```
What shape(s) or character(s)? @#
You chose @# with 2 character(s).
How many @#? 3
3 @#(s) in 3 lines.
    @#
  @#@#
@#@#@#
```

</> 입력 받은 기호를 입력 받은 개수만큼 줄 단위로 표시할 때 줄마다 한 칸씩 밀려 들어가게 표시하기

[1]

```
shape = input("What shape(s) or
character(s)? ")
```

```
What shape(s) or character(s)? @
You chose @ with 1 character(s).
```

```
nos = len(shape)
print("You chose " + shape + " with " +
str(nos) + " character(s).")
n = int(input("How many " + shape + "? "))
print(str(n) + " " + shape + "(s) in "+str(n)+"
lines.")
for i in range(1,n+1):
    print(" "*i, end="")
    print(shape*n)
```

```
How many @? 5
5 @(s) in 5 lines.
 @@@@@ # 1부터 시작이므로 첫 줄에 빈 칸
하나 입력
  @@@@@
   @@@@@
    @@@@@
     @@@@@
```

[2]

```
shape = input("What shape(s) or
character(s)? ")
nos = len(shape)
print("You chose " + shape + " with " +
str(nos) + " character(s).")
n = int(input("How many " + shape + "? "))
print(str(n) + " " + shape + "(s) in "+str(n)+"
lines.")
for i in range(n):
    print(" "*i, end="")
    print(shape*n)
```

```
What shape(s) or character(s)? *
You chose * with 1 character(s).
How many *? 4
4 *(s) in 4 lines.
****
 ****
  ****
   ****
```

입력 받은 기호를 줄 단위로 하나씩 감소하면서 표시하기

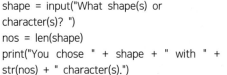

```
shape = input("What shape(s) or
character(s)? ")
nos = len(shape)
print("You chose " + shape + " with " +
str(nos) + " character(s).")
n = int(input("How many " + shape + "? "))
print(str(n) + " " + shape + "(s) in "+str(n)+"
lines.")
```

```
What shape(s) or character(s)? ^%
You chose ^% with 2 character(s).
How many ^%? 3
3 ^%(s) in 3 lines.
^%^%^%
^%^%
^%
```

```
for i in range(n):
    print(shape*(n-i))
```

📟 입력 받은 기호를 줄 단위로 하나씩 감소하면서 오른쪽 정렬하여 표시하기

[1]

```
shape = input("What shape(s) or
character(s)? ")
nos = len(shape)
print("You chose " + shape + " with " +
str(nos) + " character(s).")
n = int(input("How many " + shape + "? "))
print(str(n) + " " + shape + "(s) in "+str(n)+"
lines.")
for i in range(n):
    print(" "*i, end="")
    print(shape*(n-i))
```

What shape(s) or character(s)? 4$
You chose 4$ with 2 character(s).
How many 4$? 3
3 4$(s) in 3 lines.
4$4$4$
 4$4$ # 입력 받은 문자 개수가 2개 이상이므로
공백의 크기가 맞지 않아 오른쪽 정렬이 되지 않음
  4$

[2]

```
shape = input("What shape(s) or
character(s)? ")
nos = len(shape)
print("You chose " + shape + " with " +
str(nos) + " character(s).")
n = int(input("How many " + shape + "? "))
print(str(n) + " " + shape + "(s) in "+str(n)+"
lines.")
for i in range(n):
    print(" "*i*nos, end="")
    print(shape*(n-i))
```

What shape(s) or character(s)? @*
You chose @* with 2 character(s).
How many @*? 3
3 @*(s) in 3 lines.
@*@*@*
  @*@*
    @*

244

</> 입력 받은 기호를 입력 받은 줄 수만큼 쌓아 이등변삼각형 모양으로 표시하기

```
shape = input("What shape(s) or character(s)?
")
nos = len(shape)
print("You chose " + shape + " with " + str
(nos) + " character(s).")
n = int(input("How many " + shape + "? "))
print(str(n) + " " + shape + "(s) in "+str(n)+"
lines.")
for i in range(n):
    print(" "*(n-i-1)*nos, end="")
    print(shape*(i*2+1)) # 각 줄의 문자는 홀수
(짝수 + 1)로 생성되도록 계산
```

```
What shape(s) or character(s)? #@
You chose #@ with 2 character(s).
How many #@? 4
4 #@(s) in 4 lines.
      #@
    #@#@#@
  #@#@#@#@#@
#@#@#@#@#@#@#@
```

</> 입력 받은 기호를 입력 받은 줄 수만큼 쌓아 역이등변삼각형 모양으로 표시하기

```
shape = input("What shape(s) or
character(s)? ")
nos = len(shape)
print("You chose " + shape + " with " +
str(nos) + " character(s).")
n = int(input("How many " + shape + "? "))
print(str(n) + " " + shape + "(s) in "+str(n)+"
lines.")
for i in range(n):
    print(" "*i*nos, end="")
    print(shape*((n-i)*2-1))
```

```
What shape(s) or character(s)? *9
You chose *9 with 2 character(s).
How many *9? 4
4 *9(s) in 4 lines.
*9*9*9*9*9*9*9
  *9*9*9*9*9
    *9*9*9
      *9
```

</> "*" 기호를 줄 단위로 하나씩 증가하면서 표시하기

[1]

```
n <- as.integer(readline(prompt = "How many *?
")) # 사용자로부터 입력받고 정수로 변환
cat(paste(n, "*s in", n, "lines.\n")) # 입력받은 숫자
를 문자열과 결합하여 출력
for (i in 0:(n-1)) {
  cat(paste(rep("*", i), collapse = ""), "\n") # i개의
별표 출력
}
```

```
How many *? 3
3 *s in 3 lines.

*
** # 첫 줄에는 별표가 없고, 그 다음부터는 별
표가 1개씩 증가
```

- cat 함수는 주로 반복문에서 지정된 객체들을 연속적으로 출력하고, 지정한 구분자(separator)를 사용해 이들 사이를 구분하여 여러 줄에 걸친 형식화한 출력을 생성하는데 사용한다.
- rep 함수는 각 요소를 반복하여 벡터를 만든다. 예를 들어, rep("A", 3)은 세 요소를 가진 벡터 c("A", "A", "A")를 반환한다. 따라서 각 요소를 하나로 연결할 때는 paste 함수를 사용하고 collapse 인자로 요소들을 어떻게 결합할 것인지를 지정한다. 빈 문자열을 뜻하는 ""(연속 큰따옴표)를 사용하면 공백 없이 모든 요소가 바로 연결된다. paste와 rep 조합은 복잡한 문자열 처리나 다양한 문자열이 포함된 벡터를 다룰 때 유용하지만, 단순하게 문자열을 반복하여 연결하는 것이 목적이라면 strrep 함수를 사용하는 것이 더 간결하고 효율적이다. 예를 들어, strrep("A", 3)는 A를 세 번 반복하여 AAA라는 하나의 문자열을 생성한다.

[2]

```
n <- as.integer(readline(prompt = "How many *?
")) # 사용자로부터 입력받고 정수로 변환
cat(paste(n, "*s in", n, "lines.\n")) # 입력받은 숫자
를 문자열과 결합하여 출력
for (i in 1:n) {
  cat(paste(rep("*", i), collapse = ""), "\n") # i개의
별표 출력
}
```

```
How many *? 3
3 *s in 3 lines.
*
**
*** # 1부터 n까지 개수가 표시되도록 0:(n-1)
을 1:n으로 수정
```

"*"와 같이 미리 지정한 기호가 아니라 입력 받은 기호를 줄 단위로 하나 씩 증가하면서 표시하기

```
shape <- readline(prompt = "What shape(s) or
character(s)? ")
cat("You chose", shape, "\n")
n <- as.integer(readline(prompt = paste("How
many", shape, "? ")))
cat(paste(n, shape, "(s) in", n, "lines.\n"))
for (i in 1:n) {
  cat(paste(rep(shape, i), collapse = ""), "\n")
}
```

```
What shape(s) or character(s)? @
You chose @
How many @? 5
5 @(s) in 5 lines.
@
@@
@@@
@@@@
@@@@@
```

입력 받은 기호를 줄 단위로 하나씩 증가하면서 오른쪽 정렬하여 표시하기

[1]

```
shape <- readline(prompt = "What shape(s) or
```

```
What shape(s) or character(s)? @
```

```
character(s)? ")
cat("You chose", shape, "\n")
n <- as.integer(readline(prompt = paste("How
many", shape, "? ")))
cat(paste(n, shape, "(s) in", n, "lines.\n"))
for (i in 1:n) {
  spaces <- paste(rep(" ", n - i), collapse = "")
  shapes <- paste(rep(shape, i), collapse = "")
  cat(spaces, shapes, "\n")
}
```

```
You chose @
How many @? 4
4 @(s) in 4 lines.
   @
  @@
 @@@
@@@@
```

What shape(s) or character(s)? $% # 입력
문자가 2개
You chose $%
How many $%? 3
3 $%(s) in 3 lines.
   $% # 입력 문자가 2개 이상일 때 왼쪽 빈 칸
의 개수가 문자 수에 일치하지 않아 오른쪽 정렬
이 되지 않음
 $%$%
$%$%$%

[2]

```
shape <- readline(prompt = "What shape(s) or
character(s)? ")
nos <- nchar(shape) # 입력 받은 문자 수 계산
cat("You chose", shape, "with", nos, "character
(s).\n")
n <- as.integer(readline(prompt = paste("How
many", shape, "? ")))
cat(paste(n, shape, "(s) in", n, "lines.\n"))
for (i in 1:n) {
  cat(paste(rep(" ", (n - i) * nos), collapse = ""),
end="") # 입력 받은 문자 수만큼 곱하여 빈 칸 생성
  cat(paste(rep(shape, i), collapse = ""), "\n")
}
```

```
What shape(s) or character(s)? @#
You chose @# with 2 character(s).
How many @#? 3
3 @#(s) in 3 lines.
    @#
  @#@#
@#@#@#
```

248

</> 입력 받은 기호를 입력 받은 개수만큼 줄 단위로 표시할 때 줄마다 한 칸씩 밀려 들어가게 표시하기

[1]

```
shape <- readline(prompt = "What shape(s) or
character(s)? ")
nos <- nchar(shape)
cat("You chose", shape, "with", nos,
"character(s).\n")
n <- as.integer(readline(prompt = paste("How
many", shape, "? ")))
cat(paste(n, shape, "(s) in", n, "lines.\n"))
for (i in 1:n) {
  cat(paste(rep(" ", i), collapse = ""), shape, sep
= "")
  cat(paste(rep(shape, n - i), collapse = ""),
"\n")
}
```

```
What shape(s) or character(s)? @
You chose @ with 1 character(s).
How many @? 5
5 @(s) in 5 lines.
 @@@@@ # 1부터 시작이므로 첫 줄에 빈
칸 하나 입력
  @@@@@
   @@@@@
    @@@@@
     @@@@@
```

[2]

```
shape <- readline(prompt = "What shape(s) or
character(s)? ")
nos <- nchar(shape)
cat("You chose", shape, "with", nos,
"character(s).\n")
n <- as.integer(readline(prompt = paste("How
many", shape, "? ")))
cat(paste(n, shape, "(s) in", n, "lines.\n"))
for (i in 0:(n-1)) {
  spaces <- paste(rep(" ", i), collapse = "")
  shapes <- paste(rep(shape, n), collapse = "")
  cat(spaces, shapes, "\n")
}
```

```
What shape(s) or character(s)? *
You chose * with 1 character(s).
How many *? 4
4 *(s) in 4 lines.
****
 ****
  ****
   ****
```

입력 받은 기호를 줄 단위로 하나씩 감소하면서 표시하기

⌨

```
shape <- readline(prompt = "What shape(s) or
character(s)? ")
nos <- nchar(shape)
cat("You    chose",    shape,    "with",    nos,
"character(s).\n")
n <- as.integer(readline(prompt = paste("How
many", shape, "? ")))
cat(paste(n, shape, "(s) in", n, "lines.\n"))
for (i in 0:(n-1)) {
  cat(paste(rep(shape, n-i), collapse = ""), "\n")
}
```

🖥

```
What shape(s) or character(s)? ^%
You chose ^% with 2 character(s).
How many ^%? 3
3 ^%(s) in 3 lines.
^%^%^%
^%^%
^%
```

입력 받은 기호를 줄 단위로 하나씩 감소하면서 오른쪽 정렬하여 표시하기

[1]

⌨

```
shape <- readline(prompt = "What shape(s) or
character(s)? ")
nos <- nchar(shape)
cat("You    chose",    shape,    "with",    nos,
"character(s).\n")
n <- as.integer(readline(prompt = paste("How
many", shape, "? ")))
cat(paste(n, shape, "(s) in", n, "lines.\n"))
for (i in 0:(n-1)) {
  spaces <- paste(rep(" ", i), collapse = "")
  shapes <- paste(rep(shape, n-i), collapse = "")
  cat(spaces, shapes, "\n")
}
```

🖥

```
What shape(s) or character(s)? 4$
You chose 4$ with 2 character(s).
How many 4$? 3
3 4$(s) in 3 lines.
4$4$4$
 4$4$ # 입력 받은 문자 개수가 2개 이상이므
로 공백의 크기가 맞지 않아 오른쪽 정렬이 되지
않음
  4$
```

250

[2]

```r
shape <- readline(prompt = "What shape(s) or
character(s)? ")
nos <- nchar(shape)
cat("You chose", shape, "with", nos,
"character(s).\n")
n <- as.integer(readline(prompt = paste("How
many", shape, "? ")))
cat(paste(n, shape, "(s) in", n, "lines.\n"))
for (i in 0:(n-1)) {
  cat(paste(rep(" ", i * nos + (n - i - 1)), collapse
= ""), shape * (n - i), "\n")
}
```

```
What shape(s) or character(s)? @*
You chose @* with 2 character(s).
How many @*? 3
3 @*(s) in 3 lines.
@*@*@*
 @*@*
  @*
```

</> 입력 받은 기호를 입력 받은 줄 수만큼 쌓아 이등변삼각형 모양으로 표시하기

[1]

```r
shape <- readline(prompt = "What shape(s) or
character(s)? ")
nos <- nchar(shape)
cat(paste("You chose", shape, "with", nos,
"character(s).\n"))
n <- as.integer(readline(prompt = paste("How
many", shape, "? ")))
cat(paste(n, shape, "(s) in", n, "lines.\n"))
for (i in 0:(n-1)) {
  spaces <- rep(" ", (n - i - 1) * nos)
  shapes <- rep(shape, i * 2 + 1)
  cat(paste(spaces, collapse = ""), paste(shapes,
collapse = ""), "\n")
}
```

```
What shape(s) or character(s)? #@
You chose #@ with 2 character(s).
How many #@? 4
4 #@(s) in 4 lines.
   #@
  #@#@#@
 #@#@#@#@#@
#@#@#@#@#@#@#@
```

입력 받은 기호를 입력 받은 줄 수만큼 쌓아 역이등변삼각형 모양으로 표시 하기

```
shape <- readline(prompt = "What shape(s) or
character(s)? ")
nos <- nchar(shape)
cat("You chose", shape, "with", nos,
"character(s).\n")
n <- as.integer(readline(prompt = paste("How
many", shape, "? ")))
cat(paste(n, shape, "(s) in", n, "lines.\n"))
for (i in 0:(n-1)) {
  cat(paste(rep(" ", i * nos), collapse = ""))
  cat(paste(rep(shape, (n - i) * 2 - 1), collapse
= ""), "\n")
}
```

```
What shape(s) or character(s)? *9
You chose *9 with 2 character(s).
How many *9? 4
4 *9(s) in 4 lines.
*9*9*9*9*9*9*9
 *9*9*9*9*9
  *9*9*9
   *9
```

| Mission 27 | 기술 통계 | Python |

- Excel 파일 불러오기
- import pandas as pd
  - pandas 라이브러리가 없다면 설치 후 import
  - pip install pandas
- df_excel = pd.read_excel("pakcw_stat_for_stu_practice.xlsx")
  - xlsx 파일의 경우 xls와 달리 openpyxl 라이브러리가 필요할 수 있다.

- pip install openpyxl
- df_excel = pd.read_excel("pakcw_stat_for_stu_practice.xlsx", sheet_name=0)
  - sheet−number의 index는 0부터 시작
- df_excel = pd.read_excel("pakcw_stat_for_stu_practice.xlsx", sheet_name=0, header=none)
  - 첫째 행에 변수 이름이 지정되어 있지 않을 때. none, None, NONE 등 모두 가능.
- df_excel

■ CSV 파일 불러오기
- import pandas as pd
- df_data = pd.read_csv("pakcw_stat_for_stu_practice.csv", sep=",")
  - 구분자가 쉼표(,)라면 sep="," 옵션은 생략 가능. 구분자가 탭(tab)인 경우는 sep="\t" 입력
- df_data

Excel 파일의 경우 필드명이 한글(Korean)로 되어 있거나, 시트 구성이 복잡한 경우 오류가 나타날 수 있으므로, 간단한 데이터 집합이라면 바로 입력하거나 CSV 형식을 사용하도록 한다. 실습용 Excel 파일(pakcw_stat_for_stu_practice.xlsx)에서 [기술통계법] 워크시트를 열고 다른 이름으로 저장 메뉴를 이용해 CSV 파일로 저장한다. 이때 파일 형식은 반드시 "CSV UTF−8(쉼표로 분리) (*.csv)"을 선택한다. Excel 파일을 CSV 파일로 저장하면 해당 시트만 변환된다.

CSV 파일 내용

날짜,판매량
1월 1일,67
1월 2일,75
1월 3일,82
...
1월 22일,70
1월 23일,74
1월 24일,86

실습용 CSV 파일(예: practice desc.csv)을 JupyterLab File Browser 창으로 입력한
다(파일 업로드 단추나 마우스로 파일 끌어다 놓기 이용).

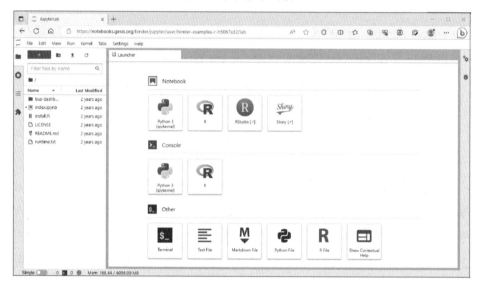

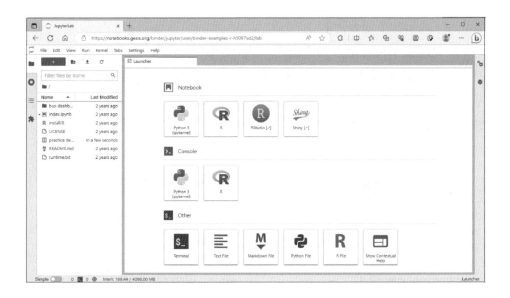

Notebook 항목에서 Python 3를 선택하고 필요한 코드를 입력하여 실행한다.

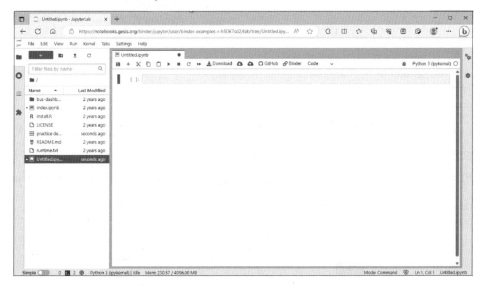

작업 내용은 일단 Untitled.ipynb 파일로 저장되므로, 나중에 활용할 필요가 있다면 이를 적당한 이름으로 바꾸고, 웹 앱(웹 브라우저 창)을 닫기 전에는 반드시 로

컬로 다운로드하여 저장한다.

코드 전체를 하나의 입력 박스(셀)에 모두 입력해도 되고, 한 줄 한 줄 확인하면서 필요한 만큼씩 입력해도 된다. 명령을 입력하고 실행할 때는 [Shift] + [Enter]를 누르거나, 상단 메뉴 막대에서 실행 아이콘(Run the selected cells and advance)을 선택한다.

```
import pandas as pd
file_path = 'practice desc.csv'
df = pd.read_csv(file_path)
summary_statistics = df.describe()
print(summary_statistics)
```

```
       판매량
count   24.000000
mean    72.208333
std     18.638388
min     36.000000
25%     58.750000
50%     74.500000
75%     86.250000
max     99.000000
```

```
import pandas as pd
df = pd.read_csv('practice desc.csv')
summary_statistics = df.describe()
print(summary_statistics)
```

실습 데이터의 경우 날짜, 판매량 열 중 숫자 데이터가 입력된 판매량만을 대상으로 기술 통계량을 계산한다. 이 데이터 집합의 경우 큰 의미는 없지만, 판매량과 같은 수치형 데이터뿐만 아니라 모든 데이터를 대상으로 통계량을 얻고 싶다면 describe 함수에 include="all" 옵션을 추가한다.

```
import pandas as pd
file_path = 'practice desc.csv'
df = pd.read_csv(file_path)
```

```
       날짜      판매량
count   24   24.000000
unique  24          NaN
```

256

```
summary_statistics = df.describe(include="all")
print(summary_statistics)
```

	top	1월 1일	NaN
freq		1	NaN
mean		NaN	72.208333
std		NaN	18.638388
min		NaN	36.000000
25%		NaN	58.750000
50%		NaN	74.500000
75%		NaN	86.250000
max		NaN	99.000000

NaN은 "Not a Number"의 약어로 숫자 연산에서 나오는 개념이기는 하지만, 프로그래밍 연산 과정에서 정의가 되지 않거나 표시될 수 없는 데이터 유형을 나타내는 기호이다. "낸"으로 발음하면 된다.

한편, 여러 열 중에 특정 열만 뽑아서 기술 통계량을 계산하려고 한다면 데이터 프레임에 해당 열의 이름을 지정한다.

- sales_statistics = df['판매량'].describe()

Mission 28	기술 통계	R

■ Excel 파일 불러오기

- install.packages('readxl')

- library(readxl)

- df_excel<-read_excel("pakcw_stat_for_stu_practice.xlsx")

- df_excel<-read_excel("pakcw_stat_for_stu_practice.xlsx", col_names = F) # 첫째

행에 변수 이름이 지정되어 있지 않을 때

- df_excel<-read_excel("pakcw_stat_for_stu_practice.xlsx", sheet =3) # 여러 개의 시트 중 특정 위치의 시트 지정, 첫 번째 시트는 0.

■ CSV 파일 불러오기(기본 내장)

- df_sample<-read.csv("csv_sample.csv")

- read.csv(file, header = TRUE, sep = ",", fill = TRUE, comment.char = "", ...)

  • 구분자가 탭(tab)인 경우는 sep="\t" 입력

  • fill = TRUE: 입력 파일의 행들이 열의 수가 서로 다른 경우에도 파일을 읽을 수 있게 한다.

  • comment.char: 주석 문자를 지정한다. 기본값은 comment.char = "#"로, 이 문자 다음의 내용은 주석으로 간주되어 읽지 않는다. comment.char = ""로 설정하면, 주석 문자가 없다는 것을 나타내므로 파일의 모든 내용을 읽어온다.

■ CSV 파일로 저장하기

- df_sample<-data.frame(…)

- write.csv(df_sample, file = "csv_sample.csv")

- write.csv(df_sample, file = "csv_sample.csv", row.names="FALSE")

  • row.names의 기본값은 TRUE지만, FALSE로 지정하면 행마다 첫 열에 일련 번호가 부여되지 않으며, 첫 행이 필드명이 아닌 경우는 wite.csv가 아니라 write.table 사용(write.table(df, file = "data_without_headers.csv", sep = ",", col.names = FALSE, row.names = FALSE, quote = FALSE)

■ RData 전용 파일

– 불러오기: load("rda_sample.rda")

— 저장하기: save(df_sample, file = "rda_sample.rda")

Python 작업 창에 R 작업 창을 추가한다면, 상단 [File] 메뉴에서 [New] > [Notebook]을 선택해 새 창을 열고, Kernel 선택 목록에서 "R"을 선택한다.

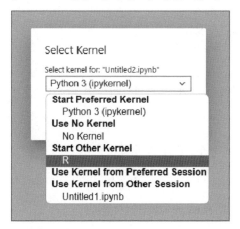

Python 실습과 같은 CSV 파일을 이용하기로 하고, 입력 셀에 코드를 입력하고 실행한다.

```
file_path <- "practice desc.csv"
df <- read.csv(file_path)
summary_statistics <- summary(df)
print(summary_statistics)
```

날짜	판매량
Length:24	Min. :36.00
Class :character	1st Qu.:58.75
Mode :character	Median :74.50
	Mean :72.21
	3rd Qu.:86.25
	Max. :99.00

```
df <- read.csv("practice desc.csv")
summary_statistics <- summary(df)
print(summary_statistics)
```

여러 열 중에 특정 열만 뽑아서 기술 통계량을 계산하려고 한다면 데이터 프레임에 해당 열의 이름을 지정한다.

```
sales_statistics <- summary(df$판매량)
print(sales_statistics)
```

```
   Min. 1st Qu.  Median    Mean 3rd Qu.    Max.
  36.00   58.75   74.50   72.21   86.25   99.00
```

참고로 분산이나 표준 편차와 같은 추가적인 통계량이 필요하다면 다음과 같은 명령을 사용할 수 있다.

```
sales_variance <- var(df$판매량)
print(paste("분산:", sales_variance))
sales_std_dev <- sd(df$판매량)
print(paste("표준 편차:", sales_std_dev))
sales_variance <- round(var(df$판매량), 2)
print(paste("분산:", sales_variance))
sales_std_dev <- round(sd(df$판매량), 5)
print(paste("표준 편차:", sales_std_dev))
```

```
[1] "분산: 347.389492753623"

[1] "표준 편차: 18.6383876114224"

[1] "분산: 347.39"

[1] "표준 편차: 18.63839"
```

Mission 29 회귀 분석   Python

회귀 분석은 크게 단순 회귀 분석과 다중 회귀 분석이 있으나, 여기에서는 편의상 다중 회귀 분석만을 설명하기로 한다.

실습용 Excel 파일(pakcw_stat_for_stu_practice.xlsx)에서 [다중회귀] 워크시트를 열고 다른 이름으로 저장 메뉴를 이용해 CSV 파일로 저장한다. 이때 파일 형식은 반드시 "CSV UTF−8(쉼표로 분리) (*.csv)"을 선택한다.

변환한 실습용 CSV 파일(예: practice reg.csv)을 JupyterLab File Browser 창으로 입력하여, 필요한 코드를 입력하고 실행한다. 여기에서 필요한 라이브러리는 pandas와 statsmodels이다. 미리 설치하도록 한다. 두 개의 라이브러리를 동시에 설치할 때는 아래와 같은 구문을 사용한다.

- pip install pandas statsmodels

```python
import pandas as pd
import statsmodels.api as sm

# CSV 파일 읽기
file_path = 'practice_reg.csv' # 파일 경로
data = pd.read_csv(file_path)

# 독립 변수와 종속 변수 설정
X = data[['광고비', '규모']]
y = data['매출액']

# 상수항 추가
X = sm.add_constant(X)

# 회귀 모델 생성
model = sm.OLS(y, X).fit()

# 결과 출력
print(model.summary())
```

			OLS Regression Results			
Dep. Variable:		매출액	R-squared:			0.934
Model:		OLS	Adj. R-squared:			0.915
Method:	Least Squares		F-statistic:			49.22
Date:	Mon, 21 Aug 2023		Prob (F-statistic):			7.54e-05
Time:		12:56:21	Log-Likelihood:			-19.476
No. Observations:		10	AIC:			44.95
Df Residuals:		7	BIC:			45.86
Df Model:		2				
Covariance Type:		nonrobust				

	coef	std err	t	P>|t|	[0.025	0.975]
const	-1.1730	2.294	-0.511	0.625	-6.597	4.251
광고비	0.6287	0.211	2.976	0.021	0.129	1.128
규모	1.6604	0.185	8.955	0.000	1.222	2.099

Omnibus:		0.697	Durbin-Watson:		2.488
Prob(Omnibus):		0.706	Jarque-Bera (JB):		0.207
Skew:		-0.331	Prob(JB):		0.902
Kurtosis:		2.755	Cond. No.		45.2

Notes:
[1] Standard Errors assume that the covariance matrix of the errors is correctly specified.

Mission 30 회귀 분석   R

Python 실습과 같은 CSV 파일을 이용하기로 하고, 입력 셀에 코드를 입력하고 실행한다.

```
# 필요한 라이브러리 로드
library(readr)

# CSV 파일 읽기
file_path <- "practice reg.csv"
data <- read_csv(file_path)

# 회귀 모델 생성
model <- lm(매출액 ~ 광고비 + 규모, data=data)

# 결과 출력
summary(model)
```

Call:
lm(formula = 매출액 ~ 광고비 + 규모, data = data)

Residuals:
Min	1Q	Median	3Q	Max
-3.4604	-0.7054	0.1112	0.8443	2.7229

Coefficients:
	Estimate	Std. Error	t value	Pr(>|t|)	
(Intercept)	-1.1730	2.2939	-0.511	0.6248	
광고비	0.6287	0.2112	2.976	0.0206	*
규모	1.6604	0.1854	8.955	4.41e-05	***

Signif. codes: 0 '***' 0.001 '**' 0.01 '*' 0.05 '.' 0.1 ' ' 1

Residual standard error: 2.028 on 7 degrees of freedom
Multiple R-squared: 0.9336,   Adjusted R-squared: 0.9146
F-statistic: 49.22 on 2 and 7 DF, p-value: 7.539e-05

해당 라이브러리가 로드되지 않는다면 이 역시 미리 설치해야 할 수도 있다.

- install.packages("readr")

로지스틱 회귀 분석　　　　　　　　　　Python

공부 시간을 독립 변수로 하고 합격 여부를 종속 변수로 하는 로지스틱 회귀 분석을 실시한다.

- 실습 데이터: "Logistic regression", Wikipedia,
  https://en.wikipedia.org/wiki/Logistic_regression
- CSV 파일 다운로드: LR Sample (hr−pass).csv, https://p.cantips.com/da− samples (비밀번호: cantips)

해당 실습 파일을 업로드하고, 입력 셀에 코드를 입력하고 실행한다. 우선 pandas 이외에 2개의 라이브러리가 더 필요하므로 미리 설치하도록 한다.

- numpy: 수학적 연산과 데이터 조작을 위한 라이브러리이다.
- scikit-learn: 로지스틱 회귀 모델을 훈련하고 평가하는 등 다양한 기계 학습 알고리즘 적용에 사용한다.
- matplotlib: 결과를 시각화하기 위해 사용한다.

```
import pandas as pd
import statsmodels.api as sm
import numpy as np
import matplotlib.pyplot as plt

# CSV 파일을 읽어 데이터프레임으로 변환
df = pd.read_csv('LR Sample (hr-pass).csv')

# 독립 변수와 종속 변수 설정
```

```python
X = df['Hours']
y = df['Pass']

# 상수 추가(절편 포함)
X = sm.add_constant(X)

# 로지스틱 회귀 모델 적합
model = sm.Logit(y, X)
result = model.fit()

# 결과 요약 출력
print(result.summary())

# 모델 계수 출력
print(f"Intercept (β0): {result.params['const']:.4f}")
print(f"Hours (β1): {result.params['Hours']:.4f}")

# 오즈 비율 계산
odds_ratio = np.exp(result.params)
print(f"Odds Ratio (OR) for Intercept (β0): {odds_ratio['const']:.4f}")
print(f"Odds Ratio (OR) for Hours (β1): {odds_ratio['Hours']:.4f}")

# 로지스틱 회귀식 출력
logistic_eq = f"log(odds) = {result.params['const']:.4f} + {result.params['Hours']:.4f} *
Hours"
print(f"Logistic Regression Equation: {logistic_eq}")

# 각 시간대별 합격 확률 계산 함수
def calculate_prob(hours, model_params):
    log_odds = model_params['const'] + model_params['Hours'] * hours
    probability = 1 / (1 + np.exp(-log_odds))
    return probability

# 독립 변수 범위 설정(시각화 보조 자료)
hours_range = np.linspace(df['Hours'].min(), df['Hours'].max(), 300)

# 각 시간대별 예측 확률 계산
predicted_probs = [calculate_prob(hour, result.params) for hour in hours_range]

# 시각화
```

```
plt.scatter(df['Hours'], df['Pass'], color='blue', label='Actual Data')
plt.plot(hours_range, predicted_probs, color='red', label='Predicted Probability')
plt.xlabel('Hours')
plt.ylabel('Pass')
plt.title('Logistic Regression')
plt.legend()
plt.show()
```

Optimization terminated successfully.
        Current function value: 0.401494
        Iterations 7

Logit Regression Results

Dep. Variable:			Pass	No. Observations:		20
Model:			Logit	Df Residuals:		18
Method:			MLE	Df Model:		1
Date:		Wed, 15 May 2024		Pseudo R-squ.:		0.4208
Time:			09:02:31	Log-Likelihood:		-8.0299
converged:			True	LL-Null:		-13.863
Covariance Type:			nonrobust	LLR p-value:		0.0006365

	coef	std err	z	P>|z|	[0.025	0.975]
const	-4.0777	1.761	-2.316	0.021	-7.529	-0.626
Hours	1.5046	0.629	2.393	0.017	0.272	2.737

Intercept (β0): -4.0777
Hours (β1): 1.5046
Odds Ratio (OR) for Intercept (β0): 0.0169
Odds Ratio (OR) for Hours (β1): 4.5026
Logistic Regression Equation: log(odds) = -4.0777 + 1.5046 * Hours

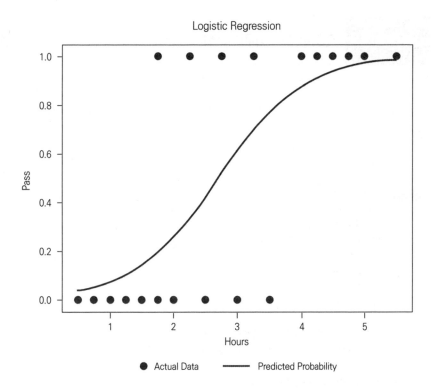

참고로, 데이터를 CSV 파일로 불러오는 것이 아니라 직접 입력한다면 아래와 같
은 구문을 사용할 수 있다.

```
data = {
    'Hours': [0.5, 0.75, 1, 1.25, 1.5, 1.75, 1.75, 2, 2.25, 2.5, 2.75, 3, 3.25, 3.5, 4,
4.25, 4.5, 4.75, 5, 5.5],
    'Pass': [0, 0, 0, 0, 0, 0, 1, 0, 1, 0, 1, 0, 1, 0, 1, 1, 1, 1, 1, 1]
}
df = pd.DataFrame(data)
```

Mission 32 로지스틱 회귀 분석   R

Python 실습과 같은 CSV 파일을 이용하기로 하고, 입력 셀에 코드를 입력하고 실행한다.

```r
# 필요한 패키지 설치 및 로드
install.packages("readr")
install.packages("stats")
install.packages("ggplot2")

library(readr)
library(stats)
library(ggplot2)

# CSV 파일을 읽어 데이터프레임으로 변환
df <- read_csv('LR Sample (hr-pass).csv')

# 독립 변수와 종속 변수 설정
X <- df$Hours
y <- df$Pass

# 로지스틱 회귀 모델 적합
model <- glm(y ~ X, family = binomial)

# 결과 요약 출력
summary(model)

# 모델 계수 출력
intercept <- coef(model)[1]
hours_coef <- coef(model)[2]
cat(sprintf("Intercept (β0): %.4f\n", intercept))
cat(sprintf("Hours (β1): %.4f\n", hours_coef))

# 오즈 비율 계산
odds_ratio <- exp(coef(model))
```

```
cat(sprintf("Odds Ratio (OR) for Intercept (β0): %.4f₩n", odds_ratio[1]))
cat(sprintf("Odds Ratio (OR) for Hours (β1): %.4f₩n", odds_ratio[2]))

# 로지스틱 회귀식 출력
logistic_eq <- sprintf("log(odds) = %.4f + %.4f * Hours", intercept, hours_coef)
cat(sprintf("Logistic Regression Equation: %s₩n", logistic_eq))

# 각 시간대별 합격 확률 계산 함수
calculate_prob <- function(hours, model_params) {
  log_odds <- model_params[1] + model_params[2] * hours
  probability <- 1 / (1 + exp(-log_odds))
  return(probability)
}

# 독립 변수 범위 설정(시각화 보조 자료)
hours_range <- seq(min(df$Hours), max(df$Hours), length.out = 300)

# 각 시간대별 예측 확률 계산
predicted_probs <- sapply(hours_range, calculate_prob, model_params = coef(model))

# 예측 확률을 데이터 프레임으로 변환
predicted_df <- data.frame(Hours = hours_range, Probability = predicted_probs)

# 시각화
ggplot() +
  geom_point(data = df, aes(x = Hours, y = Pass), color = 'blue', size = 2) +
  geom_line(data = predicted_df, aes(x = Hours, y = Probability), color = 'red', size =
1) +
  labs(x = 'Hours', y = 'Pass', title = 'Logistic Regression') +
  theme_minimal()
```

🖥️
```
Call:
glm(formula = y ~ X, family = binomial)

Deviance Residuals:
    Min       1Q    Median       3Q      Max
-1.70557  -0.57357  -0.04654   0.45470  1.82008

Coefficients:
              Estimate Std. Error z value Pr(>|z|)
```

```
(Intercept)   -4.0777      1.7610   -2.316   0.0206 *
X              1.5046      0.6287    2.393   0.0167 *
---
Signif. codes:  0 '***' 0.001 '**' 0.01 '*' 0.05 '.' 0.1 ' ' 1

(Dispersion parameter for binomial family taken to be 1)

    Null deviance: 27.726  on 19  degrees of freedom
Residual deviance: 16.060  on 18  degrees of freedom
AIC: 20.06

Number of Fisher Scoring iterations: 5
```

Intercept (β0): -4.0777
Hours (β1): 1.5046
Odds Ratio (OR) for Intercept (β0): 0.0169
Odds Ratio (OR) for Hours (β1): 4.5026
Logistic Regression Equation: log(odds) = -4.0777 + 1.5046 * Hours

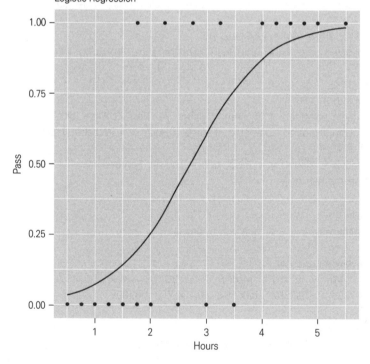

참고로, 데이터를 CSV 파일로 불러오는 것이 아니라 직접 입력한다면 아래와 같은 구문을 사용할 수 있다.

```
data <- data.frame(
    Hours = c(0.5, 0.75, 1, 1.25, 1.5, 1.75, 1.75, 2, 2.25, 2.5, 2.75, 3, 3.25, 3.5, 4, 4.25,
    4.5, 4.75, 5, 5.5),
    Pass = c(0, 0, 0, 0, 0, 0, 1, 0, 1, 0, 1, 0, 1, 0, 1, 1, 1, 1, 1, 1)
)
```

| *Mission 33* 의사 결정 나무 분석 | Python |

의사 결정 나무 분석(decision tree analysis)은 데이터를 계층적으로 구분하여 필요한 의사 결정을 수행하는 방식이다. 이는 Excel의 기본 기능으로는 결과를 도출하기가 쉽지 않다. 그래서 다른 프로그래밍 언어나 전문 프로그램의 도움을 받는 것이 좋다.

여기에서는 합격 여부(Pass)를 정할 때, GMAT 점수와 GPT 점수의 분할 기준을 확인해 본다.

‒ 실습용 CSV 파일: DecisionTreeData.csv, https://p.cantips.com/dasamples
　(비밀번호: cantips)

CSV 파일 내용

```
GMAT,GPA,Pass
650,2.75,No
580,3.5,No
600,3.5,Yes
450,2.95,No
700,3.25,Yes
590,3.5,Yes
400,3.85,No
640,3.5,Yes
```

해당 실습 파일을 업로드하고, 입력 셀에 코드를 입력하고 실행한다. 필요한 라이브러리는 미리 설치하도록 한다.

```python
import pandas as pd
from sklearn.tree import DecisionTreeClassifier
import matplotlib.pyplot as plt
from sklearn.tree import plot_tree

# 데이터 로드
data = pd.read_csv('DecisionTreeData.csv')

# 특징과 라벨 분리
X = data[['GMAT', 'GPA']]
y = data['Pass']

# 의사 결정 트리 모델 생성 및 학습
model = DecisionTreeClassifier()
model.fit(X, y)

# 루트 노드에서 분할 기준 찾기
feature_index_root = model.tree_.feature[0]
threshold_root = model.tree_.threshold[0]

# 자식 노드에서 분할 기준 찾기
feature_index_child = model.tree_.feature[model.tree_.children_right[0]]
threshold_child = model.tree_.threshold[model.tree_.children_right[0]]
```

```
# 특징 이름 매핑
feature_names = ['GMAT', 'GPA']
feature_name_root = feature_names[feature_index_root]
feature_name_child = feature_names[feature_index_child]

# 의사 결정 트리 시각화
plt.figure(figsize=(15, 10))
plot_tree(model, feature_names=['GMAT', 'GPA'], class_names=['No', 'Yes'],
filled=True, rounded=True)
plt.show()

# 필요한 값 반환
feature_name_root, threshold_root, feature_name_child, threshold_child
```

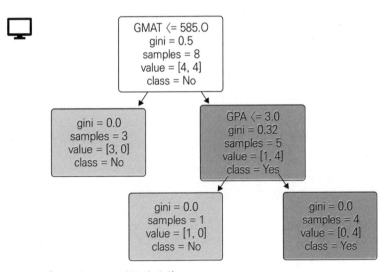

('GMAT', 585.0, 'GPA', 3.0)

GMAT 점수가 585 이하이면 바로 No로 결정되고, GMAT 점수가 585 초과자이면 GPA 점수를 확인하고 이 점수가 3 이하면 No, 초과이면 Yes가 된다.

Python 실습과 같은 CSV 파일을 이용하기로 하고, 입력 셀에 코드를 입력하고 실행한다. 필요한 패키지도 설치한다.

- install.packages("rpart")
- install.packages("partykit")

R에서 의사 결정 나무 분석을 할 때는 Python과 달리 데이터 크기에 따라서 제대로 결과가 나오지 않는 경우가 많다. 데이터 특성에 따라 다르겠지만, 학습하고 검증할 충분한 데이터 집합을 확보할 수 있도록 한다.

```r
# 필요한 라이브러리 불러오기
library(rpart)
library(partykit)

# 데이터 생성
data <- data.frame(
    GMAT = c(650, 580, 600, 450, 700, 590, 400, 640),
    GPA = c(2.75, 3.5, 3.5, 2.95, 3.25, 3.5, 3.85, 3.5),
    Pass = as.factor(c('No', 'No', 'Yes', 'No', 'Yes', 'Yes', 'No', 'Yes'))
)

# 의사 결정 트리 모델 생성 및 학습
model <- rpart(Pass ~ GMAT + GPA, data = data, method = "class",
                control = rpart.control(minsplit = 1, minbucket = 1))

# 의사 결정 트리를 party 객체로 변환
party_model <- as.party(model)

# 의사 결정 트리 시각화
plot(party_model)
```

```
# 루트 노드에서 분할 기준 찾기
root_node <- party_model$node[[1]]
feature_name_root <- names(data)[root_node$split$varid]
threshold_root <- root_node$split$breaks

# 자식 노드에서 분할 기준 찾기
child_node <- party_model$node[[2]]
feature_name_child <- names(data)[child_node$split$varid]
threshold_child <- child_node$split$breaks

# 필요한 값 반환
feature_name_root
threshold_root
feature_name_child
threshold_child
```

NULL
'Pass'
3

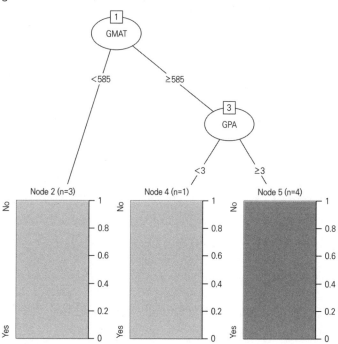

참고로 rpart의 control 매개 변수는 최소 분할 크기(minimum split: 노드를 분할하기 위해 필요한 최소 관측치 수)와 최소 버킷 크기(minimun bucket: 말단 노드(leaf node)에 있어야 하는 최소 관측치 수)를 줄이는 데 사용되었다.

<table>
<tr><td>**Mission 35**</td><td>클러스터 분석</td><td>Python</td></tr>
</table>

실습용 파일을 이용해 클러스터 분석을 수행하기로 한다.

– 실습용 CSV 파일: 클러스터링_sample.csv

CSV 파일 내용

```
No.,A,B,C,D
1,100,19,11,17
2,100,20,28,55
3,25,16,31,0
4,100,20,39,25
5,100,20,45,29
...
21,50,19,20,18
22,100,19,6,9
23,100,20,37,32
24,100,20,33,35
25,95,19,15,9
```

총 25개의 행이 있고, A, B, C, D 항목의 값이 100점 만점의 점수로 입력되어 있다. 필요한 패키지도 설치한다.

우선 D 항목을 대상으로 3개의 클러스터를 구성하는 분석을 시행하기로 한다. 파일을 로드하여 데이터를 확인한다.

	No.	A	B	C	D
0	1	100	19	11	17
1	2	100	20	28	55
2	3	25	16	31	0
3	4	100	20	39	25
4	5	100	20	45	29

```python
import pandas as pd

# 파일 경로
file_path = '클러스터링_sample.csv'

# CSV 파일 읽기
data = pd.read_csv(file_path)

# 데이터의 처음 몇 행을 확인
data.head()
```

클러스터링을 진행하기 전에 D 항목의 데이터 분포를 확인한다.

```python
import matplotlib.pyplot as plt

# D 항목의 데이터 선택
d_values = data['D'].values.reshape(-1, 1)

# 히스토그램으로 데이터 분포 확인
plt.hist(d_values,                   bins=20,
edgecolor='black')
plt.title('Distribution of D values')
plt.xlabel('Value of D')
plt.ylabel('Frequency')
plt.show()
```

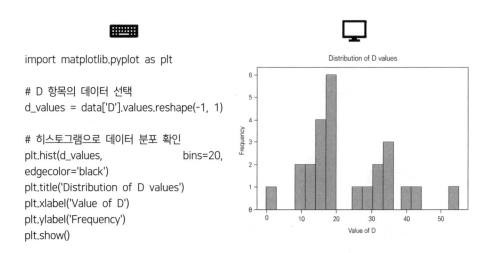

K-평균 클러스터링 알고리즘을 사용하여 클러스터링을 진행한다. 이 작업에는 scikit-learn 라이브러리가 필요하다.

- pip install scikit-learn

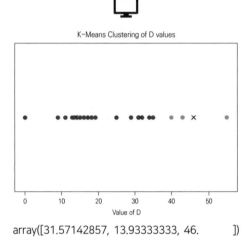

```
from sklearn.cluster import KMeans

# 클러스터의 수 지정
n_clusters = 3

# K-평균 모델 생성
kmeans = KMeans(n_clusters=n_clusters,
random_state=0)

# D 항목의 데이터에 대해 클러스터링 진행
kmeans.fit(d_values)

# 클러스터 중심점과 라벨
centroids = kmeans.cluster_centers_
labels = kmeans.labels_

# 클러스터링 결과 시각화
plt.scatter(d_values,        [0]*len(d_values),
c=labels, cmap='viridis')
plt.scatter(centroids,      [0]*len(centroids),
c='red', marker='x')
plt.title('K-Means Clustering of D values')
plt.xlabel('Value of D')
plt.yticks([])
plt.show()

# 클러스터 중심점 반환
centroids.flatten()
```

array([31.57142857, 13.93333333, 46.   ])

분류된 데이터 표를 확인하고 CSV 파일로 만든다.

```
# D 항목의 값과 해당 값이 속한 클러스터 라벨을    'clustered_results.csv'
DataFrame으로 만들기
clustered_data = pd.DataFrame({
    'D_values': d_values.flatten(),
    'Cluster_Label': labels
})

# 결과 출력
clustered_data.head(10)

# 결과 테이블을 CSV 파일로 저장할 경로
result_file_path = 'clustered_results.csv'

# DataFrame을 CSV 파일로 저장
clustered_data.to_csv(result_file_path, index=False)

# 저장된 파일 경로 반환
result_file_path
```

해당 CSV 파일은 왼쪽 File Browser 창에 저장된다.

CSV 파일 내용

```
D_values,Cluster_Label
17,1
55,2
0,1
25,0
29,0

18,1
9,1
32,0
35,0
9,1
```

279

0, 1, 2로 이름 붙여진 세 개의 클러스터가 Cluster_Label 열에 표시되어 있다. Excel 등에서 정렬하는 등 정리하면 된다.

이번에는 전체 항목을 대상으로 3개의 클러스터를 구성하는 분석을 시행한다.

'clustered_all_results.csv'

```
import pandas as pd
from sklearn.cluster import KMeans

# 파일 경로
file_path = '클러스터링_sample.csv'

# 파일 읽기
data_all = pd.read_csv(file_path)

# A, B, C, D 항목 선택
features = data_all[['A', 'B', 'C', 'D']]

# K-평균 모델 생성 및 클러스터링 진행 (클러스터의 수
는 3)
kmeans_all = KMeans(n_clusters=3, random_state=0)
kmeans_all.fit(features)

# 클러스터 라벨
labels_all = kmeans_all.labels_

# 결과를 DataFrame에 추가
data_all['Cluster_Label'] = labels_all

# 클러스터링 결과를 CSV 파일로 저장할 경로
result_all_file_path = 'clustered_all_results.csv'

# DataFrame을 CSV 파일로 저장
data_all.to_csv(result_all_file_path, index=False)

# 저장된 파일 경로 반환
result_all_file_path
```

CSV 파일 내용

```
No.,A,B,C,D,Cluster_Label
1,100,19,11,17,0
2,100,20,28,55,2
3,25,16,31,0,1
4,100,20,39,25,2
5,100,20,45,29,2
...
21,50,19,20,18,1
22,100,19,6,9,0
23,100,20,37,32,2
24,100,20,33,35,2
25,95,19,15,9,0
```

0, 1, 2로 이름 붙여진 세 개의 클러스터가 Cluster_Label 열에 표시되어 있다. Excel 등에서 정렬하는 등 정리하면 된다.

Mission 36	클러스터 분석	R

Python 실습과 같은 데이터 파일을 이용하고, 우선 D 항목을 대상으로 3개의 클러스터를 구성하는 분석을 시행하기로 한다. 파일을 로드하여 데이터를 확인한다.

```
library(readr)

# 파일 경로
file_path <- '클러스터링_sample.csv'

# CSV 파일 읽기
data <- read_csv(file_path)

# 데이터의 처음 몇 행을 확인
head(data)
```

Rows: 25 Columns: 5

—— Column specification
———————————————————————————————
Delimiter: ","
dbl (5): No., A, B, C, D

ⓘ Use `spec()` to retrieve the full column specification for this data.
ⓘ Specify the column types or set `show_col_types = FALSE` to quiet this message.

A tibble: 6 × 5

No.	A	B	C	D
<dbl>	<dbl>	<dbl>	<dbl>	<dbl>
1	100	19	11	17
2	100	20	28	55
3	25	16	31	0
4	100	20	39	25
5	100	20	45	29
6	100	20	26	19

클러스터링을 진행하기 전에 D 항목의 데이터 분포를 확인한다.

```
library(ggplot2)

# 파일 경로
file_path <- '클러스터링_sample.csv'

# CSV 파일 읽기
data <- read.csv(file_path)

# D 항목의 데이터 선택
d_values <- data$D

# 히스토그램으로 데이터 분포 확인
ggplot(data, aes(x = d_values)) +
  geom_histogram(bins = 20, color =
"black", fill = "white") +
  labs(title = 'Distribution of D values',
       x = 'Value of D',
       y = 'Frequency')
```

Distrubution of D values

K−평균 클러스터링 알고리즘을 사용하여 클러스터링을 진행한다. 이 작업에는
cluster 라이브러리가 필요하다.

– install.packages("cluster")

```
library(cluster)          [,1]
library(ggplot2)        1 13.93333
                        2 31.57143
# 파일 경로            3 46.00000
file_path <- '클러스터링_sample.csv'

# CSV 파일 읽기
```

```
data <- read.csv(file_path)

# D 항목의 데이터 선택
d_values <- data$D

# 클러스터의 수 지정
n_clusters <- 3

# K-평균 모델 생성 및 클러스터링 진행
kmeans_result <- kmeans(d_values,
centers = n_clusters, nstart = 25)

# 클러스터 중심점과 라벨
centroids <- kmeans_result$centers
labels <- kmeans_result$cluster

# 클러스터링 결과 시각화
ggplot() +
  geom_point(aes(x = d_values, y = 0,
color = as.factor(labels))) +
  geom_point(aes(x = centroids, y =
0), color = 'red', shape = 4) +
  labs(title = 'K-Means Clustering of D
values', x = 'Value of D') +
  theme(axis.ticks.y           =
element_blank(),
        axis.text.y = element_blank())

# 클러스터 중심점 반환
print(centroids)
```

분류된 데이터 표를 확인하고 CSV 파일로 만든다.

```
# D 항목의 값과 해당 값이 속한 클러스터 라벨을
데이터 프레임으로 만들기
clustered_data <- data.frame(
```

A data.frame: 10 × 2
D_values   Cluster_Label
<int>   <int>

```
    D_values = d_values,
    Cluster_Label = labels
)

# 결과 출력
head(clustered_data, 10)

# 결과 테이블을 CSV 파일로 저장할 경로
result_file_path <- 'clustered_r_results.csv'

# 데이터 프레임을 CSV 파일로 저장
write.csv(clustered_data,        result_file_path,
row.names = FALSE)

# 저장된 파일 경로 반환
result_file_path
```

1	17	1
2	55	3
3	0	1
4	25	2
5	29	2
6	19	1
7	15	1
8	16	1
9	43	3
10	40	3
'clustered_r_results.csv'		

해당 CSV 파일은 왼쪽 File Browser 창에 저장된다.

CSV 파일 내용

```
"D_values","Cluster_Label"
17,1
55,3
0,1
25,2
29,2
...
18,1
9,1
32,2
35,2
9,1
```

1, 2, 3으로 이름 붙여진 세 개의 클러스터가 Cluster_Label 열에 표시되어 있다. Excel 등에서 정렬하는 등 정리하면 된다.

285

이번에는 전체 항목을 대상으로 3개의 클러스터를 구성하는 분석을 시행한다.

'clustered_all_r_results.csv'

```
library(cluster)

# 파일 경로
file_path <- '클러스터링_sample.csv'

# 파일 읽기
data_all <- read.csv(file_path)

# A, B, C, D 항목 선택
features <- data_all[, c('A', 'B', 'C', 'D')]

# K-평균 모델 생성 및 클러스터링 진행 (클러스터
의 수는 3)
kmeans_all <- kmeans(features, centers = 3,
nstart = 25)

# 클러스터 라벨
labels_all <- kmeans_all$cluster

# 결과를 데이터 프레임에 추가
data_all$Cluster_Label <- labels_all

# 클러스터링 결과를 CSV 파일로 저장할 경로
result_all_file_path                    <-
'clustered_all_r_results.csv'

# 데이터 프레임을 CSV 파일로 저장
write.csv(data_all,          result_all_file_path,
row.names = FALSE)

# 저장된 파일 경로 반환
result_all_file_path
```

CSV 파일 내용

```
"No.","A","B","C","D","Cluster_Label"
1,100,19,11,17,3
2,100,20,28,55,2
3,25,16,31,0,1
4,100,20,39,25,2
5,100,20,45,29,2
...
21,50,19,20,18,1
22,100,19,6,9,3
23,100,20,37,32,2
24,100,20,33,35,2
25,95,19,15,9,3
```

1, 2, 3으로 이름 붙여진 세 개의 클러스터가 Cluster_Label 열에 표시되어 있다. Excel 등에서 정렬하는 등 정리하면 된다.

Mission 37 워드 클라우드   Python

워드 클라우드(Word Cloud)는 텍스트 데이터에서 단어의 빈도나 중요도를 시각적으로 표현하는 그래픽이다. 단어들이 클라우드 형태로 배열되며, 각 단어의 크기는 그 단어가 텍스트 내에서 얼마나 자주 등장하는지를 나타낸다. 빈도가 높은 단어일수록 크기가 크게 표시된다.

언어를 다루기 때문에 해당 언어의 형태소 분석용 라이브러리를 임포트해 사용한다. 한국어의 경우 KoNLPy(별도의 자바 환경 구축 필수)를 비롯해 여러 라이브러리가 있으나, JupyterLab 웹 버전에서 사용할 수 있도록 soynlp라는 간단하 라이브러리를 사용하도록 한다.

– 실습 파일: 독도.txt (https://ko.wikipedia.org/wiki/독도)

해당 파일에 들어 있는 단어들을 파악하여 워드 클라우드를 작성한다. 우선 필요한 라이브러리를 설치한다.

– pip install soynlp

```python
from soynlp.word import WordExtractor
from collections import Counter
from wordcloud import WordCloud
import matplotlib.pyplot as plt

# 파일 읽기
with open('독도.txt', 'r', encoding='utf-8') as
file:
    text = file.read()

# 단어 점수 계산
word_extractor = WordExtractor()
word_extractor.train([text])
word_score_table = word_extractor.extract()

# 명사 추출
nouns = [word for word, score in word_
score_table.items() if score.cohesion_
forward > 0.2]

count = Counter(nouns)

# 워드 클라우드 설정
wordcloud = WordCloud(
```

training was done. used memory 0.137 Gb0.137 Gb
all cohesion probabilities was computed. # words = 25
all branching entropies was computed # words = 166
all accessor variety was computed # words = 166

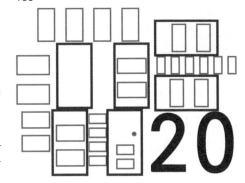

```
        background_color='white',
        width=800,
        height=600
).generate_from_frequencies(count)

# 워드 클라우드 출력
plt.imshow(wordcloud)
plt.axis('off')
plt.show()
```

결과를 보면 한글 글꼴이 제대로 구현되지 않는다. 대부분의 워드 클라우드 작성 작업의 경우 이렇게 한글이 제대로 표현되지 않는 경우가 많다. 그래서 한글 글꼴을 표현하는 폰트 파일을 지정해야 한다.

– 한글 글꼴 파일: NanumGothic.ttf

여기에서는 나눔고딕 파일을 File Browser로 업로드하여 이를 반영하는 코드로 수정한다.39)

```
# (윗부분 생략)

# 워드 클라우드 설정
wordcloud = WordCloud(
    font_path='NanumGothic.ttf',  # 한글
폰트 파일 경로 지정
    background_color='white',
    width=800,
    height=600
).generate_from_frequencies(count)
```

```
training was done. used memory 0.149 Gb0.149
Gb
all cohesion probabilities was computed. # words
= 25
all branching entropies was computed # words =
166
all accessor variety was computed # words =
166
```

39) 나눔고딕 파일은 네이버 글꼴 페이지(hangeul.naver.com/font)에서 내려받을 수 있다.

(아랫부분 생략)

한글이 제대로 표현은 되었으나 결과가 깔끔하지는 않다. 여기에서는 워드 클라우드가 생성되는 원리만 이해하도록 하고, 다른 라이브러리도 시도해 보도록 한다.

Mission 38	워드 클라우드	R

Python 실습과 같은 파일로 워드 클라우드(Word Cloud)를 작성한다. 여기에서도 웹 환경에서 구현하기 위해 설치가 복잡한 KoNLP 패키지 대신에, R에서 직접 형태소 분석을 하지 않고, 사전에 분석된 단어 빈도 데이터를 사용하여 워드 클라우드를 생성하는 방법을 이용하기로 한다.

필요한 패키지를 우선 설치한다.

- install.packages("wordcloud")
- install.packages("RColorBrewer")

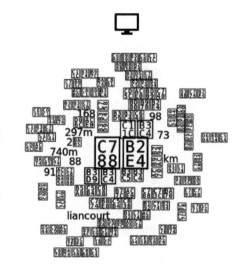

```
library(wordcloud)
library(RColorBrewer)

# 파일 읽기
file_path <- "독도.txt"
text <- tolower(readLines(file_path, encoding
= "UTF-8"))

# 텍스트를 단어로 분할
words <- unlist(strsplit(text, split = "\W"))
# "\W"로 텍스트를 단어가 아닌 문자(공백,
구두점, 특수 문자 등)를 기준으로 분할

# 단어의 빈도 계산
word_freq <- table(words)
word_freq <- sort(word_freq, decreasing =
TRUE)

# 불필요한 단어 제거 (예: 길이가 1인 단어)
word_freq <- word_freq[nchar(names(word_
freq)) > 1]

# 워드 클라우드 생성
set.seed(42) # 동일한 패턴의 난수 생성
wordcloud(words = names(word_freq), freq
= word_freq, min.freq = 2, max.words =
200, random.order = FALSE, colors =
brewer.pal(8, "Dark2"))
```

  워드 클라우드 이미지가 결과로 나오지만, 한글이 제대로 표시되지 않는다. 한글을 제대로 표시하기 위해 한글 폰트를 지정하는 코드를 추가한다. 우선 관련 패키지를 설치한다.

  – install.packages("showtext")

291

여기에서도 필요한 글꼴 파일(NanumGothic.ttf)을 업로드한다.

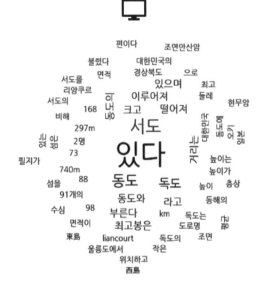

```
library(showtext)
library(wordcloud)
library(RColorBrewer)

# 한글 폰트 파일 경로 지정
font_add("my_font",
 "NanumGothic.ttf")

# showtext 자동 사용 활성화
showtext_auto()

# 파일 읽기(이하 동일)
```

정교한 워드 클라우드를 얻고 싶다면, 다른 패키지 적용을 연습해 본다.

필요하다면, 원본 파일을 그대로 사용하지 말고, Word나 Excel 등을 이용해 1차 정리 과정을 거쳐 분석에 사용해도 좋다.

실습 임의의 생성형 인공 지능을 이용해 워드 클라우드 작성을 위한 주요 단어 빈도 분석을 실시하고, 이 결과를 바탕으로 워드 클라우드를 자동으로 생성하는 웹 서비스40)에 입력하여 이미지를 만든다.

– 워드 클라우드 생성 웹 서비스 예:

https://worditout.com/word−cloud/create

---

40) 한국어의 경우 이런 웹 서비스에 원문을 입력하면 적절하게 단어를 추출하기 어렵기 때문에, 주요 단어의 빈도를 미리 분석한 후 이 데이터를 이용하는 것이 낫다.

실습 임의의 생성형 인공 지능을 이용해 위의 실습 데이터를 대상으로 감성 분석을 진행한다. 인공 지능 서비스가 알아서 진행한 결과를 확인하고, 추가로 긍정에서 부정을 5, 4, 3, 2, 1 척도(3: 중립)로 구분하도록 지정하여 감성 분석을 진행하다. 결과를 보고서 형식의 문장으로 기술하도록 유도한다.

PART 3

Python in Excel

Mission 39 기본 설정 Excel
Mission 40 기술 통계 Excel
Mission 41 회귀 분석 Excel

Python in Excel

Mission 39 기본 설정 | Excel

Excel에서 Python으로 작업을 시작할 때에는 우선 필요한 라이브러리를 import 해야 하는데, 다음은 미리 호출되어 있어서 코딩할 때 import 구문을 사용할 필요가 없는 것들이다.

- **matplotlib**
- Import Statement: `import matplotlib.pyplot as plt`
- 데이터 시각화 라이브러리
- 다양한 차트 및 그래프 생성(예: 꺾은선 그래프, 막대 그래프, 파이 차트 등)
- 과학적 시각화와 통계적 시각화에도 활용 가능

• 예시:

```
plt.plot([1, 2, 3], [1, 4, 9])
plt.show( )
```

■ NumPy

• Import Statement: `import numpy as np`
• 다차원 배열과 행렬 연산을 위한 라이브러리
• 수학 함수, 통계, 선형 대수 등 지원
• 효율적 연산을 위해 C 언어로 구현된 부분 포함
• 예시:

```
a = np.array([1, 2, 3])
print(a + a)
```

■ pandas

• Import Statement: `import pandas as pd`
• 데이터 분석 및 조작을 위한 라이브러리
• DataFrame과 Series 자료 구조 제공
• 데이터 필터링, 정렬, 결합, 변환 등 수행
• 예시:

```
df = pd.DataFrame({'A': [1, 2, 3], 'B': [4, 5, 6]})
print(df)
```

■ seaborn

• Import Statement: `import seaborn as sns`
• 고급 데이터 시각화 라이브러리
• matplotlib 기반으로, 더 정교하고 복잡한 시각화 가능

- 다양한 테마 제공
- 예시:

  sns.boxplot(x='day', y='total_bill', data=tips)

■ statsmodels

- Import Statement: `import statsmodels as sm`
- 통계 모델링을 위한 라이브러리
- 선형 회귀, 로지스틱 회귀, 시계열 분석 등 다양한 통계 모델 지원
- 모델의 적합성 평가를 위한 다양한 통계 테스트 제공
- 예시:

  X = sm.add_constant(X)

  model = sm.OLS(y, X).fit()

이 이외의 라이브러리는 직접 임포트해야 하는데, 아래와 같은 라이브러리를 필요 시 호출할 수 있다.

■ astropy

- 천문학을 위한 라이브러리
- 라이선스: BSD−3−Clause

■ beautifulsoup4

- 웹 스크래핑을 위한 라이브러리
- 라이선스: MIT

■ imbalanced-learn

- 불균형 데이터 분류 문제를 해결하기 위한 리샘플링 기술 제공
- 라이선스: MIT

- ipython
- 대화형 계산을 위한 라이브러리
- 라이선스: BSD−3−Clause

- gensim
- 주제 모델링과 자연어 처리 라이브러리
- 라이선스: LGPL−2.1

- networkx
- 복잡한 네트워크 생성 및 조작을 위한 라이브러리
- 라이선스: BSD−3−Clause

- pillow
- 다양한 이미지 파일 형식을 열고 조작하기 위한 라이브러리
- 라이선스: PIL

- pytables
- 대용량 데이터 처리를 위해 Python, HDF5, NumPy를 결합
- 라이선스: BSD−3−Clause

- pytorch
- 딥러닝을 위한 텐서 라이브러리
- 라이선스: BSD−3−Clause

- pywavelets
- 웨이블릿 변환 라이브러리

- 라이선스: MIT

■ scikit-learn
- 머신 러닝(기계 학습)과 데이터 마이닝을 위한 모듈 집합
- 라이선스: BSD−3−Clause

■ scipy
- 과학 계산을 위한 라이브러리
- 라이선스: BSD−3−Clause

■ snowballstemmer
- 알고리즘 라이브러리 컬렉션
- 라이선스: BSD−2−Clause

■ sympy
- 기호 수학을 위한 라이브러리
- 라이선스: BSD−3−Clause

■ tabulate
- 표 생성 및 서식 지정을 위한 라이브러리
- 라이선스: MIT

Mission 40	기술 통계	Excel

참고 "[Python in Excel + ChatGPT] 기술 통계 편", 2023. 8. 31.,
https://cantips.com/3855

Mission 41	회귀 분석	Excel

참고 "[Python in Excel + ChatGPT] 회귀 분석 편", 2023. 9. 1.,
https://cantips.com/3856

PART 4

Excel: 의사 결정 문제

Mission 42 선형 계획 모형: 제품 생산량 결정 Excel
Mission 43 시나리오를 이용한 가상 분석 Excel
Mission 44 수송 계획 문제 Excel

Excel: 의사 결정 문제

Mission 42	선형 계획 모형: 제품 생산량 결정	Excel

보통 LP로 줄여서 부르는 선형 계획법(linear programming)은 최적화 문제의 일종으로 주어진 선형 조건들을 만족시키면서 마찬가지로 선형인 목적 함수를 최적화하는 방법이다. 정의에 나타난 것과 같이 제약 조건과 목적 함수가 중요한 구성 요소로 많은 분야에서 사용하는 기본적인 의사 결정 모형 중 하나이다.

여기에서는 간단한 예를 통해 적용하는 방법을 확인하기로 한다.

여러 개의 제품을 생산하는 어느 기업에서 이익을 최대로 하는 각 제품의 생산량을 결정하기로 한다. 세 개의 제품이 있고, 각 제품의 단위당 공헌 이익(단위는 생략)은 각각 5, 4, 2라고 하자. 이 제품을 생산하기 위해서는 모두 밀링 공정과 선반 공정을 거쳐야 하는데 제품마다 공정별 소요 시간이 서로 다르고, 일정 기간

각 공정을 가동할 수 있는 시간도 다르다.

	제품 1	제품 2	제품 3	가동 가능 시간 (1주간)
밀링 공정	4	2	1	520
선반 공정	2	11	2	440
제품별 공헌 이익	5	4	2	

일반적으로 선형 계획법에서 이를 모델화하면 아래와 같은 수식으로 표현된다.

목적 함수: $5x_1 + 4x_2 + 2x_3$의 최대화

제약 조건: $4x_1 + 2x_2 + x_3 \leq 520$

$\qquad\qquad 2x_1 + 11x_2 + 2x_3 \leq 440$

$\qquad\qquad x_{1,} x_{2,} x_3 \geq 0$

모델화하는 방법에 대한 설명은 생략하기로 하고 선형 계획법의 일반적인 활용 방법을 이해는 정도로만 보면 된다. 이 모델에서 한 가지 중요한 점은 마지막 조건인 $x_{1,} x_{2,} x_3 \geq 0$ 부분으로 이를 비음 조건, 즉 음수가 되어서는 안 된다는 조건이다.

구하고자 하는 목적 함수는 각 제품의 생산량(x_1, x_2, x_3)이고, 각 제품의 생산량과 해당 제품의 이익을 곱한 전체 이익이 최대가 되는 생산량(이를 결정 변수라고 한다.)을 정하는 것이다. 제약 조건은 공정 사용에 대한 것으로 이를 Excel에서 계산하기 위해 적절한 방법으로 워크시트에 입력한다.

	A	B	C	D	E	F	G
1	초제마 기업의 생산 계획						
2							
3	구분		제품1	제품2	제품3	합계	
4	제품별 가공 시간과 총 가동 가능 시간	밀링 공정	4	2	1	520	
5		선반 공정	2	11	2	440	
6	실 가동 시간	밀링 공정					
7		선반 공정					
8	생산량(결정 변수)						
9	제품별 공헌 이익과 총 공헌 이익(목적 함수)		5	4	2		
10							
11							

기본적인 내용은 위 그림과 같이 입력하고, 실 가동 시간인 C8부터 E7 셀에는
수식을 입력한다.

B	C	D	E	F
기업의 생산 계획				
	제품1	제품2	제품3	합계
밀링 공정	4	2	1	520
선반 공정	2	11	2	440
밀링 공정	=C$8*C4	=D$8*D4	=E$8*E4	=SUM(C6:E6
선반 공정	=C$8*C5	=D$8*D5	=E$8*E5	=SUM(C7:E7
	5	4	2	

결정 변수(x_1, x_2, x_3)가 입력되어야 하는 부분은 각각 C8, D8, E8 셀로 여기에 나
타나는 생산량에 따라 실 가동 시간이 달라진다. C6 셀에 대표 수식을 입력하고
F7 셀까지 복사해 사용할 수 있도록, 대표 수식을 만들 때 절대 주소 표기를 잘
사용한다. F열에는 합계 수식을 입력한다.

목적 함숫값이 표시될 F9 셀에도 전체 이익이 계산되도록 수식을 입력한다. 결
정 변수 범위에 있는 값들과 공헌 이익 범위에 있는 값들에서 같은 위치에 있는
셀을 서로 곱한 후 모두 더하는 것이므로 SUMPRODUCT 함수를 이용한다.

	A	B	C	D	E	F	G
1	초제마 기업의 생산 계획						
2							
3	구분		제품1	제품2	제품3	합계	
4	제품별 가공 시간과 총 가동 가능 시간	밀링 공정	4	2	1	520	
5		선반 공정	2	11	2	440	
6	실 가동 시간	밀링 공정	0	0	0	0	
7		선반 공정	0	0	0	0	
8	생산량(결정 변수)						
9	제품별 공헌 이익과 총 공헌 이익(목적 함수)		5	=SUMPRODUCT(C9:E9,C8:E8)			
10							
11							

이렇게 결정 변수를 찾기 위한 준비 작업을 하는 것이 핵심이다. 이후 조건에
맞게 목적 함숫값이 최대가 되도록 결정 변수의 값들을 조정해 본다. 즉, C8, D8,
E8 셀에 이런저런 생산량을 입력해 보면서 최적값을 도출해 내는 것이다. 이 작업

을 Excel에 하도록 하는 것이다. Excel도 최적해가 나올 때까지 여러 숫자 조합을 넣어보는 것으로 문제가 복잡하고 컴퓨터 성능이 좋지 않다면 시간이 좀 걸릴 수 있다. 이런 작업을 하는 기능이 바로 '해 찾기(Solver)'이다.

목적 함숫값이 들어가는 F9 셀을 선택한 상태에서,[1] [데이터] 〉 [해 찾기] 메뉴를 실행한다.

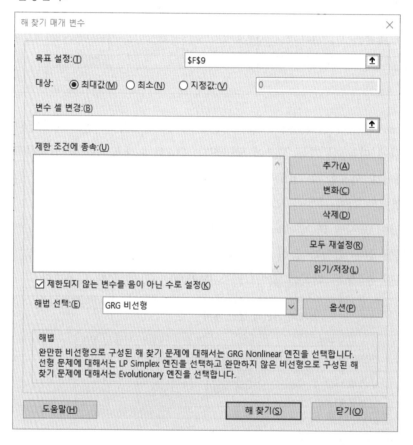

F9을 미리 선택해 두었기 때문에 목표 설정에 $F$9가 입력되어 있다. '대상'에서 는 '**최대값(M)**'을 선택한다. 만약에 목적 함수가 비용 같은 항목을 구하는 것이라면

---

1) 반드시 F9 셀을 미리 선택할 필요는 없지만, 이렇게 하는 게 편하다.

'**최소(N)**'를 선택할 수 있을 것이다. '**변수 셀 변경**'은 결정 변수에 해당하는 셀 범위를 지정하는 곳이다. 여기에서는 C8:E8을 선택한다.

그다음 제약 조건을 추가하는데, '**제한 조건에 종속**' 항목에 넣어준다. 여기에서는 각 공정의 실 가동 시간이 제한된 시간을 초과할 수 없으므로, 그 조건과 비음 조건 두 가지를 입력한다. 첫 번째 조건을 넣기 위해 [**추가(A)**] 단추를 선택한다.

'**제한 조건 추가**' 창에서 아래와 같이 조건을 입력한다.

그다음 비음 조건 입력을 위해 [**추가(A)**]를 선택해야 하지만, 최근 해 찾기 기능에서는 예전 Excel 버전과는 달리 비음 조건을 선택할 수 있는 옵션이 따로 존재하므로 여기에서는 바로 [**확인**]을 선택한다.

'제한 조건에 종속' 항목 아래에 있는 '제한되지 않는 변수를 음이 아닌 수로 설정(K)'은 선택 표시가 나오도록 한다. 기본적으로 선택되어 있다. 그다음 '해법 선택'에서 '단순 LP'를 선택하고 [해 찾기]를 클릭한다.

아래와 같이 해 찾기 결과 창이 나타난다. 워크시트 셀에 구한 값을 나타나게 하려면 '해 찾기 해 보존'을 선택하고, 원래 값으로 돌려 놓으려면 '원래 값 복원'을 선택한다. 이 창을 닫기 전에는 워크시트에 계산된 값이 표시된다.

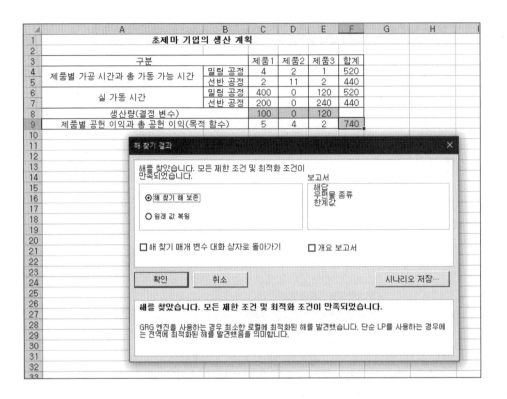

			제품1	제품2	제품3	합계
구분			제품1	제품2	제품3	합계
제품별 가공 시간과 총 가동 가능 시간	밀링 공정		4	2	1	520
	선반 공정		2	11	2	440
실 가동 시간	밀링 공정		400	0	120	520
	선반 공정		200	0	240	440
생산량(결정 변수)			100	0	120	
제품별 공헌 이익과 총 공헌 이익(목적 함수)			5	4	2	740

분석 결과에 따라 전체 이익을 최대로 하려면 제품 2는 전혀 만들지 않고, 제품 1은 100, 제품 3은 120단위를 생산하는 것이고, 이때 기대 이익은 740이 된다.

Mission 43 시나리오를 이용한 가상 분석   Excel

가상 분석(What-If 분석)은 스프레드시트를 사용한 분석의 대부분을 차지한다. 가령 제품의 생산량을 바꾸었을 때 공헌 이익의 변화를 알아보려면 관련된 셀의 값을 바꾸어야 한다. 그런데 관련된 셀 값을 바꾸면 이에 따라 결과도 달라지므로 먼저 결과와 나중 결과를 비교하기가 어려워진다. 따라서 대부분은 여러 표를 작성하여 상황을 비교하게 된다. 그런데 상황의 수가 많아지면 여러 표를 작성하여 상황을 비교하는 것도 한계가 있게 된다.

여기서는 시나리오 관리자 도구를 활용하여 가상 분석을 하는 방법을 알아본다. 시나리오를 작성하기 전에 우선 어떤 영역을 변경할 것(변경 셀)인가와 어떤 결과 (결과 셀)에 관심이 있는가를 결정해야 한다. 여기서는 앞서 살펴봤던 초제마 기업이 제품 1만 생산하는 경우, 제품 2만 생산하는 경우, 제품 3만 생산하는 경우 및 최적해의 공헌 이익과 공정의 실제 가동 시간을 비교해 보고자 한다. 시나리오는 다음과 같다.

시나리오	제품 1 생산량	제품 2 생산량	제품 3 생산량
제품 1만 생산	120	0	0
제품 2만 생산	0	40	0
제품 3만 생산	0	0	220
최적해	100	0	120

시나리오를 만들기 위해 메뉴에서 [데이터] 〉 [가상 분석] 〉 [시나리오 관리자(S)]를 선택한다.

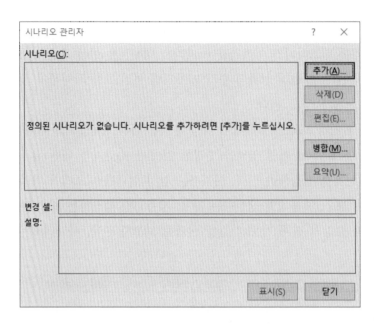

여기에서 네 개의 시나리오를 하나씩 추가한다. 첫 번째 시나리오 입력을 위해 [추가(A)…]를 선택한다.

이름과 변경 셀 범위를 지정하고 [확인]을 누르면 변숫값, 즉 시나리오 값을 정할 수 있다.

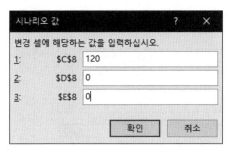

이렇게 첫 번째 시나리오를 입력하고 같은 방식으로 모든 시나리오를 추가한다.

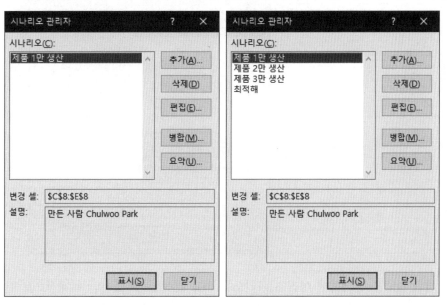

시나리오를 입력했으면 이를 분석하는 방법을 알아보자. 이를 위해 시나리오 관리자 창에서 4개의 시나리오 중 하나를 선택한 후 [표시(S)] 단추를 클릭한다. 시나리오에 따라 워크시트에서 변경 셀, 즉 생산량이 변경되고 공헌 이익과 실가동 시간이 같이 변경되는 것을 볼 수 있다. 가령 '제품 3만 생산'을 선택한 경우 공헌 이익이 600으로, 실가동 시간은 밀링 공정과 선반 공정이 각각 480, 240으로 변경되는 것을 알 수 있다.

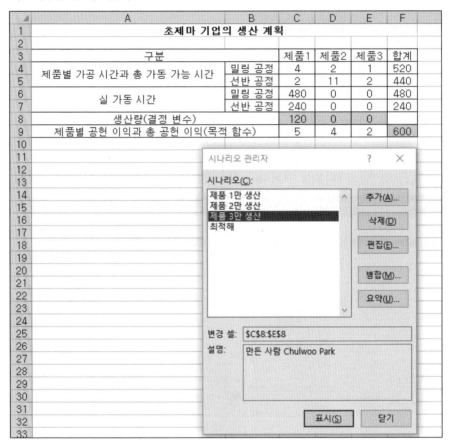

이러한 방법을 반복하여 여러 시나리오를 비교 분석할 수 있지만 체계적으로 분석하는 방법은 시나리오 요약을 사용하는 것이다. 시나리오 관리자 창에서 [요약 (U)...] 단추를 클릭해서 시나리오 요약을 선택하고 결과 셀에는 원하는 셀의 위치를 입력하고 확인하면 시나리오 요약이 작성된다.

316

◢	A	B	C	D	E	F	G
1	초제마 기업의 생산 계획						
2							
3	구분		제품1	제품2	제품3	합계	
4	제품별 가공 시간과 총 가동 가능 시간	밀링 공정	4	2	1	520	
5		선반 공정	2	11	2	440	
6	실 가동 시간	밀링 공정	480	0	0	480	
7		선반 공정	240	0	0	240	
8	생산량(결정 변수)		120	0	0		
9	제품별 공헌 이익과 총 공헌 이익(목적 함수)		5	4	2	600	
10							

시나리오 요약   ?   ×

보고서 종류

◉ 시나리오 요약(S)

○ 시나리오 피벗 테이블 보고서(P)

결과 셀(R):

=$F$6:$F$7,$F$9   ⬆

확인   취소

여기에서는 결과 셀에 실 가동 시간과 총 공헌 이익을 넣었지만, 필요한 셀들을
선택하여 나열하면 된다.

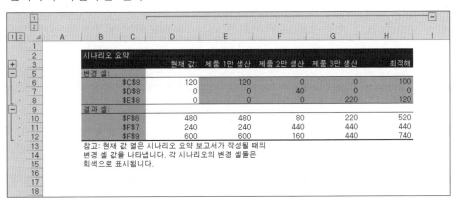

			현재 값	제품 1만 생산	제품 2만 생산	제품 3만 생산	최적해
시나리오 요약							
변경 셀:							
		$C$8	120	120	0	0	100
		$D$8	0	0	40	0	0
		$E$8	0	0	0	220	120
결과 셀:							
		$F$6	480	480	80	220	520
		$F$7	240	240	440	440	440
		$F$9	600	600	160	440	740

참고: 현재 값 열은 시나리오 요약 보고서가 작성될 때의
변경 셀 값을 나타냅니다. 각 시나리오의 변경 셀들은
회색으로 표시됩니다.

시나리오 요약 보고서는 '시나리오 요약'이라는 워크시트가 새로 만들어지면서
생성된다. 전체를 한눈에 비교할 수 있어 편리하다.

선형 계획법의 특수한 형태로 수송 계획법(transportation planning)이 있다. 이는 여러 개의 공급 지점으로부터 여러 개의 수요 지점으로 하나의 제품을 최소의 비용으로 수송하려고 할 때 각 공급 지점에서 각 수요 지점으로 가는 수송량을 결정하는 것이다. 기업에서 새로운 시설의 입지를 결정할 때, 생산비나 수송비를 최소화하는 의사 결정 등 다양한 업무에서 활용할 수 있다.

여기에서는 여러 발전소에서 여러 전기 수요 지역으로 총비용을 최소로 하는 송전량을 결정하는 과정을 확인해 본다. 조금 복잡해 보일 수도 있으나, 선형 계획과 동일한 절차가 적용되며, 원리를 이해하는 데 초점을 둔다.

초제마 전력은 가, 나, 다, 라 네 지역에 전력을 공급한다. 네 지역의 전력 수요는 각각 5만, 8만, 7만 14만KW이다. 이 수요를 맞추기 위해 초제마 전력은 세 군데에 발전소 A, B, C를 보유하고 있으며 발전 용량은 각각 7만, 9만, 18만KW이다. 발전소에서 소비 지역까지 전기를 보내려면 거리에 비례하는 전력 손실과 송전 비용이 발생한다. 1KW의 전기를 소비 지역까지 보내는 데 소모되는 비용을 송전 단가라고 하고, 각 발전소와 지역별 송전 단가는 아래 표와 같다.

	가	나	다	라
A	19	30	50	10
B	70	30	40	60
C	40	8	70	20

전력 수급 문제 해결과 동시에 송전에 필요한 총비용이 최소가 되는 계획을 작성하기로 한다. 이 문제를 선형 계획법과 마찬 가지로 모델로 표현하면 아래와 같다.

목적 함수: $19x_{11} + 30x_{12} + 50x_{13} + \cdots + 20x_{34}$의 최소화

제약 조건: $x_{11} + x_{12} + x_{13} + x_{14} = 7$

$$x_{21} + x_{22} + x_{23} + x_{24} = 9$$

$$x_{31} + x_{32} + x_{33} + x_{34} = 18$$

$$x_{11} + x_{21} + x_{31} = 5$$

$$x_{12} + x_{22} + x_{32} = 8$$

$$x_{13} + x_{23} + x_{33} = 7$$

$$x_{14} + x_{24} + x_{34} = 14$$

$$x_{ij} \geq 0 \ \ (i = 1,\ 2,\ 3;\ \ j = 1,\ 2,\ 3,\ 4)$$

i는 발전소, j는 수요 지역을 나타낸다. 즉 x_{23}은 발전소 B에서 다 지역으로 가는 송전량이 된다. 여기에도 제약 조건에 비음 조건이 추가된다.

이 문제를 Excel로 해결하기 위해 아래 그림과 같이 적절하게 기본 사항을 입력한다.

	A	B	C	D	E	F	G	H
1		초제마 전력의 송전 계획						
2								
3		송전 단가 및 수요/공급						
4			가	나	다	라	공급 능력	
5		A	19	30	50	10	7	
6		B	70	30	40	60	9	
7		C	40	8	70	20	18	
8		수요량	5	8	7	14	34	
9								
10		송전량(결정 변수)						
11			가	나	다	라	계	
12		A						
13		B						
14		C						
15		계						
16								
17		수송 비용(목적 함수)						
18			가	나	다	라	계	
19		A						
20		B						
21		C						
22		계						
23								
24								

송전량(결정 변수) 표에는 최종 결정하게 될 송전량이 계산을 위해 다양하게 입력될 것이고, 일단 송전량이 결정되었을 때, 발전량과 수요량 부분의 계는 SUM 함수로 수식을 입력한다.

	A	B	C	D	E	F	G	H
1		초제마 전력의 송전 계획						
2								
3		송전 단가 및 수요/공급						
4			가	나	다	라	공급 능력	
5		A	19	30	50	10	7	
6		B	70	30	40	60	9	
7		C	40	8	70	20	18	
8		수요량	5	8	7	14	34	
9								
10		송전량(결정 변수)						
11			가	나	다	라	계	
12		A					0	
13		B					0	
14		C					0	
15		계	0	0	=SUM(F12:F14)			
16								
17		수송 비용(목적 함수)						
18			가	나	다	라	계	
19		A						
20		B						
21		C						
22		계						
23								
24								

수송 비용(목적 함수) 표에는 결정된 송전량과 미리 정해져 있는 송전 단가를 곱한 값들이 들어가도록 한다. 대표 수식이 들어갈 C19 셀에 기본 수식을 입력한다.

C19: =C5*C12

이 수식을 복사하여 F21 셀까지 붙여 넣는다.

	A	B	C	D	E	F	G	H
1				초제마 전력의 송전 계획				
2								
3		송전 단가 및 수요/공급						
4			가	나	다	라	공급 능력	
5		A	19	30	50	10	7	
6		B	70	30	40	60	9	
7		C	40	8	70	20	18	
8		수요량	5	8	7	14	34	
9								
10		송전량(결정 변수)						
11			가	나	다	라	계	
12		A					0	
13		B					0	
14		C					0	
15		계	0	0	0	0		
16								
17		수송 비용(목적 함수)						
18			가	나	다	라	계	
19		A	0	0	0	0		
20		B	0	0	0	0		
21		C	0	0	0	=F7*F14		
22		계						
23								
24								

모든 비용을 합하는 수식을 계 항목에 추가한다. 그림과 같이 합계 수식이 입력될 셀을 포함하여 전체를 선택하고, [홈] 〉 [자동 합계] 〉 [합계] 메뉴를 실행한다.

	A	B	C	D	E	F	G	H
1				초제마 전력의 송전 계획				
2								
3		송전 단가 및 공급						
4			가	나	다	라	공급 능력	
5		A	19	30	50	10	7	
6		B	70	30	40	60	9	
7		C	40	8	70	20	18	
8		수요량	5	8	7	14	34	
9								
10		송전량(결정 변수)						
11			가	나	다	라	계	
12		A					0	
13		B					0	
14		C					0	
15		계	0	0	0	0		
16								
17		수송 비용(목적 함수)						
18			가	나	다	라	계	
19		A	0	0	0	0		
20		B	0	0	0	0		
21		C	0	0	0	0		
22		계						
23								
24								

목적 함숫값이 들어가는 G22 셀까지 수식이 채워진다.

	A	B	C	D	E	F	G	H
1			초제마 전력의 송전 계획					
2								
3		송전 단가 및 수요/공급						
4			가	나	다	라	공급 능력	
5		A	19	30	50	10	7	
6		B	70	30	40	60	9	
7		C	40	8	70	20	18	
8		수요량	5	8	7	14	34	
9								
10		송전량(결정 변수)						
11			가	나	다	라	계	
12		A					0	
13		B					0	
14		C					0	
15		계	0	0	0	0		
16								
17		수송 비용(목적 함수)						
18			가	나	다	라	계	
19		A	0	0	0	0	0	
20		B	0	0	0	0	0	
21		C	0	0	0	0	0	
22		계	0	0	0	0	0	
23								
24								

그다음 결정 변수를 구하기 위해 [데이터] 〉 [해 찾기]를 실행한다.

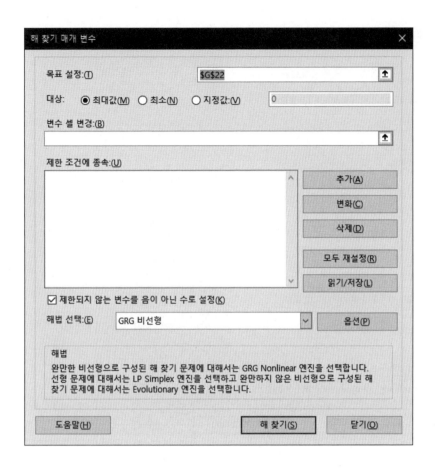

목표 설정에 입력된 셀 위치를 확인하고, '대상'은 '최소'로 한다. 변수 셀 변경에 결정 변수의 범위를 마우스로 지정해 입력한다.

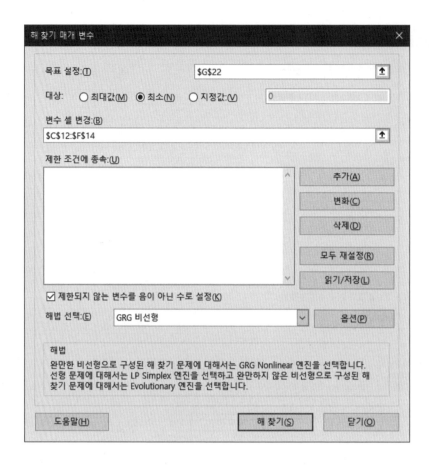

그다음 공급 능력과 수요량이 실제 송전량과 일치해야 한다는 조건을 입력하기
위해 [추가(A)] 단추를 선택한다.

첫 번째 화면

	A	B	C	D	E	F	G	H	I
1				초제마 전력의 송전 계획					
2									
3		송전 단가 및 수요/공급							
4			가	나	다	라	공급 능력		
5		A	19	30	50	10	7		
6		B	70	30	40	60	9		
7		C	40	8	70	20	18		
8		수요량	5	8	7	14	34		
9									
10		송전량(결정 변수)							
11			가	나	다	라	계		
12		A					0		
13		B					0		
14		C					0		
15		계	0	0	0	0			
16									
17		수송 비용(목적 함수)							
18			가						
19		A	0						
20		B	0						
21		C	0						
22		계	0						

제한 조건 추가 ✕

셀 참조:(E) $G$5:$G$7 ⬆ = ▾   제한 조건:(N) =$G$12:$G$14 ⬆

확인(O)   추가(A)   취소(C)

두 번째 화면

	A	B	C	D	E	F	G	H	I
1				초제마 전력의 송전 계획					
2									
3		송전 단가 및 수요/공급							
4			가	나	다	라	공급 능력		
5		A	19	30	50	10	7		
6		B	70	30	40	60	9		
7		C	40	8	70	20	18		
8		수요량	5	8	7	14	34		
9									
10		송전량(결정 변수)							
11			가	나	다	라	계		
12		A					0		
13		B					0		
14		C					0		
15		계	0	0	0	0			
16									
17		수송 비용(목적 함수)							
18			가						
19		A	0						
20		B	0						
21		C	0						
22		계	0						

제한 조건 추가 ✕

셀 참조:(E) $C$8:$F$8 ⬆ = ▾   제한 조건:(N) =$C$15:$F$15 ⬆

확인(O)   추가(A)   취소(C)

두 번째 조건 입력을 끝내고, [확인]을 눌러 해 찾기 매개 변수 창으로 이동하고 '제한되지 않는 변수를 음이 아닌 수로 설정'이 선택되었는지 확인하고, '해법 선택'도 '단순 LP'로 변경한 후 [해 찾기]를 실행한다.

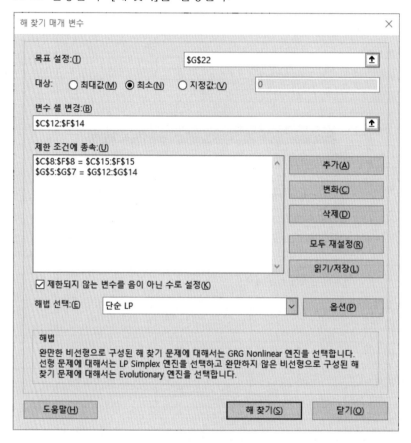

결과를 확인해 보면 조건인 공급 능력과 수요량을 모두 충족하면서, 총비용이 최소가 되는 송전량을 볼 수 있다.

	A	B	C	D	E	F	G	H
1				초제마 전력의 송전 계획				
2								
3		송전 단가 및 수요/공급						
4			가	나	다	라	공급 능력	
5		A	19	30	50	10	7	
6		B	70	30	40	60	9	
7		C	40	8	70	20	18	
8		수요량	5	8	7	14	34	
9								
10		송전량(결정 변수)						
11			가	나	다	라	계	
12		A	5	0	0	2	7	
13		B	0	2	7	0	9	
14		C	0	6	0	12	18	
15		계	5	8	7	14		
16								
17		수송 비용(목적 함수)						
18			가	나	다	라	계	
19		A	95	0	0	20	115	
20		B	0	60	280	0	340	
21		C	0	48	0	240	288	
22		계	95	108	280	260	743	
23								
24								

　　계산을 위해 워크시트에 기본값들을 입력하고 구성하는 방식은 작성자에 따라 다를 수 있다. 보기 좋고 이해하기 좋은 방식으로 잘 선택하여 구성한다.

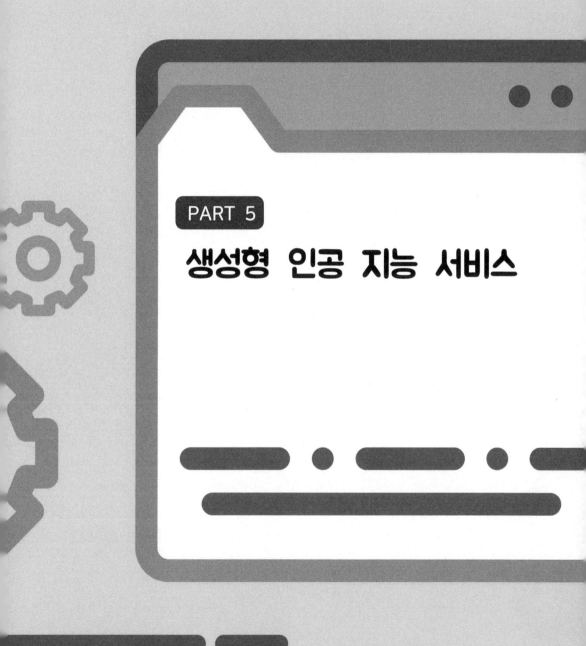

PART 5

생성형 인공 지능 서비스

PART 5

생성형 인공 지능 서비스

생성형 인공 지능 서비스 중에 대화형으로 사용하는 것들은 용도가 다양하기는 하지만, 여기에서는 데이터 분석 분야에 어떻게 활용될 수 있는지를 확인해 보기로 한다. 현재 무료와 유료로 많은 서비스들이 시장에 존재하고 있지만, 생성형 인공 지능의 붐을 이끈 ChatGPT와 함께 별도의 비용 없이[1] 사용할 수 있는 Google Gemini(제미니, 제미나이, Bard에서 이름 변경)와 Microsoft Copilot(코파일럿, Bing Chat에서 이름 변경), Claude(클로드) 등을 대상으로 내용을 살펴보기로 한다.

구체적인 접속 방법이나 사용 방법은 해당 서비스 홈페이지나 다른 자료를 참고하기로 하고 이런 서비스들이 데이터 분석 문제를 어떻게 처리하는지 정도를 확인해 본다.

• ChatGPT: https://chatgpt.com

---

1) 무료 버전과 유료 버전의 기능과 성능이 크게 차이가 나지만, 무료 버전으로 기본 원리와 응용 방법은 충분히 이해할 수 있다. 유료 버전은 선택적으로 사용한다.

- Microsoft Copilot: https://copilot.microsoft.com

- Google Gemini: https://gemini.google.com

- Claude: https://claude.ai

- Groq: https://groq.com

앞서 Excel이나 다른 소프트웨어를 이용했던 분석 작업들을 각 인공 지능 서비스로 다시 진행해본다.

참고로 서비스별로 접속하면서 결과를 확인할 수도 있지만, ChatALL이라는 통합 앱을 사용하는 것도 괜찮다.

참고 "[ChatALL] 현존하는 거의 모든 대화형 인공 지능 서비스를 한 방에 모두 사용하기", 2023. 6. 8., https://cantips.com/3843

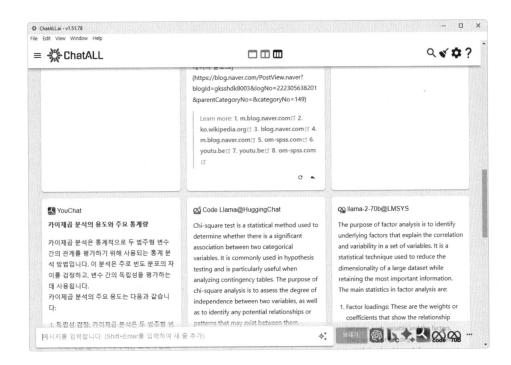

한 번의 질문으로 선택한 모든 인공 지능 서비스에서 답을 받아볼 수 있다. 유명한 인공 지능 서비스들이 거의 다 망라되어 있으며, 수시로 추가되거나 삭제될 수 있다.

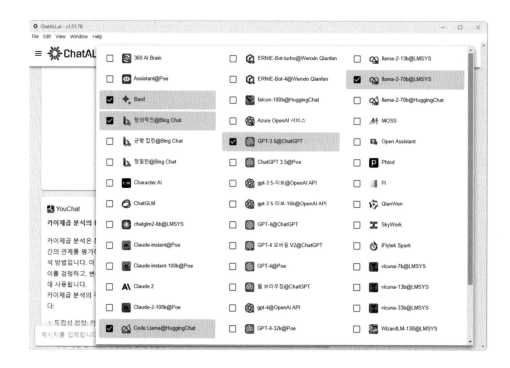

여기에서는 구체적인 사용 방법을 나열하여 설명하기보다는 이러한 대화 방식의 생성형 인공 지능 서비스를 사용해보는 기회를 가져보도록 언급한 것이다.

생성형 인공 지능 활용 사례 및 예제(저자 블로그 게시물 목록)

- [Open WebUI] 내 PC나 Mac에 설치해 사용하는 ChatGPT 스타일의 대화형 인공 지능, 2024. 5. 11., https://cantips.com/3903
- ChatGPT를 함수로 사용하는 Excel 추가 기능, 2023. 12. 13., https://cantips.com/3874
- [Excel Labs] ChatGPT를 함수로 사용하는 Excel 추가 기능, 2023. 12. 13., https://cantips.com/3874
- [PowerPoint + ChatGPT Plus] 뒤틀린 틀에 이미지를 맞춰 삽입하기, 2023.

12. 3., https://cantips.com/3872

- ChatGPT Plus 새 기능 My GPTs 활용법, 2023. 11. 12.,
  https://cantips.com/3866

- ChatGPT 안으로 들어온 이미지 생성 모델 DALL−E 3, 2023. 10. 4.,
  https://cantips.com/3863

- [ChatGPT Plus: 이미지로 대화하기 활용 사례] 2023 수능 물리학 문제 풀기,
  2023. 9. 27., https://cantips.com/3861

- [Python in Excel+ChatGPT] 회귀 분석 편, 2023. 9. 1.,
  https://cantips.com/3856

- [Python in Excel+ChatGPT] 기술 통계 편, 2023. 8. 31.,
  https://cantips.com/3855

- [PowerPoint] ChatGPT의 도움으로 삼각형의 내접원 그리기, 2023. 8. 25.,
  https://cantips.com/3853

- [ChatGPT] 파워포인트 슬라이드 배경과 같이 원하는 그림 뚝딱 그리기, 2023.
  2. 25., https://cantips.com/3802

- 마이크로소프트 빙 채팅과 GPT 채팅 간단한 질문 대답 비교, 2023. 2. 16.,
  https://cantips.com/3791

- ChatGPT를 이용해 MS Word에서 원하는 행과 열의 같은 스타일 표를 삽입하
  는 VBA 코드 작성하기, 2023. 1. 14., https://cantips.com/3765

- ChatGPT를 이용해 다양한 형태의 시험 문제 만들기, 2022. 12. 28.,
  https://cantips.com/3760

- ChatGPT를 이용해 Word 문서에 있는 모든 표의 스타일을 통일하는 VBA 코
  드 작성하기, 2022. 12. 25., https://cantips.com/3759

- ChatGPT를 이용해 Excel에서 두 숫자 사이에 일정한 간격으로 원하는 개수만
  큼 숫자를 채워 넣는 VBA 코드 작성하기, 2022. 12. 21.,
  https://cantips.com/3758

- ChatGPT로 Excel에서 도형을 그리는 VBA 코드 작성하기, 2022. 12. 20., https://cantips.com/3757
- ChatGPT를 이용해 주 차별 또는 일자별 강의 계획서 만들기, 2022. 12. 16., https://cantips.com/3756

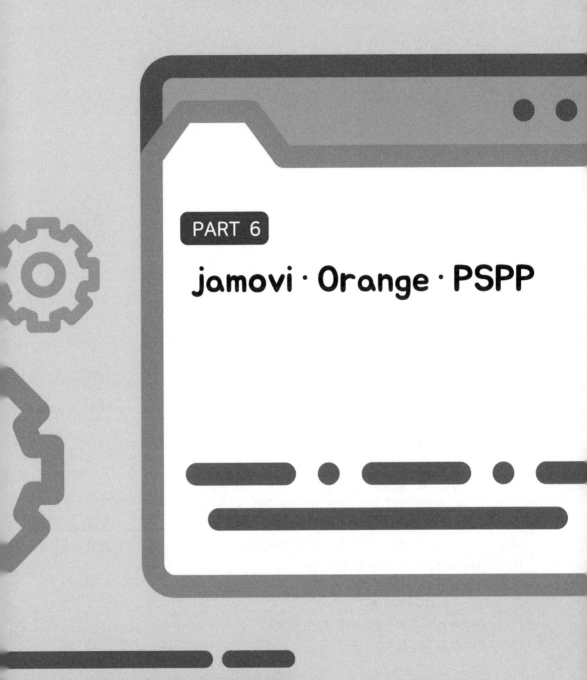

PART 6

jamovi · Orange · PSPP

Mission 45 기술 통계법 jamovi

Mission 46 회귀 분석 jamovi

Mission 47 로지스틱 회귀 분석 jamovi

Mission 48 클러스터 분석 jamovi

Mission 49 연관 관계 분석: 장바구니 분석 Orange

Mission 50 클러스터 분석 Orange

Mission 51 클러스터 분석: 이미지 분류 Orange

Mission 52 감성 분석 Orange

Mission 53 기술 통계법 PSPP

Mission 54 회귀 분석 PSPP

Mission 55 로지스틱 회귀 분석 PSPP

Mission 56 클러스터 분석 PSPP

PART 6

jamovi · Orange · PSPP

jamovi는 R 언어를 기반으로 하는 사용하기 쉬운 통계 패키지로, 통계 모델링을 위한 다양한 방법을 제공한다. 오픈 소스이며 무료 통계 패키지이다. Windows와 macOS 버전을 모두 제공한다.

- jamovi 홈페이지에서 파일 다운로드 https://www.jamovi.org/
- 실습 파일: 실습용 Excel 파일(pakcw_stat_for_stu_practice.xlsx)에서 [기술통계법] 워크시트를 열고 [다른 이름으로 저장] 메뉴를 이용해 CSV 파일로 저장한다.

jamovi를 실행하고, 왼쪽 상단 햄버거 메뉴를 열고 [Open] 메뉴를 이용해 실습용 CSV 파일을 연다.

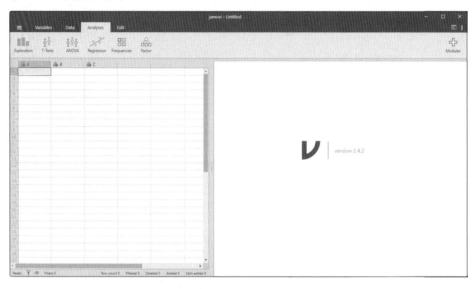

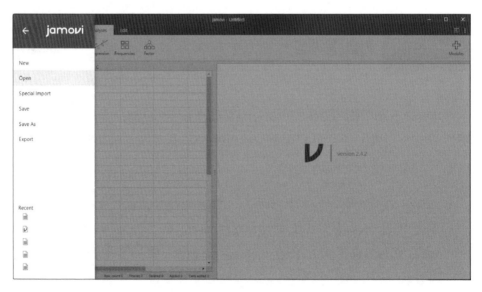

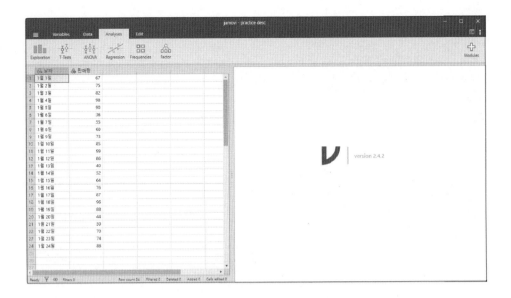

상단 메뉴에서 [Analyses] 〉 [Exploration] 〉 [Descriptives]를 선택한다.

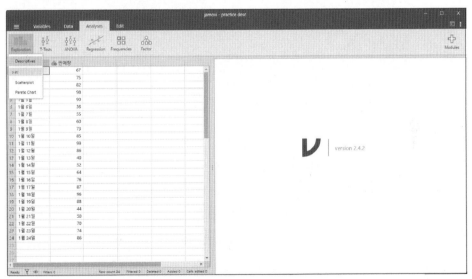

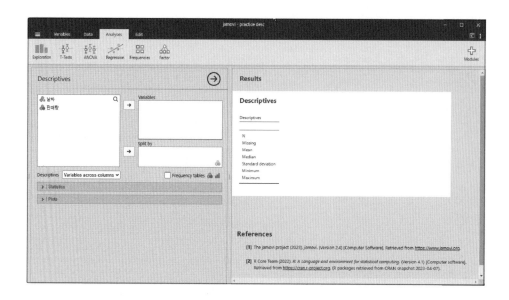

통계량 산출의 대상이 되는 '판매량'을 'Variables' 창으로 추가한다.

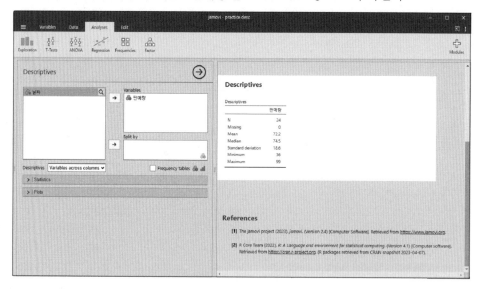

Statistics 메뉴를 열고, 필요한 항목들을 선택하거나, Frequency table(빈도표)을 체크하여 결과 화면에 포함할 수 있다.

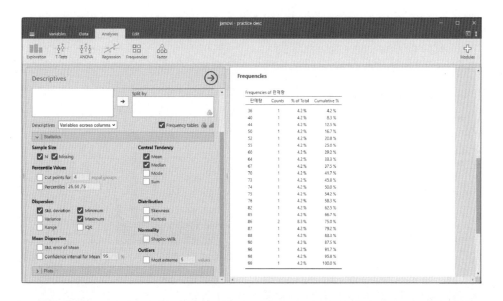

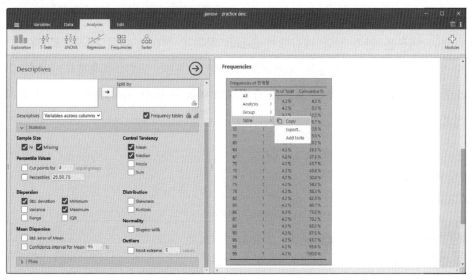

Plots 메뉴를 열고 히스토그램 등 다양한 시각적 요소를 추가할 수 있다.

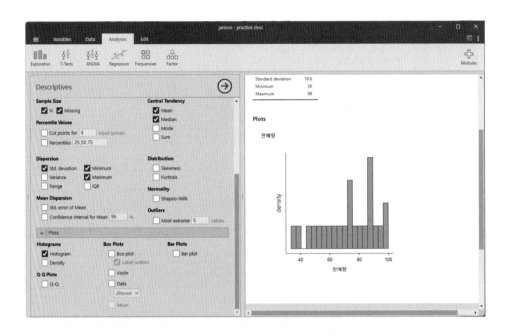

결과 내용을 왼쪽 상단 메뉴에서 Export 항목을 선택해 다른 형식으로 저장할 수 있으며, jamovi 파일 형식(.omv)으로 보관할 수 있다. 또한, 결과에서 필요한 요소만 해당 부분에서 마우스 오른쪽 클릭으로 메뉴를 불러 복사해 다른 곳에 옮겨 사용할 수도 있다.

Mission 46	회귀 분석	jamovi

실습용 Excel 파일(pakcw_stat_for_stu_practice.xlsx)에서 [다중회귀] 워크시트를 열고 다른 이름으로 저장 메뉴를 이용해 CSV 파일로 저장한다. 변환한 실습용 CSV 파일(예: practice reg.csv)을 jamovi로 불러온다.

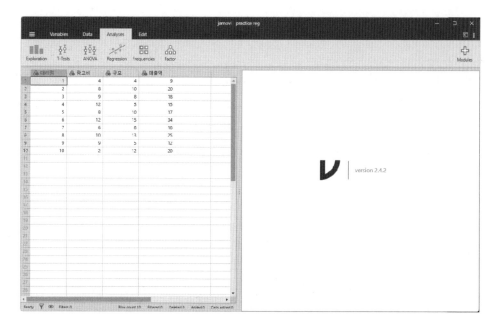

회귀 분석을 위해 상단 메뉴에서 [Regression] 〉 [Linear Regression]을 선택한다.

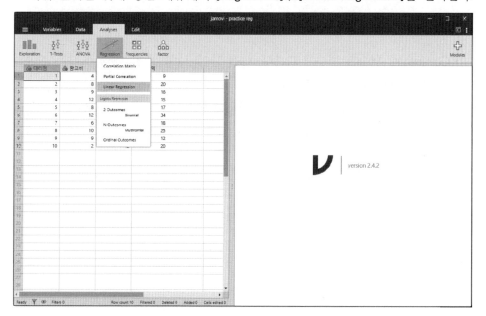

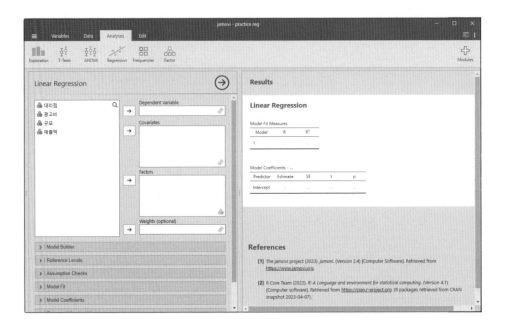

종속 변수는 'Dependent Variable' 창으로 추가하고, 독립 변수는 'Covariates'나 'Factors'에 넣는다.

- Covariates: 연속형 변수를 다룬다. 예를 들어, 나이, 수입, 체중과 같은 연속적인 수치 데이터가 여기에 해당한다.
- Factors: 범주형 변수를 추가한다. 일반적으로 더미 변수로 변환되어 분석에 사용된다. 예를 들어, 성별, 학력, 직업 등과 같은 데이터가 여기에 해당한다.

여기에서는 매출액은 'Dependent Variable' 창으로 넣고, 독립 변수인 광고비와 규모는 연속형 데이터이므로 'Covariates'에 넣는다.

346

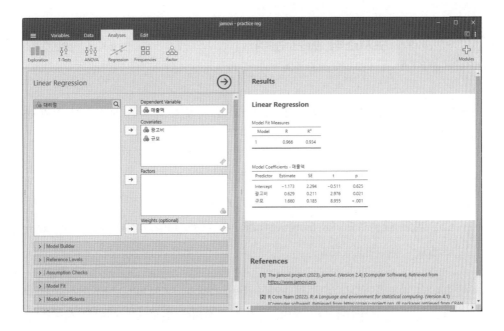

다양한 옵션들을 선택하면서 원하는 결과를 도출한다.

공부 시간을 독립 변수로 하고 합격 여부를 종속 변수로 하는 로지스틱 회귀 분석을 실시한다.

- 실습 데이터: "Logistic regression", Wikipedia,
  https://en.wikipedia.org/wiki/Logistic_regression
- CSV 파일 다운로드: LR Sample (hr−pass).csv, https://p.cantips.com/da−
  samples (비밀번호: cantips)

해당 실습 파일을 열고, 상단 메뉴에서 [Regression] 〉 [2 Outcomes: Binomial]을 선택한다. 독립 변수가 0과 1 두 개의 범주로 구성되어 있으므로 이렇게 선택한다.

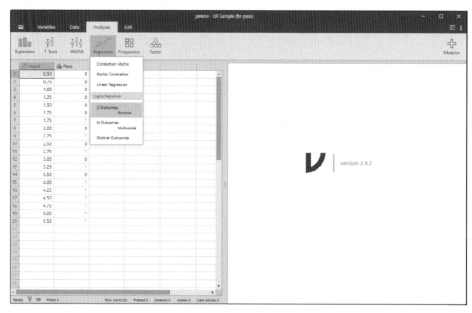

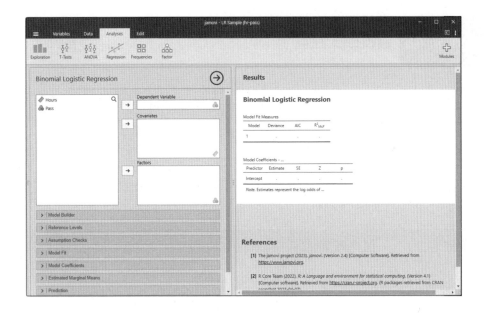

종속 변수와 독립 변수를 해당 창으로 추가한다.

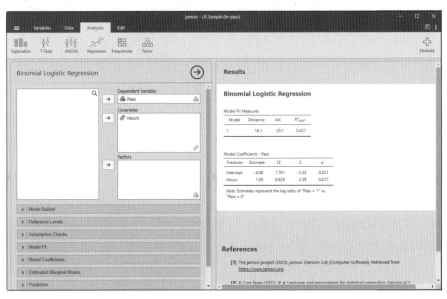

다양한 옵션들을 선택하면서 원하는 결과를 도출한다.

실습용 파일을 이용해 클러스터 분석을 수행하기로 한다.

– 실습용 CSV 파일: 클러스터링_sample.csv

데이터를 jamovi로 불러온 후 상단 메뉴에서 관련 항목을 찾으면 일단은 보이지 않는다.

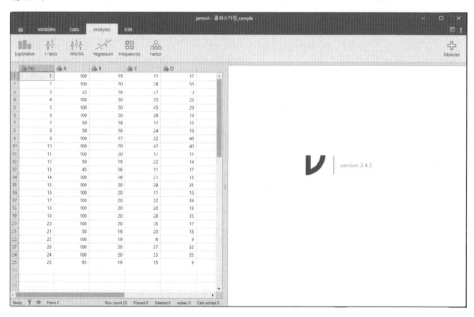

클러스터 분석은 기본 기능에 포함되어 있지 않아서, 우측 상단의 [+ Modules] 메뉴를 이용해 추가로 설치해 사용해야 한다.

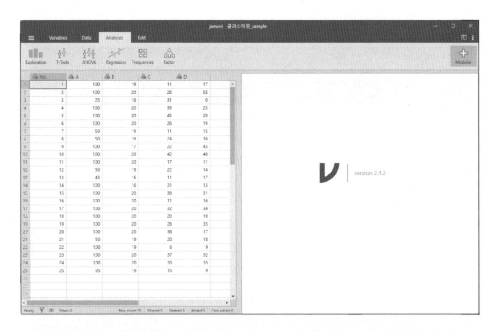

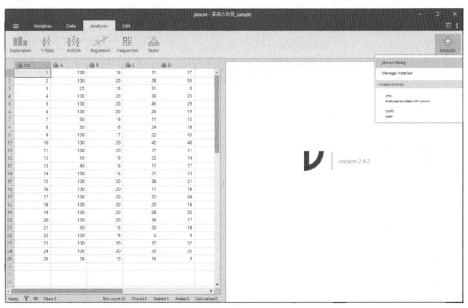

'jamovi library'를 선택 후 검색 창에서 snowCluster를 찾아 설치한다.

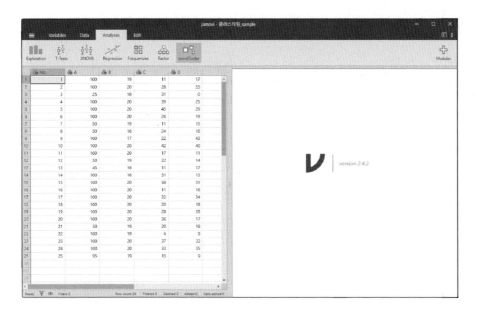

새롭게 추가된 메뉴에 다양한 기능들이 있다. 여기에서는 [K-means Clustering]
을 선택한다.

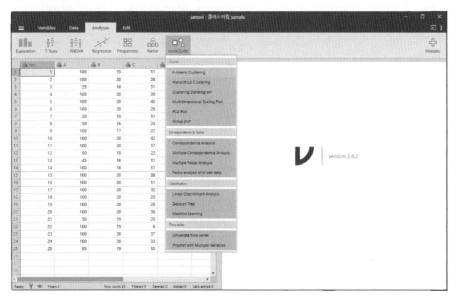

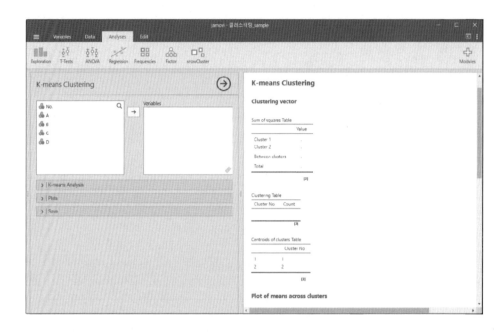

    A, B, C, D 전체 항목을 대상으로 3개의 클러스터를 구성하는 분석을 진행한다. 'Variables' 창에 모든 변수를 추가하고, [K-means Analysis]에서 'Number of clus-ters'를 '3'으로 지정한다.

다양한 옵션을 선택하면서 필요한 결과를 만들 수 있다. 참고로, 분석 결과창에서는 원본 데이터 각 행이 어떤 클러스터에 속하는지를 보여주는 표가 나타나지 않는다. 이를 위해서는 옵션 창 하단의 [Save] 항목을 열고, 'Cluster number'를 선택한다.

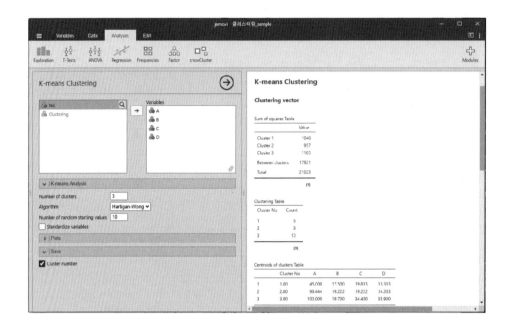

이후 상단 메뉴에서 [Data]를 선택한다. 여기를 보면 가장 우측에 Clustering이라
는 열이 보인다.

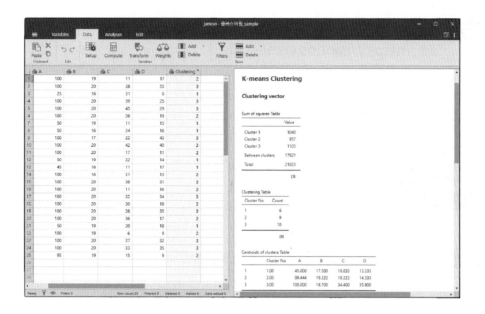

1, 2, 3으로 클러스터가 구분되어 있다.

Mission 49　연관 관계 분석: 장바구니 분석　　Orange

　　Orange(오렌지, https://orangedatamining.com)는 오픈 소스 데이터 시각화, 기계 학습, 데이터 마이닝 도구이다. 빠른 양적 데이터 분석과 상호 작용적 데이터 시각화를 위한 비주얼 프로그래밍 기능을 제공한다. 그래픽 유저 인터페이스(GUI)로 마우스를 이용해 필요한 아이콘을 선택해 끌어 사용하는 방식이 특징이며, 별도의 확장 분석은 추가 기능을 설치해 사용하게 되어 있다. Windows와 macOS 버전을 모두 제공한다.

참고 "[Excel과 Orange] 시장바구니 분석: 연관 관계 규칙", 2020. 4. 26., https://cantips.com/3241

| Mission 50 | 클러스터 분석 | Orange |

참고 "[Orange] k-평균 클러스터링(k-means clustering)", 2020. 2. 14., https://cantips.com/3207

| Mission 51 | 클러스터 분석: 이미지 분류 | Orange |

참고 "[Orange] 이미지 분석: 클러스터링(Clustering)과 분류(Classif-ication)", 2021. 12. 6., https://cantips.com/3585

Mission 52	감성 분석	Orange

참고 "[Excel과 Orange] 감성 분석(Sentiment Analysis)", 2020. 5. 14., https://cantips.com/3247

Mission 53	기술 통계법	PSPP

GNU PSPP 또는 줄여서 PSPP(https://www.gnu.org/software/pspp/)라고 하는 이 통계 패키지는 샘플 데이터 분석 및 통계를 위한 무료 및 공개 소프트웨어 애플리케이션으로 IBM SPSS와 유사한 인터페이스로 제공된다. SPSS와 마찬가지로 그래픽 사용자 인터페이스(GUI)와 기존 명령줄(command line) 인터페이스를 모두 제공한다. 사용 방법이나 메뉴의 구성이 SPSS와 아주 유사하다. 특별히 PSPP가 어떤 단어들의 약어는 아니고, SPSS를 겨냥해 이름을 지은 것으로 보이기는 한다. 정식 버전과 수시로 업데이트되는 개발 버전(nightly build)이 있는데, 안정적인 사용을 위해 정식 버전을 사용하는 것이 좋기는 하지만. 조금이나마 개선된 기능이나 신메뉴를 사용하기 위해 개발 버전을 써보는 것도 나쁘지는 않다. 단, 개발 버전은 수시로 공개되면서 최신성은 있으나, 심각한 오류를 일으킬 수 있어 이런 점을 고려하여 선택하도록 한다. Windows와 macOS 버전을 모두 제공한다.

우선 기술 통계 실습을 위해 실습용 Excel 파일(pakcw_stat_for_stu_practice.xlsx)에서 [기술통계법] 워크시트를 열고 [다른 이름으로 저장] 메뉴를 이용해 CSV 파일로 저장한다.

PSPP를 실행하면 Variable View(변수 보기) 창이 나타난다.

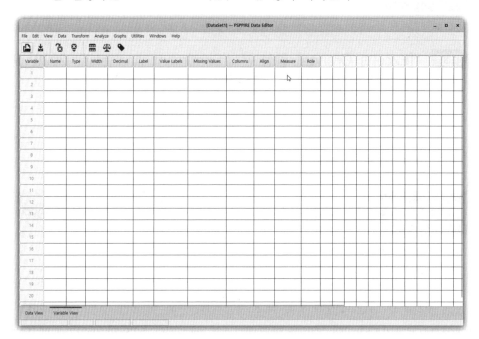

하단의 Data View(데이터 보기) 탭을 선택하여 창을 전환하고, [File] 〉 [Import Data…] 메뉴를 선택하여 실습용 CSV 파일을 연다.

[다음(N)] 단계에서 모든 데이터를 선택하고 다시 [다음(N)]을 선택한다. 여기에서는 여러 데이터 중 몇 개 또는 몇 퍼센트를 추려서 지정할 수 있다. PSPP에서는 SPSS도 그렇지만, 데이터 행(레코드)을 case(케이스)로 표현한다.

여기에서는 첫째 행이 이름표인지 데이터인지 확인한다. 또한, 불러온 데이터의 글자가 깨져보이는 등 다른 문제가 생기지 않았는지도 확인하도록 한다. 불러온 데이터는 날짜, 판매량이라는 변수 이름을 첫 행에 포함하고 있으므로 실제 데이터가 시작되는 2행을 선택한 상태에서 'Line above select line contains variable names'를 켜고 [다음(N)]으로 간다.

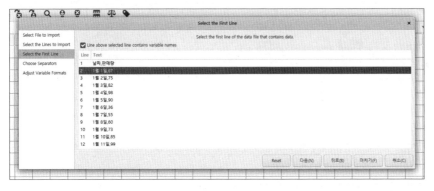

전환된 창에서 구분자로 사용하는 문자를 선택한다. 기본으로 Comma(쉼표)가 선택되어 있고, Fields Preview(필드 미리 보기)에서 제대로 분리되어 있는지 확인한

후 [다음(N)]을 선택한다.

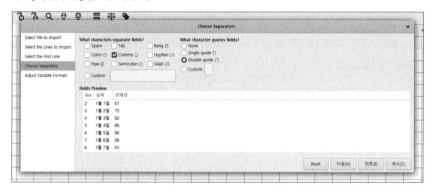

마지막으로 각 변수의 형식(속성)을 확인한다. 가장 중요한 것은 해당 변수가 텍스트(String)인지, 숫자(Numeric)인지, 날짜(Date)인지, 통화(Dollar 또는 Custom currency)인지를 정하는 것이다. 실습용 데이터인 경우 1월 1일, 1월 2일 등이 입력된 날짜 필드가 있으나 이는 텍스트로 입력한 샘플 데이터이므로 'String'으로 그대로 둔다. 기술 통계 분석을 판매량 데이터만을 대상으로 진행할 것이어서 상관이 없지만, 실제 날짜 형식이 필요하다면 수정해 사용하도록 한다.

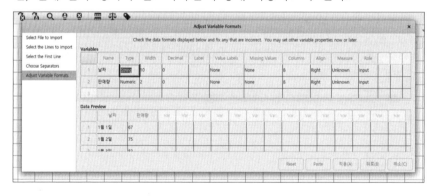

모든 사항을 확인했으면 [적용(A)]을 선택한다.

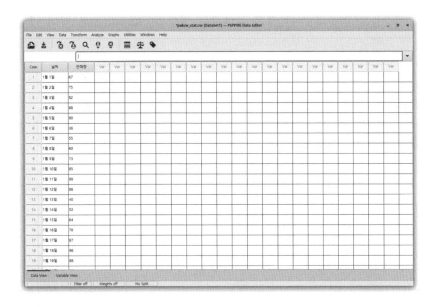

이제 분석을 위해 상단 메뉴에서 [Analyze] 〉 [Descriptive Statistics] 〉
[Descriptives…]를 선택한다. 옵션 창이 나타나면 왼쪽 창에서 판매량을 선택해 오
른쪽 창으로 보내고, 필요한 통계량(Statistics)을 선택하여 [OK]를 누른다. 데이터를
불러온 후 본격적인 분석 작업을 진행하기 전이나 작업 중간, 작업 후에는 파일을
저장해야 하는데 이때는 기본적으로 원본 데이터 파일 이름 뒤에 sav라는 확장자
가 붙는다. 향후에는 이 파일을 저장해 두고 활용하면 된다.

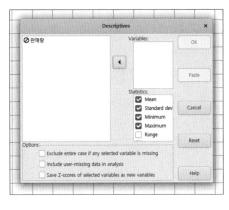
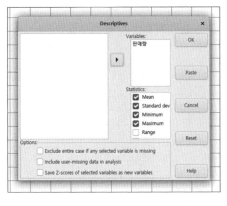

선택한 통계량을 포함한 분석 결과를 보여주는 별도의 Output(결과) 창이 나타난다.

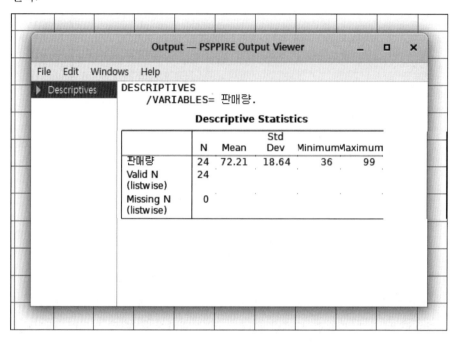

결과 내용을 선택하여 복사해 Word나 PowerPoint 등 다른 곳으로 붙여 넣어 사용할 수는 있지만, 이때는 그림으로만 삽입된다.

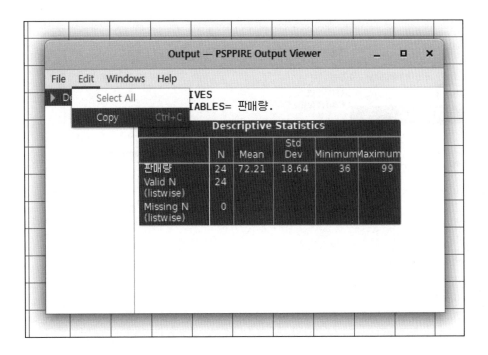

내용을 편집하거나 수정하는 용도로 사용하려면, 조금 불편하기는 하지만, 상단
[File] 〉 [Export…] 메뉴를 이용해, HTML이나 OpenDocument(*.odt) 형식으로 저정
한다. ODT 파일을 MS Word로 불러와 편집할 수 있다. Text(*.txt)로 저장할 수도
있지만, 표 형태가 유지되지 않는다.

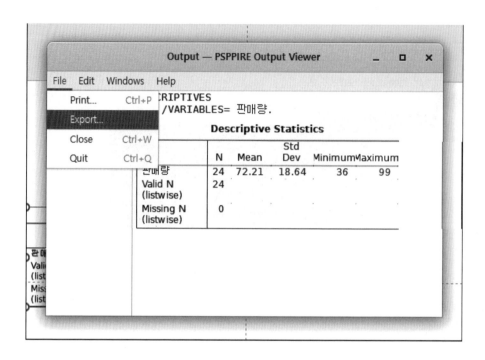

PDF나 PNG, SVG 등 다른 형식으로도 저장할 수 있다.

나중에 추가 분석을 하거나 작업한 내용을 저장하기 위해서는 [Export…]에서 SPSS Viewer(*.spv) 형식으로 저장한다. 원래 이 파일은 PSPP에서 열 수 있지만, 버전에 따라 제대로 작동되지 않을 때도 많아 사용에 주의한다. 따라서 결과는 SPSS Viewer와 함께 OpenDocument 형식으로도 같이 저장할 것을 권장한다.

Mission 54 | 회귀 분석　　　　　　　　PSPP

실습용 Excel 파일(pakcw_stat_for_stu_practice.xlsx)에서 [다중회귀] 워크시트를 열
고 이를 CSV 파일로 저장한다. 변환한 실습용 CSV 파일(예: practice reg.csv)을 PSPP
로 불러온다.

Case	대리점	광고비	규모	매출액	Var	Var
1	1	4	4	9		
2	2	8	10	20		
3	3	9	8	18		
4	4	12	5	15		
5	5	8	10	17		
6	6	12	15	34		
7	7	6	8	18		
8	8	10	13	25		
9	9	9	5	12		
10	10	2	12	20		
11						
12						

회귀 분석을 위해 상단 메뉴에서 [Analyze] 〉 [Regression] 〉 [Linear…]를 선택한다. 나열된 변수를 종속 변수(Dependent)와 독립 변수(Independent) 창에 구분하여 입력하고, [OK]를 선택한다.

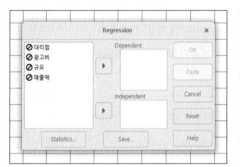

옵션 창 하단의 [Statistics…] 메뉴를 이용해 산출되는 통계량을 선택할 수 있다.

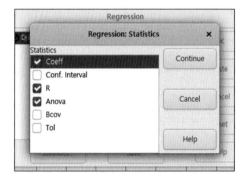

별도로 나타나는 Output Viewer 창에서 결과를 확인한다.

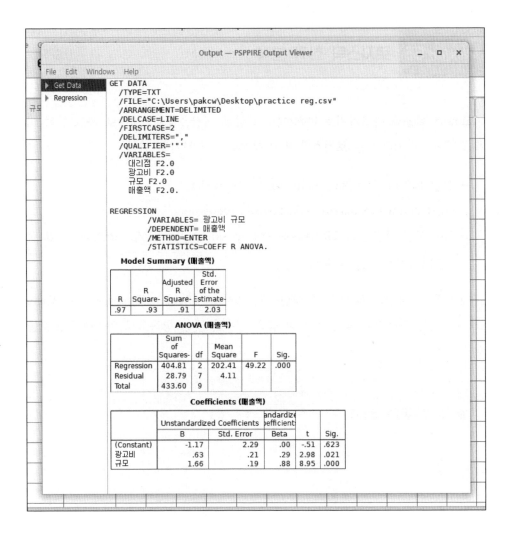

Output — PSPPIRE Output Viewer

File   Edit   Windows   Help

▶ Get Data
▶ Regression

```
GET DATA
  /TYPE=TXT
  /FILE="C:\Users\pakcw\Desktop\practice reg.csv"
  /ARRANGEMENT=DELIMITED
  /DELCASE=LINE
  /FIRSTCASE=2
  /DELIMITERS=","
  /QUALIFIER='"'
  /VARIABLES=
    대리점 F2.0
    광고비 F2.0
    규모 F2.0
    매출액 F2.0.

REGRESSION
  /VARIABLES= 광고비 규모
  /DEPENDENT= 매출액
  /METHOD=ENTER
  /STATISTICS=COEFF R ANOVA.
```

Model Summary (매출액)

R	R Square	Adjusted R Square	Std. Error of the Estimate
.97	.93	.91	2.03

ANOVA (매출액)

	Sum of Squares	df	Mean Square	F	Sig.
Regression	404.81	2	202.41	49.22	.000
Residual	28.79	7	4.11		
Total	433.60	9			

Coefficients (매출액)

	Unstandardized Coefficients		Standardized Coefficients		
	B	Std. Error	Beta	t	Sig.
(Constant)	-1.17	2.29	.00	-.51	.623
광고비	.63	.21	.29	2.98	.021
규모	1.66	.19	.88	8.95	.000

jamovi 실습과 마찬가지로 PSPP에서도 공부 시간을 독립 변수로 하고 합격 여부를 종속 변수로 하는 로지스틱 회귀 분석을 실시하기로 한다.

- 실습 데이터: "Logistic regression", Wikipedia,
  https://en.wikipedia.org/wiki/Logistic_regression
- CSV 파일 다운로드: LR Sample (hr−pass).csv, https://p.cantips.com/da−samples (비밀번호: cantips)

해당 실습 파일을 불러온 후 상단 메뉴에서 [Analyze] 〉 [Regression] 〉 [Binary Logistic…]을 선택한다. 독립 변수와 종속 변수를 맞는 항목으로 이동하고 [OK]를 선택한다.

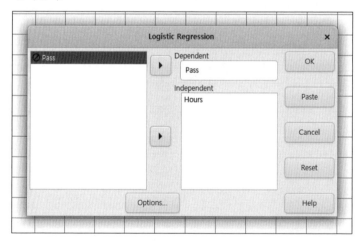

별도로 나타나는 Output Viewer 창에서 결과를 확인한다.

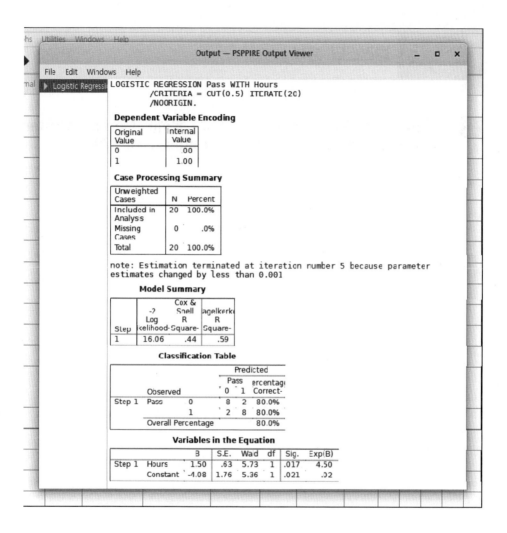

Output — PSPPIRE Output Viewer

File   Edit   Windows   Help

Logistic Regressi

```
LOGISTIC REGRESSION Pass WITH Hours
          /CRITERIA = CUT(0.5) ITERATE(20)
          /NOORIGIN.
```

Dependent Variable Encoding

Original Value	Internal Value
0	.00
1	1.00

Case Processing Summary

Unweighted Cases	N	Percent
Included in Analysis	20	100.0%
Missing Cases	0	.0%
Total	20	100.0%

note: Estimation terminated at iteration number 5 because parameter estimates changed by less than 0.001

Model Summary

Step	-2 Log likelihood	Cox & Snell R Square	Nagelkerke R Square
1	16.06	.44	.59

Classification Table

			Predicted		
			Pass		Percentage Correct
Observed			0	1	
Step 1	Pass	0	8	2	80.0%
		1	2	8	80.0%
	Overall Percentage				80.0%

Variables in the Equation

		B	S.E.	Wald	df	Sig.	Exp(B)
Step 1	Hours	1.50	.63	5.73	1	.017	4.50
	Constant	-4.08	1.76	5.36	1	.021	.02

참고 "[GNU PSPP] k-평균 클러스터 분석(K-Means Cluster Analysis)", 2020. 2. 13., https://cantips.com/3204

***

국문색인

ㄱ

가상 분석　312

감성 분석　212, 359

검정　191

결정 계수(R^2)　182, 178

결정 변수　307

계급 구간　131

계열　37

계절 지수　162

계절성　175

공분산　122

공분산 분석　198

교호 작용　196

구분 기호　42

귀무가설　191

그림 복사　26

기술 통계　252

기술 통계법　122, 339, 359

ㄴ

난수 생성　124

ㄷ

다중 회귀 분석　187, 260

단순 회귀 분석　177

대립 가설　191

대칭 평균 절대 크기 오차(SMAPE)　176

데이터 마이닝　212

데이터 분석　126

데이터 큐브　53

데이터프레임　231

딕셔너리　231

ㄹ

레코드　62

로그 오즈　206

로지스틱 회귀 분석　204, 264, 268, 348, 370

리스트　231

ㅁ

맨해튼 거리　211

ㅂ

반복문 240, 246
벡터 222, 231
분산 분석 122, 190
분산 분석: 반복 없는 이원 배치법 122, 190, 193
분산 분석: 반복 있는 이원 배치법 122, 190, 195
분산 분석: 일원 배치법 55, 122, 190
블록 맵 60
비음 조건 306

ㅅ

사용자 지정 목록 38
상관 분석 200
상관관계 122
상관관계 분석 200
상대 주소 93
생성형 인공 지능 331
선적합도 180
선형 계획법 305
세트 231
수송 계획법 318
수식 41
수식 입력줄 6
수정된 결정 계수 182
순위와 백분율 124, 136
스크롤 33
시그모이드 함수 206
시나리오 관리자 313

ㅇ

F−검정: 분산에 대한 두 표본 123
F−통계(F−비율) 123
연관 관계 분석 357
연속 데이터 37
영가설 191
예약어 239
오즈 205
와일드카드 58, 59
요약 통계량 57
워드 클라우드 287, 290
원시 데이터 64
유의 수준 191
유의한 F 183
유클리드 거리 211
의견 마이닝 212
의사 결정 나무 분석 271, 274
이동 33
이동 평균 124
이동 평균법 142
이름 상자 6
인수 46

ㅈ

자연로그값 57
잔차 180
잔차도 180
장바구니 분석 357
절대 주소 93
절댓값 152
정규 확률도 180
정밀도 176

z-검정: 평균에 대한 두 집단   125
조건부 서식   107
조정된 결정 계수   182
주변 서식에 맞추기   21
지수 평활법   123

ㅊ

차트   73
채우기 핸들   36
최소 자승법   176
최소 제곱법   176
추세선   184

ㅋ

카이 스퀘어 분석   202
카이 제곱 검정   202
컨조인트 분석   208
k-평균 클러스터 분석   209
클러스터 분석   209, 276, 281, 350, 358,
 372
클러스터링   209
키워드   239
테이블   62

ㅌ

텍스트 나누기   66
텍스트 마이닝   212
텍스트만 유지   12
튜플   231
트리맵   80

t-검정   124
t-검정: 등분산 가정 두 집단   124
t-검정: 쌍체 비교   125
t-검정: 이분산 가정 두 집단   125

ㅍ

패키지   236
평균 절대 오차(MAE)   176
평균 제곱근 오차   176
평활 계수   175
평활 상수   123
표본 추출   124
표준 오차   146
표준 잔차   180
푸리에 분석   123
피어슨 상관 계수   201
필드   62

ㅎ

할당 연산자   221
함수   50
함수 마법사   46
해 찾기   308
행렬   231
확인란(Checkbox)   55
활성 셀   6
회귀 분석   124, 176, 260, 344, 367
회귀선   185
히스토그램   123, 130

영문색인

A

ABS   152
ANOVA   122, 190
astropy   299
AVERAGE   130, 160
AVERAGEIF   162
Azure Machine Learning   212

B

beautifulsoup4   299

C

ChatALL   332
ChatGPT   331
Claude   331
cluster   283
CORREL   201
COUNT   130, 132
COVARIANCE.P   199
COVARIANCE.S   199
CSV   62

E

ETS   173

F

FORCAST.ETS   173
FORECAST.ETS.STAT   175

G

gensim   300
GNU PSPP   359
Google Gemini   331
Groq   332

I

IFERROR   104
imbalanced-learn   299
INDEX   140
ipython   300

J

jamovi   339

K

KURT   130

L

LAMBDA   58
LINEST   124
LP   305

M

MAE(Mean Absolute Error)   149
MAPE(Mean Absolute Percentage Error)
   149
MASE   176
matplotlib   297
MAX   86, 130, 132
MEDIAN   130
Microsoft Copilot   331
MIN   130, 132
MODE.SNGL   130
MSE(Mean Squared Error)   149

N

NaN   257
networkx   300
now()   46
NumPy   298

O

OLE   27
Orange   357

P

pandas   261, 298
PEARSON   201
pillow   300
PMT   47
PSPP   359
pytables   300
pytorch   300
pywavelets   300

R

range   227
Raw Data(로 데이터)   64
Real Statistics Using Excel   210
reversed( )   233
RMSD   176
RMSE   176

S

SCAN   57
scikit-learn   277, 301
scipy   301
seaborn   298
Sequence   227
SKEW   130
snowballstemmer   301
sorted( )   233
soynlp   287
SQRT   130
statsmodels   261, 299
STDEV.S   130
SUM   130

SUMXMY2   157

sympy   301

T

tabulate   301

TEXT   144

today()   46

V

VAR.S   130

VLOOKUP   95

X

XLOOKUP   58, 95, 99

XML   5

기타

102

#DIV/0!   102

#N/A   102

#NAME?   102

#NULL!   102

#NUM!   102

#REF!   102

#VALUE!   102

?reserved   239

저자 약력

박 철 우

서울대학교에서 경영학 석사와 박사 학위를 취득하였고, 현재 이화여자대학교 경영대학 겸임교수로 재직 중이다. 《Mobile Business in Korea. In Trends in Mobile Technology & Business in the Asia-Pacific Region》, 《경영을 위한 정보 통신 기술 입문》, 《인터넷과 전자 상거래》, 《모바일 비즈니스의 수용 요인과 신뢰의 역할》, 《유비쿼터스 컴퓨팅》, 《e-비즈니스 기술 체계》, 《스테이블 디퓨전 마스터 북》, 《경영 정보 시스템》 등의 저술 활동을 통해 학문적 연구와 실용적 경험을 결합하기 위해 노력하고 있다. 최근에는 조직 내 업무 능력 향상을 위한 인공 지능 및 데이터 분석 기술의 활용에 큰 관심을 가지고 있다.

강의 홈페이지: ilovemis.com
블로그: cantips.com
유튜브: youtube.com/@cantips

Excel, Python, R 활용 비즈니스 데이터 분석

초판발행	2024년 8월 30일
지은이	박철우
펴낸이	안종만 · 안상준
편 집	조영은
기획/마케팅	박세기
표지디자인	Ben Story
제 작	고철민 · 김원표
펴낸곳	(주) **박영사**
	서울특별시 금천구 가산디지털2로 53, 210호(가산동, 한라시그마밸리)
	등록 1959. 3. 11. 제300-1959-1호(倫)
전 화	02)733-6771
f a x	02)736-4818
e-mail	pys@pybook.co.kr
homepage	www.pybook.co.kr
ISBN	979-11-303-2112-7 93320

정 가   29,000원